지구법 강좌

《 지구와사람 》

지구법 강좌
자연의 권리는 어떻게 현실의 법이 되는가

제1판 제1쇄 2025년 11월 5일

지은이	박태현 박시원 이재홍 오동석 류정화 조희문 김선희
엮은이	박태현
펴낸이	이광호
주간	이근혜
편집	홍근철 김현주 최대연
마케팅	이가은 허황 최지애 남미리 맹정현
제작	강병석
펴낸곳	㈜문학과지성사
등록번호	제1993-000098호
주소	04034 서울 마포구 잔다리로7길 18(서교동 377-20)
전화	02) 338-7224
팩스	02) 323-4180(편집) 02) 338-7221(영업)
대표메일	moonji@moonji.com
저작권 문의	copyright@moonji.com
홈페이지	www.moonji.com

ⓒ 박태현, 박시원, 이재홍, 오동석, 류정화, 조희문, 김선희, 2025.
Printed in Seoul, Korea.
ISBN 978-89-320-4475-0 93360

이 책의 판권은 저작권자와 ㈜문학과지성사에 있습니다.
양측의 서면 동의 없는 무단 전재 및 복제를 금합니다.

지구법 강좀

자연의 권리는 어떻게 현실의 법이 되는가

《 지구와사람 》

박태현, 박시원, 이재홍, 오동석, 류정화, 조희문, 김선희 지음
박태현 엮음

문학과지성사

책을 엮으며

〈지구와사람〉 총서 세번째 책 『지구법 강좌』는 2022년부터 2024년까지 3년간 '실무가를 위한 지구법'(2022), '지구법 판례 연구'(2023), '지구법 실무의 확장'(2024)이라는 주제로 열린 '지구법 강좌' 내용을 바탕으로 한 책이다.

'지구법 강좌'는 사단법인 선과 포럼 지구와사람이 2015년부터 공동으로 주최해온 대한변호사협회 변호사 연수 인정 프로그램이자 지구법을 주제로 한 국내 유일의 강좌로, 변호사 외에도 환경 운동가, 생태 관련 학문을 공부하는 학생들, 기후위기에 관심 있는 시민들도 참가해오고 있다. 초기에는 기후변화, 에너지 정책, 초국적 기업의 환경 파괴, 동물법, 미세먼지, 생명 윤리 등 인간 중심적 산업 문명이 초래한 환경 현안을 폭넓게 다루었으나, 2019년부터는 지구법학적 시각에서 큰 주제를 정하고, 그 주제와 관련된 소주제로 강의를 진행해왔다. 2019~2020년 '지구법 강좌'는 『지구를 위한 법학』(강금실 외 7인 지음, 서울대학교출판문화원, 2020)으로, 2021년 강좌는 『지구를 위한 변론』(강금실 지음, 김영사, 2021)으로 출간된 바 있다. 앞선 두 책이 지구법을 국내에 소개하는 역할을 했다면, 〈지구와사람〉 총서로 출간되는 이번 책은 지구법이 세계 각국에서 어떻게 확산되고 있는지 살펴보면서 더불어 국내에서 지구법을 활용할 수 있는 접점을 찾아보는 본격 시도라고 할 수 있다.

이 책은 총 3부로 구성된다. 제1부 「기후 소송과 지구법」에서는 기후 소송의 최신 동향을 살피는 한편, 지구법학과 기후 소송을 한데 묶어 생각해봄으로써 기존 헌법 질서가 지구적 생태 위기 앞에서 어떻게 재해석되고 확장될 수 있는지를 다룬다. 박시원은 「기후 소송의 최신 동향」에서 이미 '기후위기' '기후재난'으로 인식되는 기후변화로 인한 피해는 앞으로 더 불평등하게 확대될 가능성이 크며, 전 세계적으로 기후 소송이 급증하고 있다고 진단하면서 최근 가장 큰 주목을 받는 헌법·인권 소송과 기업 소송의 사례들을 소개한다. 이재홍은 「지구법학과 기후 소송 ― 헌법적 관점」에서 기후 소송은 단순한 정책 논쟁이 아니라 헌법상 권리와 의무의 구조 속에서 심사되어야 하는 문제라고 지적하는 한편, 2024년 헌법재판소의 위헌 결정을 분석하면서 지구법학과 기후 소송의 결합은 기존 헌법 질서가 지구적 생태 위기 앞에서 어떻게 재해석되고 확장될 수 있는지를 보여준다.

제2부 「지구법 실무의 확장」에서는 입법과 정책에서 지구법의 활용 방법, ESG를 지구법적 관점에서 재구성할 필요성, 그리고 '당파적 대리인hired gun' 모델에 기반한 현재의 법조 윤리에 도전하며 지구법적 관점에 입각한 새로운 법조 윤리의 과제를 다룬다. 오동석은 「지구법학 관점에서 생태 관련 입법과 정책의 평가와 과제」에서, 기후위기와 생태 위기를 극복하려면 지구 자체를 권리주체로 인정하는 법적 틀이 필요하며 이를 실질적으로 구현하려면 입법과 정책적 장치가 마련되어야 한다고 강조한다. 류정화의 「지구법학과 ESG」는 지구법학이 종종 단기적 비용 최소화와 마케팅 활용에 치우칠 위험이 있는 ESG에 지구적 한계와 비인간 자연의 권리를 포함함으로써 기업 활동을 보다 근본적으로 재구성하는 기준을 제시했다고 평가한다. 오동석이 쓴 또 하나의 글인 「지구법학 관점에서 법조윤리」는 법체계가 기후위기 심화를 막기는커녕 오히려 가속화했다는 점에서 법조인이 이 체계의 운영 주체로서 일정 책임이 있다며, 법조인의 윤리란 의뢰인만이 아니라 지구 공동체 전체의 안녕을 고려하는 책임으로 확장되어야 한다고 역설한다.

제3부 「지구법 판례」는 전 세계적으로 속속 등장하는 지구법 또는 환경법 판결을 다룬다. 라틴아메리카에서 전개된 지구법 판례와 자연·동물의 권리 인정 과정을 다루고 있는 조희

문의 글 「라틴아메리카의 지구법 판결 — 동물과 자연의 권리」는 라틴아메리카 원주민들의 파차마마Pachamama(대지의 어머니) 전통이 오늘날 라틴아메리카 헌법과 판례에 직접적인 영향을 끼친 사례들을, 김선희는 「북아메리카와 기타 지역의 지구법 판결 및 법제」에서 자연 자체를 권리주체로 인정해야 한다는 지구법학적 전환이 북아메리카, 유럽, 아시아 등지에서도 나타나고 있다고 말한다. 박태현의 글 「한국의 지구법 판결 — 사례와 전망」은 비교법적 검토를 통해 한국 사법부도 점진적으로 자연의 권리를 고려하는 방향으로 나아갈 수 있다면서, 외국의 자연의 권리 판결에 대해 인간과 자연이 공존하는 지구 공동체적 관점으로 나아가는 중요한 징검다리가 될 것으로 전망한다.

이 책의 저자들이 공유하는 지구법에 대한 이해는, 지구법은 기존의 인간 중심적 권리 담론을 넘어, 자연·생태계·비인간 존재 자체를 권리주체로 인식하는 새로운 법적 패러다임이라는 것이다. 저자들은 지구법이 현행 법체계에 지구 생태적 한계를 존중하고, 미래 세대의 권리(세대 간 정의)와 비인간 존재들의 권리(다종 정의)를 넘어 자연 자체의 권리를 인정할 것을 요청한다고 본다. 그리고 자연과 지구 공동체 전체의 권리를 횡단적으로 보장하는 새로운 법질서로서 지구법의 작동에는 국가·기업·법조인·시민 모두의 책임과 역할 변화가 수반되어야 한다고 본다.

'지구법 강좌'에서 한 강의를 바탕으로 새로 글을 써 주신 저자들과 기획 및 원고 작업에 수고해준 정혜진 지구법센터장, 그리고 어려운 편집 작업을 해주신 홍근철 님께 깊이 감사드리며, 이 책을 통해 지구법의 정신이 여러 독자들에게 가닿기를 기대한다.

2025년 11월
엮은이 박태현

차례

책을 엮으며   5
서문 실무에서 지구법과 자연의 권리의 활용 아이디어 | 박태현   13

1부   기후 소송과 지구법

기후 소송의 최신 동향 | 박시원   33
지구법학과 기후 소송 | 이재홍   71

2부   지구법 실무의 확장

지구법학 관점에서 생태 관련 입법과 정책의 평가와 과제
    | 오동석   133
지구법학과 ESG | 류정화   168
지구법학 관점에서 법조 윤리 | 오동석   199

3부   지구법 판례

라틴아메리카의 지구법 판결 | 조희문   231
북아메리카와 기타 지역의 지구법 판결 및 법제 | 김선희   284
한국의 지구법 판결 | 박태현   323

필자 소개   359
총서를 내며   361

서문

실무에서 지구법과 자연의 권리의 활용 아이디어

박태현

1. 자연의 권리

2021년 파키스탄 대법원은 환경적으로 취약한 지역(자연 서식지)에서 시멘트 플랜트의 신·증설을 금지한 주州 정부의 결정을 유지했다. 시멘트 플랜트의 신·증설은 무엇보다 지하수 고갈을 초래할 수 있는데, 법원은 사업지 인근 지역사회의 생명과 지속 가능성, 존엄에 대한 권리를 보호하기 위해 주 정부가 사전 주의 원칙을 견지할 필요성을 강조했다. 법원은 나아가 자연의 권리 보호의 필요성도 인정했다. "환경은 자신의 권리로써 보호받아야 하고, 인간과 환경 모두 향상되려면 타협이 필요한데, 이러한 평화적 공존은 법이 자연물을 법적 권리의 보유 주체로 대우할 것을 명한다."[1]

한국의 환경법도 환경보호를 인간의 건강 보호와 마찬가지로 하나의 독자적 입법 목적으로 인정하고 있다. 그러나 법의 주류 관점에서 환경보호는 인간의 생활 이익을 보호한다는 의미가 강하다. 예컨대 환경정책기본법은 "환경오염과 환경 훼손을 예방하고 환경을 적정하고 지속 가능하게 관리·보전함으로써 모든 국민이 건강하고 쾌적한 삶을 누릴 수 있도록 함"을 목적으로 한다(제1조). 자연환경보전법도 "자연환경을 체계적으로 보전·관리함으로써 자연환경의 지속 가능한 이용을 도모하고, 국민이 쾌적한 자연환경에서 여유 있고 건강한 생활을 할 수 있도록 함"을 목적으로 한다(제1조).

여기서 질문을 던질 수 있다. 기존의 환경보호 체계를 강화하는 것만으로는 부족하며, 파키스탄 대법원 판결처럼 자연환경을 그 자신의 권리로써 보호하는 방향으로 나아가야 할까? 그건 자연환경을 인간의 건강한 생활을 보장하기 위한 공익으로 보호하는 것과 어떤 유의미한 차이가 있을까? 이는 곧 자연의 권리의 실용적 가치에 관한 질문이다. 나는 네 가지 측면에서, 자연의 권리를 인정함으로써 기존 체계를 강화하는 것만으로는 얻지 못했던 것을 얻을 수 있다고 본다.

자연의 권리 개념은 두 가지 기본적인 추론을 따른다. 첫째, 인권이 (부분적으로) 인간의 고유한 존재성에서 나온다는

---

1   Pakistan: G. Khan Cement Company v. Government of Pakistan, April 15, 2021.

철학적 믿음에 근거한다면, 자연 세계의 내재적 권리 또한 논리적으로 고유한 존재성에서 나온다. 둘째, 인간의 생존은 건강한 생태계에 의존한다. 따라서 자연의 권리 보호는 인권 및 안녕을 증진한다.[2] 기후변화와 생물 다양성 상실, 생태계 서비스의 질적 저하와 지구의 생명 부양 능력의 중대한 훼손 및 상황 악화의 근본 원인은 인간의 사고 구조, 이미 시효를 상실한 패러다임에 기반한 시스템에 있다.[3] 특히 현대 환경법은 끝없는 성장, 추출 및 개발에 집중하면서 문제의 (해결책이 아니라) 일부가 되었다. 즉 환경법 또한 경제성장의 부작용을 완화하면서 현 경제 시스템의 유지를 목표로 하는 이상, 새로운 환경 규제를 다수 만든다 해도 충분하지 않다.

역사적으로 노예와 원주민, 피식민자, 여성, 성소수자 등에 대한 차별과 억압 시스템은 이들을 위한 권리 창출이라는 패러다임 전환을 통해 폐지됐다.[4] 이 같은 역사적 교훈에 착안한 자연의 권리는 다음과 같은 의미를 갖는다. 먼저 법-철학 측면에서 자연의 권리는 자연에 대해 인간 중심적 접근법에서 생태 중심적 접근법으로의 패러다임 전환을 의미한다. 자연의 권리

2　Jan Darpö, "Can Nature Get it Right?: A Study on Rights of Nature in the European Context," European Parliament, Policy Department for Citizens' Rights and Constitutional Affairs, 2021, p. 11.
3　같은 글, p. 13.
4　같은 글, p. 14.

는 환경헌정주의environmental constitutionalism와 밀접하게 연관되는데, 자연의 보호·보전에 지속적인 가치를 부여하려면 자연의 권리가 국제법 또는 국내 헌법에 포함되어야 한다. 법의 지배는 오로지 인간의 안녕에만 중점을 두는 것이 아니라 공생 관계에 있는 인간-자연의 안녕에 초점을 두는, '자연을 위한 법의 지배Rule of Law for Nature'가 되어야 한다.[5]

자연의 권리가 현행 환경법 체계와 견줘 특별히 무엇을 제공할 수 있을까? 내 대답은 이러하다. 첫째, '자연환경 가치의 우선성'이다. 새만금 사건에서 대법원의 다수 의견은 원고의 상고를 기각하며 다음과 같이 판시했다.

> 환경이 헌법에 의하여 보호되어야 하는 가치이기는 하지만 개발 역시 소홀히 할 수 없는 헌법상의 가치라고 할 것 […] 국가 정책적인 필요에 따라 대규모의 공공사업이 시행되는 경우 […] 개발과 환경보호 사이의 가치 충돌 문제를 해결하기 위해서 […] 우리가 견지하여야 할 태도는 균형감 있는 합리적·이성적 접근 방식이지, 이상에 치우친 감성적인 접근 방식이어서는 아니 된다.

---

5   같은 글, p. 11.

그러나 대법원의 반대 의견은 원고의 상고를 인용하며 다음과 같이 판시했다.

인류를 비롯한 지구상의 모든 생명체는 지구라는 환경에 기초하여 생존한다. [⋯] 자연환경은 경제적 이익이나 금전적 가치와 동일한 평면에서 비교되고 대체될 수 있는 가치가 아니다. [⋯] 우리 헌법이나 환경 관련 법령에 따르면 인류 생존의 토대를 이루는 자연환경을 무분별한 개발과 이용으로부터 보호하여야 한다는 시대적 요청을 반영 [⋯] 자연환경 보전의 가치가 개발에 따른 가치보다 우선적으로 보호되어야 할 가치다.[6]

환경은 인간을 포함한 모든 생명의 자연적 조건을 대표하므로 인권보다 더 근본적이다.[7] 따라서 자연환경의 순환과 구조, 기능이 훼손되지 않는 범위에서 개발이 이뤄져야 하며, 따라서 개발 가치에 대한 자연환경 가치의 우선성이 인정되어야 한다. 이러한 '가치 서열'의 정립은 기존 환경보호 체계의 강화만으로 어렵다. 2015년 에콰도르 헌법재판소는 자연의 권리가 재산권을 비롯한 모든 권리의 해석·적용에 영향을 미칠 수 있

---

6   대법원 2006. 3. 16. 선고 2006두330 판결.
7   Klaus Bosselmann, "Global environmental constitutionalism: Mapping the Terrain," *Widener Law Review* 21(2), 2015, p. 173.

는 '횡단성 transversalidad'[8]을 가진다고 보았다. 자연의 권리가 인정된다면, 자연환경의 가치를 존중하며 자연환경과 조화하는 개발만이 허용된다는 가치판단이 더 큰 규범적 설득력을 가질 것이다.

둘째, 자연환경(자연 요소를 포함)의 생태적 특성과 기능을 이해하고 이와 연결되는 자연환경의 고유 이익을 파악하는 일이 환경 입법적·정책적 또는 사법적 의사 결정에서 중요한 역할을 하게 될 것이다. 2021년 서울행정법원은 공공 택지 지구를 지정하는 과정에서 법정 보호 종인 맹꽁이의 서식지를 고려하지 않았거나 과소평가했다면서, 지구 지정 처분을 취소했다. 그러나 항소심 법원은 '대체 서식지' 개발을 통해 맹꽁이를 보호할 수 있다며 제1심 판결을 취소했고, 결국 대법원에서 확정되었다(이 책 3부에 실린 박태현, 「한국의 지구법 판결 — 사례와 전망」, pp. 340~42를 보라). 자연의 권리가 인정되지 않는 현행 법체계 아래에서, 맹꽁이의 서식지에 대한 권리는 사법 판단 시 '(환경보호) 공익'으로 다뤄진다. 그러나 맹꽁이의 권리를 순수 '공익' 차원으로만 다루면 맹꽁이의 생태적 특성을 이해하는

---

8 에콰도르 헌법재판소에 따르면, 자연의 권리의 횡단성은 "자연의 권리가 특정한 환경 분야에만 적용되는 것이 아니라, 국가 전체 법질서에 걸쳐 관통되는 원칙임을 뜻"한다. 헌법재판소는 그 근거를 에콰도르 헌법 제83조 제6항(국민의 의무로서 자연의 권리 존중)과 제395조 제2항(환경 정책의 횡단적 적용)에서 찾았다. 따라서 국가의 모든 정책(환경, 건강, 교육 등 포함)과 개인·법인의 모든 행위는 자연의 권리를 존중해야 한다는 점을 강조했다.

데 소홀해질 수 있다. 생태적 이해가 결여되면, 대체 서식지를 통해 인간의 이익(택지 지구 지정)과 맹꽁이 이익(서식지 보호) 간에 조정한다고 해도 맹꽁이 권리를 존중하는 방식을 따르지 않을 수 있다.

셋째, 자연의 권리가 인정된다면 그 고유한 이익은 인간에 의해 대표·대변되어야 하는데, 이를 위해서는 후견인의 창설이 필수적이다. 후견인을 통해 자연의 보호·보전에 관한 민주적 거버넌스가 형성, 작동하게 된다. 2022년 스페인은 마르메노르 석호와 그 유역에 법인격을 부여하고 일정한 권리를 부여했다. 그리고 마르메노르와 유역 생태계를 대표·관리하기 위한 거버넌스 기구로서 후견인 Mar Menor Guardian을 창설했다. 이 후견인은 '대표위원회' '모니터링위원회' '과학위원회'로 구성되는데, 전문가는 과학위원회에서, 일반 시민은 대표위원회 또는 모니터링위원회에서 활동할 수 있다. 이렇듯 거버넌스 방식을 통한 자연보호는, 보호 지역의 설정과 행위 제한으로 이뤄지는 기존의 환경 관리 방식과 뚜렷이 대비된다.

마지막으로, 자연의 권리 인정은 기존 환경법의 집행 결함을 보완해줄 수 있다. 가령, 마르메노르의 권리를 침해하는 행위는 민·형사상, 환경적·행정적 책임(제재)이 부과되고, 마르메노르 석호법 규정을 위반하는 행정 당국의 행위 또는 조치는 행정·사법절차를 통해 심사된다. 이러한 절차에서 '누구나' 마르메노르를 보호를 위한 정당한 당사자적격을 가지며, 이해당사자인 마르메노르를 대신하여 그 이름으로 행정 또는 사법 소송을 제기할 수 있다.

2. 지구법과 다종 정의

지구법(학)

지구법(학)은 "인간은 더 넓은 존재 공동체의 한 부분으로, 그 공동체에 속하는 각 성원의 안녕은 전체로서 지구의 안녕에 의지한다는 사고에 토대를 둔 '법과 인간 거버넌스에 관한 철학 또는 사상'"을 말한다.[9] 지구법(학)은 지구 행성을 인간과 비인간 존재 그리고 생태계 등 자연 시스템이 함께 어우러진 상호 의존적 기능적 통합체('지구 공동체')로 본다. 지구법(학)은 전체 시스템이 건강해야 그 부분 시스템의 건강도 유지될 수 있다는 전제하에, 인간 시스템은 지구 시스템의 하부 시스템이므로 인간 공동체가 아니라 지구 공동체에 우선적 가치를 두어야 한다고 주장한다.

지구법(학)은 이러한 지구 공동체의 우선성에 기초한 거버넌스 관리 체제와 법률이 긴급하게 필요하다며, 이를 위해

---

9   지구법학회, 「지구법학」, 김왕배 엮음, 문학과지성사, 2023, p. 72.

인간의 법체계는 "인간 중심적 규범 체계에서 생명 또는 지구 중심적 규범 체계로 전환"해야 한다고 주장한다. 여기서 지구법(학)은 우주를 법의 으뜸 원천 primary source of law으로 인정함으로써 인간의 법을 인류를 넘어 보다 더 넓은 맥락 안에 설정하려 한다.

지구법(학)은 우주를 제1의 법원法源으로 본다. '법의 연원'이라고도 하는 법원은 법(학)에서 매우 중요한 개념으로, 법의 존재 형식 또는 인식 근거를 뜻한다. 가령 법원에 관한 민법 제1조는 "민사에 관하여 법률에 규정이 없으면 관습법에 의하고 관습법이 없으면 조리에 의한다"라고 규정한다.[10] 이는 민사에 관한 법(규범)이 "법률 규정, 관습법 또는 조리 형식으로 존재"함을, 또는 "법률 규정, 관습법 또는 조리에 근거해 인식할 수 있음"을 뜻한다.

따라서 '우주가 으뜸가는 법원이다'라는 말은 다음과 같은 의미를 갖는다. 인간은 지구라는 더 큰 시스템의 한 부분이다. 지구는 오랫동안 존재하고 발전하며 번영해온 자기 규율 시스템으로, 인간의 법을 구속하는 보편적 틀이 될 수 있다. 보편적

---

10   한편 민법 제1조는 민사에 관한 법의 서열 관계를 정하고 있다. 즉 법률 규정이 관습법 또는 조리에 우선한다는 것이다. 달리 말하면 법률 규정과 상위한 관습법 또는 조리는 법으로 인정될 수 없다(또는 법률 규정에 반하지 않는 범위에서 법으로 인정될 수 있다)는 것이다. 이는 상위법은 하위법의 효력 범위의 한계로 작용하기 때문이다.

틀은 궁극적으로 우주에서 나오는데, 이는 자연 세계의 본성, 즉 우주의 근본 원칙과 관련된다. 구체적으로는, 단일체로서 시공간 안에서 분리될 수 없는 관계성으로 결합한 존재들의 공동체Cosmogenesis인 우주(생성과 유지, 변화·발전)의 기본 특성을 분화의 원칙principle of differentiation, 주체화의 원칙principle of subjectivity 그리고 친교의 원칙principle of communion 등 세 원칙으로 정립하고 이를 위대한 법Great Law이라 명명한다.[11] 위대한 법에 따라 우주와 지구는 "분화에 의해 질서가 잡히고, 자기 조직에 의해 구조화되며, 친교로써 조직화"[12]한다.

우주의 자기 질서화self-ordering of the universe로서 이러한 원칙은 자연의 관찰과 경험에 기반하여 귀납적 추론으로 발견될 수 있다. 이렇게 발견된 원칙은 인간의 법에 정보를 제공하며 인간의 법을 지도할 수 있다. 달리 말하면, 위대한 법은 자신을 맞춰 이를 실현하려는 인간의 법(야생의 법wild law이라 불린다)에 효력을 부여하고 그 발전에 정보와 통찰을 제공할 수 있다.[13]

위대한 법과 인간의 법 간에는 다음과 같은 관계가 정립된다. 첫째, 인간의 법이 갖는 법으로서 적격성quality과 양심을 구속하는 힘은 위대한 법에서 유래한다. 포괄적인 공동선을 지향

---

11 토마스 베리·브라이언 스윔, 『우주이야기』, 맹영선 옮김, 대화문화아카데미 2010; 지구법학회, 『지구법학』, pp. 92~99.
12 지구법학회, 『지구법학』, p. 93.
13 Darpö, "Can Nature Get it Right?," p. 15.

하는 규정만이 법으로서 적격성을 가지며, 인간과 환경 또는 지구의 상호작용에 관한 결정에서도 위대한 법에 준거하여 인간의 법을 해석하는 것이 타당하다. 둘째, 위대한 법을 위반하는 어떤 법도 법의 부패로 여겨지고 도덕적으로 대중에 구속력을 갖지 못한다.[14]

위대한 법은 인간의 법체계에 다음과 같은 실천적 함의를 제공한다. 첫째, 인간은 자신의 법, 정치, 경제 및 사회 시스템을 위대한 법에 부합하도록 조정해야 하고, 인간을 거기에 따라 살도록 안내해야 한다. 인간 거버넌스 시스템은 언제라도 지구 공동체의 이익을 고려해야 한다. 둘째, 이러한 근본 권리를 침해하는 인간의 법률 또는 법은 지구 공동체를 구성하는 근본 관계성과 위대한 법을 침해한다. 따라서 그러한 법률 또는 법은 부정당하고 불법이다. 인간 행동의 '합법성'은 궁극적으로 그것이 지구 공동체를 구성하는 관계성을 강화하는지 혹은 약화하는지에 따라 판단되어야 한다.[15]

예를 들어, 지구의 생물 다양성은 자연 세계에 대한 관찰과 경험을 통해 귀납적 추론에 따라 발견한 사실이다. 또한 생물 다양성은 건강한 생물 공동체를 유지·발전하는 근원적 추동력이라는 점에서 보전되어야 할 가치이기도 하다. 한편, 현상

---

14 지구법학회, 같은 책, p. 89.
15 같은 책, pp. 84~86.

으로서의 생물 다양성은 우주 생성 원칙인 분화의 원칙과 주체화 및 친교의 원칙이 다 함께 능발능생能發能生하여 생성, 변화, 발전한다. 여기서 우리가 불필요한 동질성homogeneity을 부과하는 법의 시행을 경계해야 한다는 시사를 얻을 수 있다. 우리가 일부분인 시스템의 근본 원리에 반할 수 있기 때문이다.[16]

위대한 법을 인정하는 것은, 근본적인 법과 원칙이 자연 세계의 생태적 관계와 상호 의존적 시스템에 내장하고 있음을 인정하는 것이다. 생태학, 과학 및 생물학 등에 대한 이해가 개선, 증진되면서 우리는 더 분명하게 위대한 법의 근본 원칙을 더 잘 이해할 수 있게 될 것이다.[17]

서구 법학에서 자연법natural law이란 객관적이고 보편적으로 타당한 도덕적 행위 원리로서 법으로 반드시 인정되어야 하는 규범들의 총체를 지칭하는 개념이다.[18] 이러한 의미에서 자연법은 "법을 규칙의 집합으로만 보아서는 안 된다"라고 강력히 주장하는데, 이는 우리가 찾고 발견해야 하는 정당한 질서가 성문화된 규칙보다 선재하거나 우선한다는 믿음, 그 질서는

16　Darpö, "Can Nature Get it Right?," p. 15.
17　Glen Wright, "Climate Regulation as if the Planet Mattered," *Environmental and Earth Law Journal* 3(1), 2013, pp. 40~46.
18　김도균, 「한국 법체계에서 자연법론의 형성과 발전」, 『법철학연구』 11(2), 2008, p. 188. 이러한 자연법론은 이른바 '불법不法 명제'(극도로 부정의한 법은 법이 아니다)와 '법원리 명제'[법은 실정법뿐만 아니라 보편적 일반 원리(도덕, 정의, 인권)로 구성되어 있다]를 하위 명제로 한다(같은 글, p. 189).

말이나 규칙 또는 이데아의 세계가 아니라 사회생활이라는 자연적 실재 속에 존재한다는 믿음,[19] 그리고 이러한 자연법을 우리가 인식할 수 있다는 믿음[20]에 기반한다.

즉 근대 서구법학은 자연법을 인간의 실정법과 독립적으로 존재하는, 이성을 통해 인간이 식별할 수 있는 일군의 불변적 도덕 원칙으로 본다. 그러나 지구법(학)에서는 자연 세계에 대한 경험과 관찰로부터 인식할 수 있는 규범으로서 자연법칙을 '분화-주제화-친교'의 원칙으로 정립하면서 인간 법의 규준으로 제시했다. 자연법은 지구가 어떻게 자신을 유지하는지에 기반하며, 인간이 세계 내에서 자기 역할을 이해하도록 돕는다. 또한 이 법은 모든 존재가 어떻게 서로 연결되어 있는지, 모든 존재가 어떻게 제 역할을 존중받을 수 있는지 기술하는 관계성 relationships과 관련된다.

다종 정의

다종 정의 multispecies justice는 인간 이외의 존재, 즉 인간 이상의 존재를 정치적·법적·문화적 정의의 주체로 대우해야 하

---

19 하재홍, 「자연법이론과 자연권 개념」, 『법철학연구』 26(1), 2023, pp. 155~56.
20 김도균, 같은 글, p. 188.

며, 단순히 인간 법의 대상이 되어서는 안 된다고 보는 개념이다.[21] 다종 정의는 인간의 권리를 확장하는 것과는 거리가 멀다. 그것은 생태적 관계성을 중심에 두고 인간과 비인간 모두의 공유된 취약성 shared vulnerabilities과 상호 의존성을 고려하는 새로운 정의의 패러다임을 제안한다. 다종 정의는 '살아 있다'라는 사실 자체가 곧 상호적으로 상처 입을 수 있고 위험을 감수하면서 타자와 얽혀 있는 모든 존재의 공통 조건임을 강조하며, 이로부터 '공유된 취약성'을 도출한다. 또한 취약한 생명 자체가 정의의 자격 근거가 된다고도 본다. 비인간 존재에 법(권리) 주체성을 부여하는 것은 공유된 취약성에 대한 보호를 제도화한 것이다.[22]

다종 정의는 세 가지 차원을 가진다.[23] 첫번째 차원은 대표성 representation이다. 기존 정의 개념은 주로 인간 사회 내부에서 '누가 의사 결정 과정에 참여하는가'를 묻는 절차적·인정적 정의에 해당한다. 그런데 다종 정의는 인간뿐 아니라 다양한 종(동·식물·생태계 등)이 의사 결정 과정에서 어떻게 인정되고 참

21　"Studying the effects of Nature on the Board. An interview with Professor Danielle Celermajer," *Faith in Nature* 2023. 5. 9.

22　Danielle Celermajer, "Justice Through a Multispecies Lens," *Critical Exchange* 19, 2020, pp. 475~512.

23　Christopher M. Raymond et al., "Applying multispecies justice in nature-based solutions and urban sustainability planning," *npj Urban Sustainability* 5(2), 2025, pp. 3~5.

여하는가를 다룬다. 예를 들면 도시계획에서 '이 지역은 인간의 주거를 위해 적합한가'를 묻는 것은 물론, '이곳은 꿀벌과 물새, 수생식물에게 어떤 영향을 미치는가'를 함께 고려하는 것이다. 두번째 차원은 분배 distribution다. 기존 정의 개념이 자원·혜택·위험의 공정한 분배를 논하며 주로 인간 사회 내에서 '누가 녹지 혜택을 더 받는가' '누가 오염에 노출되는가'를 다루었다면, 다종 정의는 인간 집단 간 형평성과 더불어 다른 종과 생태계의 자원·공간·역량 분배를 고려한다. 예컨대 공원을 조성할 때는 주민 접근성을 따지는 한편 토착 식물과 곤충이 지속적으로 서식할 수 있는지 평가한다. 마지막 차원은 행위성 agency이다. 기존 정의 개념에 따르면 주체적 행위능력은 인간만 인정된다. 동물은 보호 대상일 뿐 '행위자'로 인정되지 않는다. 다종 정의는 모든 생명체와 생태적 요소(강, 토양, 곰팡이, 쥐 등)도 세계에 영향을 미치는 행위자로 인정한다. 예컨대 비버가 강의 흐름을 바꾸어 새로운 습지를 만드는 것은 인간 개발 못지않게 '도시를 설계하는 행위'로 간주할 수 있다는 것이다. 이러한 다종 정의에 따르면, 살아 있는 생명에 대한 권리는 정의의 문제로 응당 주어져야 하는 것이다.

3. 지구법을 통해 세계에 내재하는 사물의 이치로서 자연의 권리 옹호하기

에콰도르의 빌카밤바강 사건에서 법원은 전 국민제헌의회 의장 알베르토 아코스타Alberto Acosta의 "지구 민주주의"의 발전을 지지하는 다음과 같은 취지의 연설을 인용했다.

- 개인과 집단의 인권은 지구상의 다른 자연 공동체들의 권리와 조화를 이루어야 한다.
- 생태계는 존재할 권리가 있으며, 그 자신의 필수(핵심) 과정을 따를 권리가 있다.
- 자연에 표현된 생명의 다양성은 그 자체로 가치 있다.
- 생태계는 인간을 위한 유용성과는 독립적으로 그 자신의 가치를 갖는다.
- 자연에 가장 높은 수준의 가치와 중요성을 부여하는 상황에서 생태계와 자연 공동체가 존재하고 번영할 양도불가능한 권리가 인정되는 법체계를 수립해야 한다.[24]

아코스타의 연설 내용을 문명국가에서 인정되는 법의 일

---

[24] Corte Constitucional del Ecuador(CCE) Sentencia N.º 012-18-SIS-CC, Caso N.º 0032-12-IS(28 marzo 2018).

반 원칙으로 파악할 수 없을까? 콜롬비아 법원은 아트라토강 사건 당시 콜롬비아 헌법 체계에서 자연의 중요성을 파악하기 위해 세 가지 이론적 접근 방식, 곧 인간중심주의와 생명 중심주의 그리고 생태 중심주의를 차례로 검토한 결과, "자연을 인간의 환경과 주변 세계로 인식하지 말고, 그 자신의 고유한 권리를 지닌, 그 자체로 보호되고 보장해야 할 주체로 여기는" 생태 중심적 접근 방식을 헌법이 지지하고 있음을 발견했다.[25] 본래 가치를 지니는 자연은 인간의 자연권과 같은 기원을 갖는 '자유로서'의 자연적 권리를 가진다는 명제가 이 세계에 내재하는 선험적인 사물의 이치라는 규범적 인식은, 인간중심주의에서 벗어나 생명 중심주의 또는 생태 중심주의를 견지할 때 비로소 획득 가능할 것이다.

지구법을 입법과 정책, 제도 및 소송에서 활용할 구체적 방안과 논리를 계속 찾고 또 구축해야 한다. 자연의 권리 소송은 지구법을 창의적으로 활용할 수 있는 유효한 전략적 장이 될 것이다.

---

25 Corte Constitucional-Sala Sexta de Revisión, sentencia T-622 of 2016.

1부 기후 소송과 지구법

기후 소송의 최신 동향

박시원

1. 들어가며

해마다 기후변화와 관련된 자연재해와 이상기후 피해가 증가하면서 기후변화는 일상의 위협이 되었다. 이제는 기후변화를 넘어 기후위기, 기후재난이라는 표현이 심심치 않게 쓰인다. 더 큰 문제는, 기후변화로 인한 피해가 앞으로 더욱 심각해질 뿐만 아니라 불평등한 방식으로 경험될 가능성이 크다는 것이다.

이와 같은 위기의식에서 소송을 통해 기후위기 상황을 해결하고자 하는 시도가 전 세계적으로 진행되고 있다. 2024년 발간된 한 보고서에 따르면, 2024년 5월 기준 55개국에서 2,600건이 넘는 소송이 제기되었다.[1] 기후 소송이 가장 많이 제기된 국가는 단연 미국이지만(약 1,750건), 최근에는 '글로벌 사우스'라 일컬어지는 개발도상국에서도 기후 소송이 증가하고 있다.[2] 기후 소송의 정의와 범위를 어떻게 정할 것인지에 관해서는 학자들마다 견해차가 있지만, 대체로 기후변화 문제에 대응하기 위해, 혹은 기후변화 규제에 반대하기 위해 진행되는 소송을 폭넓게 기후 소송이라 일컫는다.[3]

2024년 8월 29일, 한국 청소년들이 제기한 기후 헌법 소송에서 헌법재판소는 한국 현행법인 '기후위기 대응을 위한 탄소중립·녹색성장 기본법'(이하 '탄소중립기본법')의 일부 조항이 기후위기라는 위험 상황에 상응하는 보호 조치로서 필요한 최소한의 성격을 갖추지 못해 위헌이며, 청구인들의 환경권을 침해한다고 결정했다. 그간 기후 소송을 논할 때 항상 외국 소송 사례만 소개되었는데 2024년 여름 드디어 한국 최고 사법기관인 헌법재판소에서 한국 정부의 기후위기 대응이 헌법의 기준

---

1   Joana Setzer & Catherine Higham, *Global Trends in Climate Change Litigation: 2024 Snapshot*, Grantham Research Institute on Climate Change and the Environment and Centre for Climate Change Economics and Policy, London School of Economics and Political Science, 2024, pp. 10~11. 기후변화 소송에 대한 종합적인 데이터베이스는 Sabin Center for Climate Change Law에서 운영하는 웹사이트 "Climate Change Litigation Database"(http://climatecasechart.com) 참조.
2   같은 책, p. 11.
3   Jacqueline Peel & Hari M. Osofsky, *Climate Change Litigation*, Cambridge University Press, 2015, pp. 5~6.

에 못 미친다는 역사적인 판결을 내린 것이다.

이 글은 전 세계적으로 기후 소송이 증가하는 배경을 살피고, 주요 기후 소송을 소개하며, 최근 증가하는 새로운 기후 소송의 특징을 분석하고자 한다. 특히 정부를 상대로 기후 피해는 인권침해라고 주장하는 이른바 기후 인권 소송, 기업을 상대로 기후 피해에 대한 책임을 묻는 소송을 집중적으로 살펴볼 것이다. 이를 통해 앞으로 전개될 기후 소송의 방향성과 한국에 미치는 영향에 관해 생각해본다.

2. 기후 소송의 유형과 현황

기후 소송의 유형

1990년 미국 기후 소송의 효시라고 할 수 있는 로스앤젤레스시 대 미국 연방도로교통안전청 사건[4] 이후 지난 30여 년 동안 기후변화 규제의 지평을 바꾼 판례가 쌓이다 보니, 다양

---

[4] City of Los Angeles v. NHTSA, 912 F.2d 478(D.C. Cir. 1990). 이 소송은 미국 연방도로교통안정청에서 새로운 자동차 연비 기준을 설정하는 데 온실가스 배출 및 기후변화 영향을 제대로 고려하지 않은 것이 미국의 환경영향평가법을 위반했는지 여부를 다투었으며, 이후 미국의 현행 환경법에 근거해 기후변화 관련 행정소송을 진행하는 소송 전략의 모델이 되었다.

한 기후변화 소송을 주요 쟁점에 따라 분류하는 작업도 가능해졌다. 기후 소송의 분류법은 학자들마다 다르지만[5] 크게 네 가지 쟁점으로 묶을 수 있다.

첫째 유형은 기존 환경법에 근거해 기후변화에 소극적인 정부를 상대로 문제를 제기하는 행정소송으로, 가장 대표적인 사례는 미국의 메사추세츠주 정부 대 미국 연방환경청 사건[6]이다. 이 사건에서 미국 대법원은 최초로 기후변화 문제를 다루었으며, 기존의 미국 연방 대기환경법에 근거해 미국 연방 정부가 온실가스를 규제할 권한이 있음을 인정했다. 이후 미국 전역에 비슷한 유형의 기후 소송이 급증했으며, 다른 국가에서도 기후 소송을 진지하게 고려하기 시작했다.

둘째 유형은 국가를 상대로 특정 개발 정책이나 사업의 정당성을 다투는 행정소송이다. 화력발전소 건설, 광산 개발, 석유 및 가스 개발, 신규 공항 건설 등 온실가스 배출과 관계된 사업 인허가를 놓고 다투거나 사업 중단을 요구하는 가처분 소송 등이 여기에 해당한다. 북극해 석유 탐사 중단을 요구한 노르웨이 아틱오일 사건,[7] 영국 히스로 공항 확장 계획의 중단을

---

[5] 소송 분류에 관해서는 Peel & Osofsky, *Climate Change Litigation*; Mark Clarke et al., "Climate change litigation," White & Case, 2018; 윤세종, 「기후위기에서 사법부의 역할」, 『공익과인권』 22, 2022, pp. 13~46 참조.

[6] Massachusetts v. EPA, 549 U.S. 497(2007).

[7] Greenpeace Nordic Ass'n v. Ministry of Petroleum and Energy(People v Arctic Oil), HR-2020-846-J.

요구한 히스로 사건[8]이 대표적이며, 한국에서도 삼척 석탄화력 발전소에 대한 실시 계획 승인 처분 취소소송과 금융 주선 행위 중지 가처분 신청이 제기된 바 있다.[9]

셋째 유형은 국가를 상대로 온실가스 배출을 방관하고 장려하여 기후 피해를 야기한 정부의 행동이 헌법이나 국제법이 명시한 기본권을 침해하는 문제라는 인권 및 헌법 소송이다. 네덜란드의 우르헨다 사건[10]에서 법원이 최초로 기후변화 피해로 인한 기본권 침해를 인정하면서 인권 기반의 기후 소송을 촉발시켰다. 유럽에서는 비슷한 논리로 다양한 사건에서 원고 승소가 인정되었다. 아일랜드의 아일랜드 환경의 벗 사건,[11] 독일의 노이바우어 사건[12]에서도 인권을 근거로 원고가 승소하면서 최근 전 세계적으로 비슷한 기후 소송이 빠르게 확산되고 있다. 2024년 스위스 여성 노인들이 유럽인권재판소에 제기한 클리마제니오리넨 사건[13]과 한국 헌법재판소의 청소년 기후

---

8   R(on the application of Friends of the Earth Ltd and others) v. Heathrow Airport Ltd, 2020 UKSC 52.
9   서울행정법원 2020. 9. 18. 선고 2018구합60793 판결; 서울남부지방법원 2018. 11. 26. 자 2018카합20123 결정.
10 Urgenda v. State of the Netherlands, ECLI:NL:HR:2019:2007, 20 December 2019.
11 Friends of the Irish Environment CLG v. The Government of Ireland, Ireland and the Attorney General[2020] IESC 49.
12 BverfG 1 BvR 2656/18, 1 BvR 78/20, 1 BvR 288/20, Urteil v. 29, April 2021.
13 Case of Verein KlimaSeniorinnen Schweiz and Others v. Switzerland, European

헌법 소송[14]도 이 유형으로 분류할 수 있다.

넷째 유형은 기후변화의 피해를 야기한 기업을 상대로 한 소송이다. 발전 회사나 석유 회사 등 다량의 온실가스를 배출하는 기업을 상대로 온실가스 배출에 대한 책임을 묻거나 배출 감축을 요구하는 형태의 소송이 여기에 해당한다. 대표적 사례로는 미국 알래스카주 주민들이 미국의 석유 회사 엑손모빌을 상대로 기후변화 책임을 물은 키발리나 사건,[15] 빙하 호수의 범람으로 피해를 입은 페루 국민이 독일 발전 회사 RWE를 상대로 제기한 RWE 사건[16] 등이 있다. 이러한 유형의 기후 소송은 원고가 승소한 사례가 없었는데, 최근 네덜란드 법원에서 석유 회사 로열더치쉘에 온실가스 감축 명령을 내리면서 기업을 상대로 한 첫 승소 사례로 기록되었고,[17] 앞으로 비슷한 소송이 많아질 것으로 예상된다.

이 글은 셋째 유형인 인권 소송과 넷째 유형인 기업 상대 소송을 집중적으로 살펴보고자 한다. 인권 소송의 기념비적 사례로 평가받는 네덜란드의 우르헨다 판결과 독일의 청소년 기

Court of Human Right(ECtHR), Application no. 53600/20.
14 헌재 2024. 8. 29. 2020헌마389등.
15 Native Village of Kivalina v. ExxonMobil Corp., 663 F. Supp. 2d 863, 883(N.D. Cal. 2009).
16 LG Essen, 2 O 285/15 LG Essen, 15. 12. 2016.
17 Milieudefensie et al. v. Royal Dutch Shell plc, C/09/571932 / HA ZA 19-379, 26 May 2021(이하 '로열더치쉘 판결문').

후 소송 헌법재판소 판결은 기후위기로 인한 피해를 각각 기본권 침해와 자유권 침해로 규정했으며, 이후 기후변화 소송의 중요한 청구 원인으로 인권침해가 제시되고 있다. 이러한 판결은 이후 2024년 유럽인권재판소, 대한민국 헌법재판소의 기후 판결에 영향을 미쳤다. 기후 소송의 세계적 흐름에서 또 하나의 특징은 기업을 상대로 제기하는 기후 소송이 증가하고 있다는 점이다. 기업의 온실가스 배출 행위가 주의 의무를 위반한 불법행위일 뿐 아니라 기후위기를 악화시켜 인권을 침해하고 있다고 판단한 네덜란드 로열더치쉘 사건은 기후 피해의 인권 침해 법리를 기업에 적용한 첫 사례로 큰 주목을 받았다.

기후 소송의 현황

국제법원 및 국제기구에 제소

최근 기후 소송의 특징은 원고들이 다양한 국제법원과 국제기구를 활용하고 있다는 점이다. 지금까지 대부분의 기후 소송이 국내 법원 및 유럽사법재판소에 제기되었다면, 최근에는 유럽사법재판소 외에도 11개의 국제법원이나 국제기구에 50여 건이 제소되었다.[18] 그중 인권 관련 국제기구에 제소된 사건

---

18 Setzer & Higham, *Global Trends in Climate Change Litigation: 2024 Snapshot*, p.

이 가장 많았고(20건), 국제투자분쟁해결기구(ISDS)에 제소된 사건도 12건에 달했다.[19] 권위 있는 국제사법기관에 권고적 의견advisory opinion을 구하는 사건도 늘고 있다. 2022년 군소 도서 국가들은 유엔 해양법재판소(ITLOS)에 해양 산성화 및 해수면 상승으로 인한 해양생태계의 피해가 유엔해양법에서 금지하는 해양오염에 해당하는지 의견을 구했다.[20] 2024년 5월 21일 유엔 해양법재판소는 만장일치로 다음과 같이 기후변화에 관한 권고적 의견을 발표했다. 첫째, 유엔 해양법재판소는 모든 인위적 온실가스 배출이 해양오염에 해당하며, 이는 잠재적으로 광범위한 결과를 초래할 수 있다. 둘째, 이에 따라 국가는 해양오염을 유발하는 온실가스 배출을 방지하고 감축·통제하기 위해 필요한 모든 조치를 취해야 한다.[21]

또한 군소 도서국가들은 국제적으로 가장 권위 있는 국제

17.
19 같은 곳.
20 Request for an Advisory Opinion submitted by the Commission of Small Island States on Climate Change and International Law, 2022, Case No. 31/2022. 유엔 해양법재판소가 회원국들에게 동 사안에 관해 의견을 제시하도록 권고하자 40여 개의 의견서가 접수되었다. 이는 사안이 가지는 중요성을 방증한다. 각 회원국의 의견은 Climate Change Litigation Databases, "Request for an Advisory Opinion submitted by the Commission of Small Island States on Climate Change and International Law," 2022(최종 검색일 2023. 9. 20) 참조.
21 International Tribunal for the Law of the Sea, Advisory Opinion on Request for an Advisory Opinion submitted by the Commission of Small Island States on Climate Change and International Law, No. 31, 21 May 2024.

사법재판소(ICJ)에 (i) 기후 피해를 야기하는 국가들이 다른 회원국과 현재/미래 세대에게 갖는 국제법상의 의무가 무엇인지, (ii) 그 의무에 따르면 군소 도서국을 포함하여 가장 기후 피해에 취약한 국가들에 어떤 법적 책임을 지는지 정식으로 법적 의견을 요구했다.[22] 2023년 3월 29일 제77차 유엔총회는 국제사법재판소가 군소 도서국들의 요청에 대해 법적 의견을 제시하도록 요구하는 결의안을 만장일치로 채택했다.[23] 그로부터 약 2년간 숙의 과정을 거쳐 2025년 7월 23일 국제사법재판소는 기후변화 관련 국가 의무에 대한 권고적 의견을 채택했다.[24] 국제사법재판소는 전향적으로 기후변화에 대한 적극적인 국가 의무를 인정했다. 권고적 의견을 채택하는 숙의 과정에서 수십 개국이 서면 의견서를 개진했는데, 미국, 중국, 러시아 등 온실가스를 다량으로 배출해온 국가들은 여러 국제법 이론을 바탕으로 국가책임을 반대하는 의견을 피력했다. 그럼에도 불구하고 국제사법재판소는 만장일치로 기후 비상사태를 돌파하기 위한 적극적 국가 의무를 인정했는데, 국제사법재판소의 권고

22　Climate Change Litigation Databases, "Request for an advisory opinion on the obligations of States with respect to climate change," 2023(최종 검색일 2023. 9. 20).

23　UNGA resolution A/77/L.58(2023).

24　International Court of Justice, "Obligations of States in respect of Climate Change: The Court gives its Advisory Opinion and responds to the questions posed by the General Assembly," 23 July 2025.

적 의견이 만장일치로 결정된 것은 재판소 역사상 다섯번째에 불과할 정도로 흔치 않다는 점에서 상당한 의미가 있다. 유엔 해양법재판소와 국제사법재판소의 권위와 영향력을 생각할 때 이들 기관이 발표하는 법적 의견은 국가책임과 관련하여 향후 기후 소송에 큰 영향을 미칠 것으로 예상된다.

기업을 상대로 하는 기후 소송

기후 소송은 여전히 중앙정부나 지방정부를 상대로 한 행정소송이 대다수이지만, 최근에는 기업을 상대로 소송을 제기하는 경우가 늘고 있다.[25] 과거에는 석유, 가스 등 에너지 회사를 상대로 하는 기업 소송이 주를 이루었다면, 최근 소송은 더 다양한 분야의 기업들이 피고로 제소되고 있다. 분석 결과, 2015년(파리기후협약이 채택된 해)부터 2023년까지 기업 및 무역 협회를 상대로 약 230건의 기후 관련 소송이 제기되었으며, 이 중 3분의 2 이상이 2020년 이후에 발생했다.[26] 전통적으로 기업을 상대로 제기된 기후 소송은 석유 회사를 상대로 진행되었으나 최근에는 항공사, 식음료 산업, 의류 회사, 금융 회사, 농식품 회사 등 다양한 분야의 기업을 상대로 제기되었다.

---

25   Joana Setzer & Christine Higham, *Global Trends in Climate Change Litigation: 2024 Snapshot*, p. 12.
26   Setzer & Higham, *Global Trends in Climate Change Litigation: 2024 Snapshot*, p. 19.

기업을 제소하는 경우 다양한 법리가 활용된다. 대표적인 쟁점은 회사 차원의 기후 전략과 배출 계획을 마련하지 않은 것이 인권법과 환경법의 주의의무 법리 관점에서 불법인지 여부(인권 소송), 온실가스 배출, 산림 벌채 등의 행위로 기후 피해를 야기한 기업이 기후 피해를 배상해야 하는지 여부(배상 책임 소송), 기업이 온실가스 관련 정보를 제공하지 않거나, 잘못 표기하여 소비자들에게 피해를 입혔는지 여부(소위 그린워싱 소송) 등이다.

기후변화 소송 확산의 배경

기후 소송이 확산한 데에는 기후변화를 둘러싼 국제법의 발전과 이를 뒷받침하는 과학적 사실들의 발견이 큰 역할을 했다. 2015년 국제사회는 지구의 평균 기온이 산업화 이전 대비 섭씨 2도 이상 오르지 않도록 상승 폭을 훨씬 아래로 유지하고, 더 나아가 온도 상승 폭을 섭씨 1.5도까지 제한하는 새로운 국제법으로서 파리기후협약을 체결했다. 당시만 하더라도 섭씨 1.5도는 이상적인, 염원을 담은 목표 정도로 이해되었는데, 이상기후로 인한 재난 재해 피해가 매년 심각해지자 섭씨 1.5도 목표를 반드시 달성해야 한다는 목소리가 점차 힘을 받기 시작했다.

유엔기후변화협약의 과학자문기구로서 기후변화 현황과 추이, 향후 예상 시나리오를 제공하는 기후변화에 관한 정부간 협의체(IPCC)는 5~6년 주기로 최근 기후 과학의 연구 결과와 기후변화 문제 해결을 위한 정책 제안을 담은 평가 보고서를 발행한다.[27] 2018년 10월 인천 송도에서 열린 총회에서 만장일치로 채택된 IPCC 1.5℃ 특별 보고서는 파리기후협약 제2조에 명시된 지구 온도 두 가지 시나리오를 분석하여, 섭씨 2도 상승 시나리오보다 섭씨 1.5도 상승 시나리오가 인류에게 훨씬 더 큰 편익을 가져올 것이라 결론지었다.[28]

나아가 IPCC 특별 보고서는 섭씨 1.5도 온도 상승 억제 목표를 달성하기 위해서 전 지구상의 배출량이 2010년 대비 2030년까지 45퍼센트 감축되어야 하며, 2050년까지는 이산화탄소 배출과 자연 흡수가 서로 상쇄되는 이른바 탄소중립을 달성해야 한다고 강조했다.[29] 전 세계 주요국이 2019년, 2020년 속속 탄소중립 선언을 발표한 데에는 이러한 IPCC 특별 보고서의 권고 사항이 큰 역할을 했다. 뒤에서 설명할 로열더치쉘 판결에서도 2010년 대비 2030년까지 45퍼센트 감축 목표는 중

27　IPCC는 1988년 설립된 국제기구로 195개국이 회원국으로 참여한다. IPCC는 유엔 기후변화협약의 과학자문기구로서, 기후변화의 원인과 대응 방안 등을 과학적으로 검토하여 다양한 기후변화 평가 보고서를 작성하는 역할을 맡고 있다.
28　decision 1/CP.24, paragraphs 27~28.
29　IPCC, *Global Warming of 1.5°C*, Valérie Masson-Delmotte et al.(eds.), Cambridge University Press, 2022, p. 14(C.1).

요한 준거치로 활용된다.

2021년 발표된 IPCC 제6차 평가 보고서의 내용은 더욱 심각하다. 2040년까지 지구의 평균 기온이 산업화 이전과 비교해 섭씨 1.5도 높아질 가능성이 매우 크다는 것이다. 이는 3년 전 발표된 특별 보고서의 연구 결과보다 10년 앞당겨진 수치다. 또한 상승 폭을 섭씨 1.5도 이내로 제한하려면 2030년까지 온실가스 배출량을 2019년 대비 43퍼센트 감축해야 한다고 밝혔다.

IPCC 과학자들의 메시지는 분명하다. 사회 모든 영역에서 광범위하고 신속하게 탈탄소 전환이 되어야 한다. 지구온난화로 인한 기후 시스템의 재앙을 막기 위해 시간이 얼마 남지 않았다. 이렇게 긴박한 상황임에도 불구하고 지난 30년간 유엔 차원의 기후 협상 속도는 더디고, 국내 정치 지도자들은 기후변화 해결 의지가 약하다. 온실가스 감축 분야에서 가시적인 성과를 내고 있는 국가는 일부 예외에 불과하며 대부분 국가에서 기후변화는 중요한 정치 어젠다가 아니다. 대의민주주의에서 의회와 행정부가 중요한 문제를 해결하지 않고 있다면, 국민들이 가진 대안은 무엇인가? 기후변화 문제를 계속 정치인들에게 맡길 것인가? 정치인들이 문제 해결을 위한 의지와 능력이 부족하다면 사법부를 통해서라도 해결 방안을 촉구해야 하지 않을까? 이러한 문제의식이 기후 소송의 출발이었다.[30]

3. 주요 기후 소송

기후 인권 소송의 시작 — 네덜란드 우르헨다 소송

기후 인권 소송은 2012년 네덜란드 시민단체 우르헨다가 네덜란드 정부에 온실가스 감축 목표 상향을 촉구하는 서신을 보내면서 출발한다. 2007년 IPCC는 지구 평균 기온의 상승 폭을 섭씨 2도 이하로 제한하도록 2020년까지 온실가스 배출량을 1990년 대비 25~40퍼센트 감축할 것을 선진국에 권고한 바 있다. 네덜란드 정부는 이 권고를 받아들여 자국 내 2020년 감축 목표를 30퍼센트로 설정한다고 발표했으나, 이를 법제화하지는 않았다. 네덜란드의 유일한 법적 감축 목표는 EU 온실가스 배출권 거래 제도에 참여하며 할당받은 목표이며 이는 IPCC의 권고치보다 훨씬 낮다(2020년까지 약 14~17퍼센트).

네덜란드 정부는 장기적 감축 필요성에는 동의하면서도, 단기 감축 목표의 설정 수위는 정부 재량이라는 이유로 우르헨다의 감축 상향 요구를 공식 거부했다. 결국 우르헨다는 국제 기준에 못 미치는 네덜란드 정부의 미비한 대처가 기후변화 피해로부터 자국민을 보호해야 하는 국가의 주의의무를 다하지

---

30   우르헨다 소송을 이끈 변호인단의 인터뷰 참조. Marjan Minnesma, "Hague climate change verdict: 'Not just a legal process but a process of hope,'" *The Guardian* 2015. 6. 25.

않은 위법행위임을 주장하는 소송을 제기한다. 2015년 6월 네덜란드 지방법원은 정부의 위법성을 인정하며 정부에 감축 목표 상향 조치를 명했다. 이 기념비적 판결문에서 법원은 심각해지는 기후 피해로부터 국가가 자국민을 보호할 충분한 조치를 취하지 않는 것은 유럽인권협약의 생명권, 사생활권, 가족의 평온한 생활을 영위할 권리를 침해하는 것이라 해석했다. 즉 자국민의 생명권, 복지를 위협할 만한 실제적이고 긴급한 위험이 존재하며, 국가가 이 위험을 인지한 경우에는 그 비용이 국가 재정에 심각한 부담을 주지 않는 한 자국민을 보호할 적극적인 의무가 존재한다는 뜻이다. 네덜란드 지방법원은 IPCC가 권고한 선진국의 감축 목표 수준으로, 즉 2020년 말까지 온실가스 배출량을 1990년 대비 최소 25퍼센트를 감축하도록 명령했다. 이러한 판결 요지는 2018년과 2019년 연이어 고등법원과 대법원에서 확정되었다.[31]

　　네덜란드 우르헨다 소송은 정부의 부적절한 온실가스 감축 목표가 위법함을 밝히고, 기후변화 피해가 국제인권법상 인권침해에 해당한다고 판시한 최초의 사례다. 특히 IPCC 보고

31　Urgenda v. State of the Netherlands, ECLI:NL:RBDHA:2015:7145, 24 June 2015, District Court of The Hague; Urgenda v. State of the Netherlands, ECLI:NL:GHDHA:2018:2591, 8 October 2018, Court of Appeals of The Hague; Urgenda v. State of the Netherlands, ECLI:NL:HR:2019:2007, 20 December 2019.

서에 기술된 기후변화의 원인, 현황 및 전망에 관한 과학적 사실을 법적 판단의 기초가 될 만큼 신뢰성이 높은 사실로 인정했다는 점은 다른 나라에서 기후 소송을 준비하는 원고들에게 큰 시사점을 주었다. IPCC 보고서는 유엔기후변화협약의 당사국총회를 통해 채택되므로, 협약의 회원국이라면 보고서에 담긴 과학적 사실을 부인하기 어렵기 때문이다.[32]

기후 인권 소송의 확산 — 아일랜드, 독일, 프랑스 행정소송

기후 피해가 인권침해의 문제일 수 있다는 우르헨다 판례는 유럽 전역에 큰 반향을 일으켰다. 유럽 각국의 시민들은 자국에서 비슷한 소송을 제기하기 시작했다. 아일랜드의 환경단체는 아일랜드 정부의 2017년 국가 온실가스 감축 계획이 2015년 제정된 아일랜드 기후변화법, 헌법뿐 아니라 유럽인권협약의 의무를 위반했다고 주장하며 소송을 제기했다. 소송은 1심에서 패소했지만,[33] 대법원은 1심을 파기하고 정부의 감축

---

32 우르헨다 소송의 상세한 분석은 박시원·박태현, 「기후변화와 국가의 책임-최근 정부에 온실가스 감축 상향을 명한 네덜란드 판례를 중심으로」, 『환경법과 정책』 15, 2015, pp. 167~207; 박시원, 「기후변화와 인권침해 소송-Urgenda 고등법원 판결을 중심으로」, 『환경법과 정책』 23, 2019, pp. 37~69 참조.

33 Friends of the Irish Environment v. the Government of Ireland, 19 September 2019, IEHC 747, the High Court.

계획이 상위법인 기후변화법에서 요구하는 구체성을 결여했다는 이유로 위법하다고 결정했다. 대법원은 아일랜드 정부에 새로운 감축 목표를 마련해야 한다고 판시했다.[34] 아일랜드 대법원의 결정은 온실가스 감축 계획 설정이 행정부 고유의 정책 영역이라는 정부의 주장을 전면적으로 배척하고, 입법적으로 설정된 위임 조건을 통해 정책의 문제가 법률의 문제로 변환되었기 때문에 전통적인 사법 심사의 영역 안이라고 정면으로 답했다는 점에서 큰 의미가 있다.[35]

2018년 독일에서는 온실가스 배출량을 2020년까지 1990년 대비 40퍼센트 감축하겠다는 정부의 정책 목표 달성이 사실상 실패하자 농부들이 정부에 책임을 묻는 소송을 제기했다.[36] 법원은 정부 기후 정책의 적절성이 사법 심사의 대상이며, 심각한 기후 피해는 인권침해라 볼 수 있다고 판결하여, 이후 독일 연방헌법재판소 판결에 큰 영향을 미친다.

2019년 프랑스의 시민단체들도 기후 목표를 달성하지 못하는 정부를 상대로 소송을 제기했다.[37] 파리 행정법원은 프랑

---

34 Friends of the Irish Environment v. the Government of Ireland, 31 July 2020, Appeal No: 205/19, the Supreme Court.
35 윤세종, 「기후위기에서 사법부의 역할」, p. 20.
36 Family Farmers and Greenpeace Germany v. Germany, 31 October 2019, VG10K 412.18.
37 Tribunal Administratif de Paris, 3 février 2021, N° 1904967, 1904972, 1904976/4-1, Association Oxfam France, Association notre affaire à tous,

스 정부가 스스로 정한 2020년 에너지 효율 목표와 온실가스 감축 목표를 지키지 못하는 등 기후위기에 제대로 대응하지 않아 발생한 생태적 피해를 책임져야 한다고 판결했다. 정부에 대해 법원은 현재로서는 생태 피해의 규모를 온전히 파악하기 어려우므로 두 달간 추가 조사를 거쳐 피해 복구 방식을 결정하도록 명령하는 한편, 소송을 제기한 시민단체들에는 정신적 피해를 인정해 상징적인 의미로 1유로씩을 배상하도록 했다.[38]

독일 연방헌법재판소의 역사적 판결

2021년 4월 29일 발표된 독일 판결[39]은 정부의 안일한 기후 정책이 인권침해이며 현세대의 배출량이 미래 세대에 불공평하게 부담을 지우고 있음을 인정했다는 점에서 네덜란드 우르헨다 판결과 비슷하지만, 기후 소송에서 매우 보수적인 독일 연방헌법재판소의 판결이라는 점에서 더욱 주목을 끈다. 한국 청소년들이 기후 소송을 제기한 헌법재판소 또한 독일의 헌법

Fondation pour la nature et l'homme, Association Greenpeace France.
38 「역사로 남을 1유로 승소… 프랑스 법원 "온실가스 감축 못한 정부 책임 인정"」, 『한겨레』 2021. 2. 4.
39 Neubauer case, Federal Constitutional Court, judgment of 24 March 2021, case no. 1 BvR 2656/18, 288/20, BVerfGE 157.

재판소 판례를 많이 참조하는 경향이 있어, 이 소송의 결과가 우리나라 기후 소송 결과에 영향을 미칠 것이라 예상할 수 있었다.

소송의 발단은 독일 정부가 새로 제정한 '연방기후보호법'이었다. 청소년을 포함한 원고들은 2030년까지 1990년 대비 55퍼센트 온실가스 감축을 규정한 '연방기후보호법'이 불충분하여 기본권을 침해한다는 취지의 헌법소원을 독일 연방헌법재판소에 제기했다. '연방기후보호법'은 2050년까지 탄소중립을 당성하기 위해 2030년 목표를 55퍼센트로 설정하고, 이후의 목표는 2025년 시행령을 통해 추가로 규정하기로 했는데, 원고는 이 법이 감축 부담을 2030년 이후로 부당하게 미루고 있다고 주장했다(2030년까지 천천히 감축하다 2030년부터 2050년까지 급격하게 감축). 법원은 이들의 주장을 받아들였다. 탄소중립을 위해 감축량을 분배하는 방식이 현세대보다 미래 세대에 극심한 부담을 준다면, 이는 기본권을 존중하는 방식인 비례 원칙에 위배될 뿐만 아니라 미래 세대의 전반적인 자유를 침해한다는 것이다. 탄소중립을 위한 우리의 탄소 예산은 정해져 있고, 현대의 생활 방식이 워낙 탄소 의존적이니, "현재 세대가 탄소 예산을 빠르게 소진하는 것은 미래 세대들의 삶이 자유의 상실로 이어질 수 있"기 때문이다.[40]

---

40 독일 연방헌법재판소 결정문의 자세한 분석은 김태호, 「기후변화 헌법소송의 논리-

이 같은 이유에서 독일 연방헌법재판소는 연방기후보호법 일부 조항이 위헌이라고 판단했다. 판결 이후 독일 정부는 온실가스 감축 목표를 55퍼센트에서 65퍼센트로 상향하고, 기존엔 없었던 2040년 88퍼센트 감축 목표를 설정하면서 탄소중립 목표를 2045년으로 앞당기겠다고 발표하였다. 독일은 헌법 심사 구조와 실무가 한국과 제도적으로 매우 비슷하고, 법리적으로도 공통점이 많으므로, 독일 연방헌법재판소의 사건은 특히 한국 기후 소송에 대해 시사하는 점이 많다.

유럽인권재판소의 스위스 여성 노인 사건

스위스 여성 노인들이 제기한 기후 소송에서 유럽 헌법재판소는 스위스 정부가 2020년 온실가스 감축 목표 달성에도 실패했고, 현 기후 정책으로 탄소중립도 담보할 수 없다는 점을 지적하며 스위스 현행 기후법은 유럽인권협약 제8조 사생활권을 침해한다고 판단했다.[41] 이 소송은 스위스 여성 노인들이 스위스 정부의 미온적 기후 정책의 부당함을 묻는 스위스

독일 헌재 위헌결정 법리의 비교법적 함의를 중심으로」, 『저스티스』 186, 2021, pp. 7~39 참조.

41 ECtHR(Grand Chamber), Verein KlimaSeniorinnen Schweiz and Others v. Switzerland, judgment of 9 April 2024, no. 53600/20.

국내 소송에서 1심, 2심, 3심 모두 패소한 뒤, 같은 사안을 유럽 헌법재판소에 제기한 사건이었다. 64세 이상 스위스 여성 2,000여 명으로 구성된 이 단체는 스위스 정부가 지구 평균 기온을 산업화 이전 수준보다 섭씨 1.5도 이상 높아지지 않도록 유지할 법적 의무에 따라 온실가스 배출량을 줄이지 않은 것은 유럽인권협약상 보장된 생명권을 침해한다고 주장해왔다. 스위스는 2015년 체결된 파리기후협약 당사국으로서 약속을 지키기 위해 노력했어야 한다는 것이다. 평균 연령이 74세인 이들은 특히 여성 노인들이 기후변화에 취약하다는 점을 내세워 2016년 스위스 정부를 상대로 스위스 법원에 세 차례 소송을 제기했으나 받아들여지지 않자, 2020년 유럽인권재판소에 소송을 제기했다.[42]

유럽인권재판소는 2024년 4월 9일 스위스 여성 원고들의 승소 판결을 내리며, 스위스 정부가 기후위기에 적절하게 대처하지 못한 것은 유럽인권협약의 정온한 환경에서 생활할 수 있는 사생활권을 침해하는 것이라 판단했다. 유럽인권협약은 구체적으로 환경권을 명시하고 있지 않지만, 주요 환경 피해 사건에서 사생활권 침해를 이유로 환경 피해를 인정한 바 있다. 유럽인권재판소는 이 사건에서 특히 국가는 "기후변화로 인한

---

42 「평균 74살 여성들의 '승리'… "기후대응 소홀해 인권침해" 첫 판결」, 『한겨레』 2024. 4. 9.

생명, 건강, 복지와 삶의 질에 미치는 심각한 악영향"으로부터 자국민을 보호할 의무가 있으며, 스위스 정부는 이러한 의무를 다하지 않아 청구인들의 권리를 침해했다고 지적했다.

이 사건에서 눈여겨볼 만한 대목은 독일 연방헌법재판소와 마찬가지로 유럽인권재판소의 국가 온실가스 감축 목표 위헌성 논의에서 탄소 예산이 중요한 판단 기준이었다는 점이다. 유럽인권재판소는 스위스 정부가 온실가스 감축 목표를 설정할 때 탄소중립을 달성하기 위한 탄소 예산을 마련하지 않았다고 지적했다.[43] 소송을 제기한 청구인들은 스위스의 탄소 예산은 국제적으로 합의한 섭씨 1.5도 목표를 달성하기 위한 글로벌 탄소 예산에서 스위스 인구 비중으로 추정할 수 있으며, 스위스의 현 감축 정책에 따르면 스위스의 탄소 배출은 탄소 예산을 훨씬 웃돈다고 주장했다. 유럽인권재판소는 스위스의 현 감축 전략이 '1인당 동등한 배출량equal per capita emission'보다 더 많은 탄소를 배출할 것이라는 사실을 인정했다. 스위스 정부는 탄소 예산을 결정하는 확립된 방법론이 없기 때문에 탄소 예산을 정책 수립에 활용하지 않았다고 반론했으나, 받아들여지지

---

43 유럽인권재판소 결정문 paras. 569~72. 유럽인권재판소 결정문의 상세한 분석은 김도요, 「유럽인권법원의 KlimaSeniorinnen 판결의 주요 내용—기후 소송의 청구인 적격·사법접근권·기본권보호의무」, 『'기후정의와 인권—구조적 접근과 사법의 역할' 학술대회 자료집』, 법원 국제인권법연구회·법원 환경법분야연구회·인권법학회·연세대 공익법률지원센터 공동 주최, 2024, pp. 178~249 참조.

않았다. 유럽인권재판소는 인구 비중으로 계산하는 방식이 탄소 예산을 계산하는 유일한 방법론은 아니지만 효과적으로 탄소 배출을 줄이기 위해서 국제 기준과 기후 과학을 통해 탄소 예산을 추정하는 등 배출 한도를 정량화하는 작업이 선결되어야 한다고 판단했다.[44] 즉 유럽인권재판소는 독일 연방헌법재판소처럼 배출한도를 정량화하는 탄소 예산의 중요성을 강조한 것이다.

정부의 감축 목표 설정의 위헌성 — 한국 헌법재판소 결정

2024년 8월 29일 한국 헌법재판소는 역사적 결정을 내렸다.[45] 기후위기 대응을 위한 완화 조치로서 국가가 법령 및 행정 계획으로 설정한 온실가스 감축 목표가 과연 충분한지를 다룬 헌법소원에서, 헌법재판소는 탄소중립기본법 제8조 제1항의 온실가스 감축 목표 설정이 충분치 않아 청구인들의 기본권인 환경권을 침해했으며 한국 헌법에 합치되지 않는다는 '헌법불합치 결정'을 내렸다.[46] 보다 구체적으로 헌법재판소는 탄소

---

44 같은 글, pp. 225~26.
45 헌재 2024. 8. 29. 2020헌마389, 2021헌마1264, 2022헌마854, 2023헌마846(병합) 결정.
46 헌재 2024. 8. 29. 2020헌마389등.

중립기본법이 2030년 감축 목표와 2050년 탄소중립 목표는 제시하면서도, 제8조 제1항이 2031~2049년 감축 목표를 어떤 형태로도 제시하지 않음으로써 국가가 국민의 기본권 보호에 있어 최소한의 보호 조치를 취해야 한다는 과소 보호 금지 원칙을 위반했으며, 감축 목표처럼 높은 사회적 합의가 필요한 사항은 법률에 규정해야 한다는 법률 유보 원칙도 위반했다고 판단했다. 즉 탄소중립기본법은 정부가 국민의 환경권을 보호하기 위한 최소한의 조치를 취하지 않았으며, 감축 목표 설정을 국회가 아닌 행정부에서 시행령으로 결정하도록 허용한 것이 중요한 헌법의 원칙을 위반했기 때문에 궁극적으로 청구인들의 환경권을 침해했다고 판단했다. 이에 따라 국회는 2026년 2월까지 해당 조항을 개정해야 한다.

이 소송은 청소년, 시민단체, 영유아 등이 청구인으로 참여한 한국 첫 기후 소송이자 아시아 첫 기후 소송이다. 2015년 네덜란드 우르헨다 사건 이래로 유럽과 미국 주법원에서 정부의 불충분한 기후 대응 법령을 위헌으로 판결한 사건들은 있었으나 아시아 국가에서는 이제껏 전무했다. 2020년 청소년들이 최초로 헌법소원을 제기한 이후 총 4건의 헌법소원이 제기되었음에도[47] 3년이 넘도록 변론 기일이 잡히지 않아 청구인들은

---

47 총 4건의 기후 소송은 ① 2020년 3월 청소년 19명이 제기한 '청소년 기후 소송,' ② 2021년 10월 기후위기비상행동과 녹색당 등 123명이 낸 기후 소송, ③ 2022년 6월 태아 및 유아 등 아기 기후 소송단 62명이 낸 '아기 기후 소송,' ④ 2023년 7월 정치

기다림의 시간을 보내야 했다. 청구인들은 기본권 침해의 상황을 알리기 위해 국가인권위원회에 청원을 제기하는가 하면, 변론 기회를 달라고 헌법재판소에 여러 번 제청하기도 했다. 그러다 2024년 헌법재판소가 관련 사건 4건을 병합해 심리를 시작했고, 4월과 5월 두 차례 공개 변론을 거쳐 8월 29일 결정문을 발표했다.

    2020년 소송이 처음 제기되었을 때에는 기후변화로 인한 피해를 기본권 혹은 인권침해로 인정하는 선례가 국내에 없었고 해외 사례도 네덜란드 우르헨다 사건이 유일했으므로, 승소를 낙관적으로 전망하는 전문가는 많지 않았다. 특히 온실가스 감축 목표 설정이라는, 몇 년에 걸쳐 진행되는 고도의 복잡하고 전문적인 행정행위가 사법부의 심사 대상이 되어 위헌 결정을 받을 것이라 예상하는 법학자들은 많지 않았다. 소송 초기 학계와 법조계의 분위기를 떠올려볼 때, 헌법재판소의 헌법 불합치 결정이 갖는 의미는 대단히 크다고 할 수 있다.

    이 결정이 특히 의미 있는 것은, 정부가 온실가스 감축 목표를 설정하는 과정에서 국민의 환경권을 침해했는지를 다루는 첫 사건으로서 구체적 심사 기준을 제시한 점이다. 헌법재판소는 감축 목표가 ① 전 지구적 감축 노력의 관점에서 한국

하는엄마들과 탈핵법률가모임 해바라기 등이 제기한 소송이다. 「기후 소송 청구 4년 만에 헌재서 첫 공개변론… "청소년기후소송 등 4건 병합해 오는 4월 23일 진행"」, 『그리니엄』 2024. 2. 22(최종 검색일: 2025. 1. 5).

이 기여해야 할 몫에 부합하는지, ② 감축 목표의 설정 체계가 미래에 과중한 부담을 이전하지 않는 방식으로 설계되었는지, ③ 온실가스 감축이 실효적으로 담보될 수 있는 방식으로 제도화되어 있는지 등을 판단해야 한다고 강조했다. 그리고 이 판단 시 과학적 사실과 국제 기준을 고려해야 한다고 설명했다.[48] 이는 향후 법률과 시행령 및 감축 기본 계획에 따라 설정되는 감축 목표의 위헌성 여부가 이 심사 기준에 따라 판단될 것임을 의미한다.[49]

기업과 인권 — 네덜란드 로열더치쉘 소송

지구의 벗 네덜란드Milieudefensie와 여섯 곳의 시민단체, 1만

---

48 결정문 34면, 목차 7.가.(3)(나)1).
49 한국 헌법재판소의 기후 소송 결정문에 관한 분석은 이미 여러 논문을 통해 진행되었다. 강원대학교 환경법센터가 발간하는 「환경법과 정책」은 2025년 1월 제33권 특별호에서 이황희, 「기후위기 헌법재판소 결정과 미래 세대—2020헌마389등 결정의 성과, 한계, 실천적 의미」; 이재홍, 「기후위기 헌법재판소 결정(헌재 2024. 8. 29. 2020헌마389등)의 논증 구조—환경권 보호 의무 위반 여부를 중심으로」; 박시원, 「기후위기 헌법재판소 결정의 감축 목표 적절성 판단」; 최창민, 「헌법재판소 기후 소송 결정에 부합하는 2035 NDC—과학적 사실과 국제적 기준에 근거한 공정 배분 분석」 등 이번 헌법재판소 결정문을 심층 분석하는 논문을 실었다. 또한 이 결정문의 분석으로는 김태호, 「국가 공동체 지속 가능성의 사법적 구현—기후위기 헌법재판의 분석을 중심으로」, 「저스티스」 206, 2025, pp. 445~79 참조.

7천 명의 공동 원고가 지구의 현재/미래 세대를 대신해 석유 회사 로열더치쉘을 상대로 소송을 제기했다. '로열더치쉘이 그룹 전체 차원에서 배출되는 탄소를 감축하기 위해 충분한 조치를 취하지 않음으로써 네덜란드 민법 제6:162조의 불법행위 조항의 주의의무를 위반했고, 유럽인권협약 제2조의 생명권 및 제8조의 사생활을 존중받을 권리를 침해하고 있다'라고 주장한 것이다.

네덜란드 지방법원은 로열더치쉘의 법률 위반 여부를 검토하기에 앞서 국제사회에서 요구하고 네덜란드 정부가 동의한 온실가스 감축 목표와 로열더치쉘이 자체적으로 설정한 기업의 감축 목표를 비교했다. 앞서 소개한 네덜란드의 우르헨다 판결 이후 네덜란드 정부의 법원의 판결을 이행하기 위해 2019년 6월 네덜란드 정부는 150여 개의 이해관계자 및 단체가 참여해 합의한 기후 협약Climate Agreement을 채택했다. 이에 따르면 네덜란드 정부는 1990년 대비 2030년까지 전체 온실가스 배출량을 49퍼센트, 2050년까지 95퍼센트 감축하기로 했다. 이 협약은 2019년 9월 1일 시행되었다.

또한 법원은 국제에너지기구(IEA)가 권고한 감축 목표도 설명했다. 2019년 IEA가 발표한 『세계 에너지 전망 2019』에 따르면 지구의 평균 기온 상승 폭을 산업화 대비 섭씨 2도 이하로 억제하는 시나리오를 위해 전 세계적인 온실가스 배출량이 2014년 대비 2030년까지 35퍼센트 감축되어야 한다고 설명했다. 2020년 발표한 『세계 에너지 전망 2020』에는 2050년 탄소중립 시나리오를 추가해, 탄소중립 달성을 위해 온실가스 배출량을 2010년 대비 2030년까지 45퍼센트 감축해야 한다고 설명했다.[50]

네덜란드 정부의 목표뿐만 아니라 국제사회가 제시한 목표와 비교할 때에도 로열더치쉘 기업이 설정한 감축 목표는 낮았다. 로열더치쉘이 2018년 발표한 『에너지 전환 보고서 *Energy Transformation Report*』에 따르면, 로열더치쉘의 감축 목표는 '네덜란드 사회 전체가 파리기후협약 목표 달성을 위해 노력하는 경우' 로열더치쉘도 배출 범위 scope 1, 2, 3[51] 모두 포함해 탄소 집약도 carbon intensity를 2035년까지 20퍼센트, 2050년까지 50퍼센트 감축할 것이라고 제시했다.[52] 탄소 집약도는 같은 양의 에너지나 생산물을 만들 때의 탄소 발생량으로, 집약도가 높을수록

---

50 로열더치쉘 판결문, para 2.4.9~2.4.11.
51 개별 기업의 탄소 배출량을 계산할 때 기업이 직접 배출한 탄소는 배출 범위 1, 기업이 사용하는 전력·열(온수·스팀 등)의 생산 과정에서 간접적으로 배출한 탄소는 배출 범위 2, 사업장 밖의 가치 사슬 value chain인 상류 부문과 하류 부문에서 발생하는 배출 범위 2 이외의 모든 간접 배출은 배출 범위 3으로 구분한다. 배출 범위 3이 발생하는 상류 부문의 탄소에는 원부자재 및 서비스의 구매, 원·부자재 운송 및 유통, 사업장 발생 폐기물, 구성원 출장 및 통근 등이 포함된다. 배출 범위 3이 발생하는 하류 부문의 탄소에는 운송 및 유통, 판매 제품의 가공, 사용 및 폐기 처분 등의 과정에서 발생한 탄소가 포함된다. 이혜경, 「기업의 탄소 배출 정보 공시 해외 논의 동향 및 시사점」, 『이슈와 논점』 1949, 2022, p. 1.
52 로열더치쉘 판결문, para 2.5.14.

탄소 배출량도 높으며 집약도가 낮을수록 탄소 배출량은 낮고 에너지 효율은 높다. 2020년 4월 로열더치쉘은 2035년 목표를 20퍼센트에서 30퍼센트로, 2050년 목표를 50퍼센트에서 65퍼센트로 상향했다.[53]

2021년 5월 26일 네덜란드 헤이그 지방법원은 초국적 석유 회사 로열더치쉘에 대해 온실가스 배출량 감축을 요구한 소송에서 전 세계 최초로 개별 기업에게 기후변화 방지를 위해 일정 역할을 수행할 의무를 부과하는 판결을 선고했다. 구체적으로 법원은 로열더치쉘에 기후변화 책임을 물어 2030년까지 2019년 대비 45퍼센트 온실가스 배출량을 감축하되, 로열더치쉘이 석유·가스 채굴 과정에서 직접 배출한 탄소(배출 범위 1)뿐만 아니라 로열더치쉘이 생산한 석유·가스를 소비자들이 사용하는 과정에서 배출하는 탄소(배출 범위 3)까지 감축해야 한다고 명시했다. 다만 배출 범위 3 배출량은 배출 범위 1 배출량과 다르게 기업이 직접 결과를 보장할 수 없기 때문에 '최대한 노력할 의무'라고 구별했다. 이 사건은 정부가 아닌 기업에 직접적으로 감축 의무 명령을 내린 첫 사례라는 점에서 특별한 의미를 갖는다. 민간 기업의 화석연료 추출 및 판매로 인해 궁극적으로는 인권과 생명권이 위협받을 정도로 기후변화 피해가 심화되었다는 것이다.

---

53   로열더치쉘 판결문, para 2.5.18.

로열더치쉘 소송은 여러 가지 면에서 2015년부터 2020년까지 진행된 네덜란드의 대표적 기후 소송인 우르헨다 소송의 확장된 형태로 이해할 수 있다. 중기 온실가스 감축 목표를 상향하라는 요구가 소송의 핵심이었다는 점, 기후변화로 인한 심각한 피해가 국제인권법이 보호하는 생명권, 사생활 및 가족생활을 영위할 수 있는 권리를 침해한다는 인권법적 접근법을 활용했다는 점이 유사하다. 로열더치쉘 소송에서 법원은 기업이 '유엔 기업과 인권 이행 원칙' 'OECD 다국적 기업 가이드라인' 등 기업 인권을 다루는 다양한 국제 연성법의 적용을 받는다고 해석했다. 이 사건은 향후 다국적 기업을 상대로 진행될 기후 소송에 국제 연성법이 활용될 가능성을 보여주었다.

기업의 기후 피해 배상 책임 — 페루 리우야 사건

2015년 11월 페루 농부 사울 루시아노 리우야는 독일 최대 발전 회사인 RWE를 상대로 기후변화로 인한 손해배상 청구를 독일 법원에 제기했다.[54] 원고는 기후변화에 기여한 다배출 기업으로서 피고가 페루 우아라스Huaraz 지역 인근 산의 빙

---

54 Luciano Lliuya v. RWE AG, Case No. 2 O 285/15 Essen Regional Court, 2015; 박태현, 「기후변화 소송—동향과 쟁점」, 『기후변화법제연구사업 이슈페이퍼』 2019년 03호, pp. 23~24.

하가 녹아내린 사태에 일정한 책임이 있다고 주장했다. 빙하가 녹으면서 우아라스 인근 팔카코차Palcacocha 빙호의 규모가 1975년에 비해 약 30배 증가하여 지역 주민들에게 홍수, 산사태 등의 심각한 위협을 야기했다는 것이다. 원고는 방해 배제 및 예방 청구를 정하고 있는 독일 민법 제1,004조를 청구의 법적 근거로 삼았다. 원고는 피고가 호수 규모의 증가로 발생하는 비용에 대한 책임이 일부 있음을 법원이 선언하고, 원고에게는 원고가 집을 지키기 위해 취한 조치를 배상하며, 우아라스 지역사회에는 도시를 보호하기 위해 설치한 배수구, 댐 등의 설치 상당액(1만 7,000유로)을 지급하라는 취지의 판결을 구했다. 여기서 1만 7,000유로는 피해 예방 조치에 필요한 예상 비용의 0.47퍼센트에 해당하는데, 이는 연간 세계 온실가스 배출량에 대한 피고의 기여도(추정치)를 근거로 한 것이다.

 2016년 독일 에센 지방법원은 피고의 온실가스 배출 행위와 원고가 설명하는 해빙에 따른 위험 및 비용 사이에 인과관계가 인정되지 않는다면서 청구를 전부 기각하였으나, 2017년 11월 30일 독일 함 고등법원은 1심 법원의 인과관계에 관한 판단을 뒤집고, 추가적인 증거와 전문가 의견이 증거조사 단계에서 제출될 것을 조건으로 원고의 인과관계에 관한 주장을 받아들였다.

 이 사건에서 핵심 쟁점은 피고의 온실가스 배출과 원고가 주장하는 페루 우아라스 빙하의 해빙 사이에 인과관계가 인정되는지 여부다. 인과관계를 부정한 1심 법원과 다르게 고등법원은 피고의 온실가스 배출이 현존하는 우아라스의 홍수 위험에 전적인 책임까지는 아니더라도 부분적인 책임이 있으면 충분히 책임을 물을 수 있다고 했다. 기후변화 과학이 발전함에 따라 연구자들은 측정 가능한 방법으로 주요 온실가스 배출자들을 특정하기 시작했고, 그 결과 기후변화 불법행위 소송에서 가해자의 특정이나 인과관계의 증명도 이전에 비해 쉬워졌다. 대표적인 것이 리처드 히드Richard Heede의 연구로, 이 연구에서 히드는 상위 90개 탄소 배출자들을 특정하고 각각의 배출 정도를 계량해 이들이 전 지구적 탄소 배출에 3분의 2 정도 기여했음을 밝혔다.[55] 이 사건 역시 온실가스 배출원과 피해 사이의 인과관계를 밝히는 고도화된 연구 결과의 도움을 받은 사례라 할 수 있다. 원고가 가해자 RWE를 특정하고, 손해배상액의 기준을 피고의 전 세계 온실가스 배출 기여도인 0.47퍼센트로 삼을 수 있었던 것은 이러한 연구 결과에 기반했기 때문이다.[56]

　10년간 지속된 소송은 2025년 5월 페루 농부의 패소로 끝났다. 2심 재판부는 원고가 홍수로 심각할 피해를 입을 위험이 구체적으로 입증되지 않았다고 판단했다. 페루 현장에서 채취

55　Richard Heede, "Tracing anthropogenic carbon dioxide and methane emissions to fossil fuel and cement producers, 1854–2010," *Climatic Change* 122, 2014, pp. 229~41.
56　박태현,「기후변화 소송」, p. 25.

한 토양을 분석한 지질학 전문가들은 빙하가 녹아 원고의 집을 덮칠 확률이 향후 30년간 1퍼센트라는 의견을 냈고 재판부는 이를 받아들인 것이다. 흥미로운 점은, RWE가 기후 피해의 원인자라는 사실을 재판부가 부정하지 않았다는 것이다. 다만 피해의 구체적인 증거가 부족하다는 근거로 패소 결정을 내린 것이다. 소송을 지원한 환경 단체는 2심 재판부의 결정을 환영하며, 기후위기에 대해 기업의 책임을 물을 수 있는 법적 기반이 마련되었다고 자평했다.

미국 헌법 기반의 기후 소송
― 줄리아나 사건과 헬드 대 몬태나주 사건

줄리아나 대 미국 정부 사건[57]은 미국 최초로 공공 신탁 이론[58]과 기본권이 쟁점이 된 사건이다. 21명의 청년들은 미국 정부를 상대로 대기 중 농도가 2100년까지 350피피엠을 넘지 않도록 이산화탄소 배출을 감축하는 조치를 취하라는 소를 연

---

57 Juliana v. United States, 217 F. Supp. 3d 1224(D. Or. 2016).
58 공공 신탁 이론은 미국에서 판례를 통해 발전된 법이론으로, 정부가 환경 및 천연자원과 같은 공공의 자산을 현세대와 미래 세대를 위해 수탁자로서 관리해야 할 의무가 있다는 법리다. 수탁자인 정부는 수익자인 미래 세대를 포함하는 국민의 이익을 위해 최선을 다해 공공 자원을 보호하고 환경 파괴를 막을 의무가 있다는 논리로 활용된다.

방 법원에 제기했다. 원고는 "국가 기후 시스템"이 헌법상의 생명권, 자유, 재산권을 지키는 데 매우 중요한데도, 피고는 화석연료의 생산과 소비, 연소를 "위험 수준"까지 허용함으로써 기본권을 침해했다고 주장했다. 또한 원고는 정부가 온실가스 규제를 하지 않은 것은 현세대와 미래 세대의 평등권을 침해하는 것이라 주장했다. 마지막으로 원고들은 피고가 공공 신탁 법리에 따른 의무를 이행하지 않았다고 주장했다.[59]

연방 1심 법원 앤 에이킨Ann Aiken 판사는 2016년 11월 "인간다운 삶을 영위할 수 있는 기후 시스템을 향유할 권리"가 미국 연방 헌법에 명시되어 있지 않지만, 연방 대법원이 판례를 통해 인정한 동성혼 권리가 이 사건과 유사한 근본적 권리라고 판단하면서 최초로 건강한 환경을 향유할 헌법적 권리의 인정 가능성을 보여주었다. 또한 "인간의 생명을 유지할 수 있도록 하는 기후 시스템은 자유롭고 질서 정연한 사회에 필수적이기 때문에" 원고들이 기본권 침해 주장을 할 수 있다고 판단했다.[60] 이렇듯 미국 헌법을 적극적으로 해석한 1심 법원의 결정은 미국 사회를 발칵 뒤집었다.

이 사건은 제9연방항소법원에 중간 상소되었다. 항소법원은 2020년 1월 17일 2대 1의 판결로 원고의 원고 적격을 부인

---

59 박태현, 같은 글, pp. 26~27.
60 김선희, 「기후변화 소송에 관한 비교법적 검토」, 헌법재판소 헌법재판연구원, 2021, p. 61.

하고 소를 각하했다. 다수 의견은 기후 피해가 미국의 헌법적 권리를 침해하는지를 묻는 원고의 주장에 답변하지 않고, 원고의 요구대로 "화석연료 배출을 감축하고 기후변화를 저지하기 위한 종합적인 계획"을 도입하도록 정부에 명령하는 것은 연방 헌법 제3조에 명시된 연방 법원의 권한을 유월한다고 판단했다.[61] 반면, 반대 의견을 개진한 로라 스테이턴 Laura Staton 판사는 원고의 주장이 정치적 문제 법리에 해당하지 않고 사법부가 전통적으로 판단할 수 있는 문제이며, 다수 의견이 정부의 위헌적인 행위를 수정해야 하는 연방 법원의 사법적 책무를 회피하고 있다고 비판했다.

줄리아나 사건 이후 미국 내에서 헌법을 근거로 기후 소송이 계속 제기되었다. '헬드 대 몬태나주 정부' 사건은 이 중 첫 승소 사례다.[62] 16명의 청소년 원고단은 환경영향평가 시 기후변화 영향을 고려하지 않도록 입법된 몬태나주의 '환경정책법'이 몬태나주 헌법에 위반되며, 몬태나주 헌법이 보장하는 원고의 "깨끗하고 건강한 환경에 살 권리"를 침해했다고 주장했다. 몬태나주 지방법원은 원고의 주장을 인정했다. 몬태나주는 석탄 및 화석연료 자원이 풍부한 곳으로, 과거 무분별한 환경 파괴적 개발로 인해 헌법상 환경권을 인정한 몇 안 되는 미국의

---

61 같은 책, p. 64.
62 Held v. State of Montana, No. CDV-2020-307(Mont Dist. Ct. Aug. 14, 2023).

주 정부다. 그럼에도 불구하고 몬태나주 정부는 석탄 개발을 장려하고자 광산 개발을 위한 환경영향평가 시 기후변화에 대한 영향을 전면 배제하도록 관련 환경 법률을 개정했다. 몬태나주 법원은 판결문을 통해 화석연료 사용으로 야기된 기후변화의 피해는 돌이킬 수 없는 명백한 사실이라고 강조하며, 기후를 고려하지 않는 몬태나주 정부의 개발 행위 인허가 제도는 위헌이라고 판단했다.

4. 최근 기후 소송의 시사점

최근 한국을 포함해 전 세계적으로 의미 있는 기후 소송이 원소 승소 판결을 받았다. 최근 기후 소송의 특징은 기후 침해가 인권침해로 인정될 수 있으며, 그 책임을 정부뿐만 아니라 기업까지 확장해 묻는다는 데에 있다.

2015년 네덜란드의 우르헨다 판결은 기후 문제가 인권 문제이며, 이 문제를 사법부를 통해 구제받을 수 있다는 사실을 세상에 알렸다. 우르헨다 판결 이후 기후 피해가 인권침해라는 국제적 합의가 분명 빠르게 형성되어가고 있다. 우르헨다 1심 판결 이후 미국에서도 기후 피해가 인권침해라는 청소년들의 주장을 인정한 판례가 등장했고, 콜롬비아에서도 기후 위기로 인한 청소년들의 인권침해를 인정한 대법원 판결이 나왔다.[63] 최근에는 독일 연방헌법재판소에서도 기후 피해가 청소년들의 자유권을 침해한다는 기념비적 판례가 있었다.[64] 또한 시민적·정치적 권리에 관한 국제 규약의 일반 지침서, 유엔 인권특별보고관의 보고서 등에서 인권과 기후 피해의 관련성을 적극적으로 인정하고 있다.

한국에서도 2020년 3월 13일 청소년 19명이 '저탄소녹색성장기본법'(이하 '녹색성장법') 및 동법 시행령이 규정하고 있는 대한민국 정부의 온실가스 감축 목표가 청구인들의 생명권, 건강권, 환경권, 행복추구권을 보호하기 위해 필요한 최소한의 조치에 미달하며, 현세대와 미래 세대를 차별하여 평등권을 침해한다는 헌법소원을 제기했다.[65] 같은 해 11월, 또 다른 청소년으로 구성된 청구인들이 동일한 온실가스 감축 목표에 대해 헌법소원을 제기했고,[66] 2021년 10월에는 녹색성장법을 대체하는 탄소중립기본법의 온실가스 감축 목표 규정이 기후위기로부터 국민들을 보호하지 못하고 있다는 취지의 헌법소원이 제기되었으며,[67] 2022년 6월에는 태아 및 유아들로 구성된 청

---

63 "In historic ruling, Colombian Court protects youth suing the national government for failing to curb deforestation," *Dejusticia* 2018. 4. 5.
64 BVerfG 24.03.2021 1 BvR 2656/18, 1 BvR 78/20, 1 BvR 96/20, 1 BvR 288/20.
65 헌재 2024. 8. 29. 2020헌마389등; 윤세종, 「기후위기에서 사법부의 역할」, p. 19.
66 헌재 2024. 8. 29. 2020헌마1516; 윤세종, 같은 곳.
67 헌재 2024. 8. 29. 2021헌마1264; 윤세종, 같은 곳.

구인들이 온실가스 감축 목표를 2030년까지 2018년 대비 40퍼센트 감축할 것을 규정한 탄소중립기본법 시행령 제3조에 대한 헌법소원을 제기했다. 이러한 헌법소원 결과, 2024년 8월 29일 한국 현행법인 탄소중립기본법이 청구인들의 환경권을 침해하여 위헌이라는 헌법재판소의 판단을 이끌어냈다.

이 결정이 갖는 함의는 엄중하다. 2009년 한국은 2020년까지 온실가스를 배출 전망치 대비 30퍼센트 줄이는 공약을 전 세계에 발표하면서 이를 녹색성장법 시행령에 명시해 국내법화했다. 그러나 목표를 달성하지 못할 것으로 예상되자 슬그머니 시행령에서 삭제했는데, 그 과정에서 정부는 국제사회에 사과는커녕 그 어떤 해명도 하지 않았다. 한국이 2020년 온실가스 감축 목표를 달성하지 못하고 상당량 초과 배출한 가장 큰 원인은 석탄 발전소의 신규 건설이다. 2010년 이후 신규 석탄 발전소가 14기 건설되었으며, 국가 배출량은 2017년 기준으로 목표 대비 15.4퍼센트 초과했지만, 이 중에서도 전력 부문은 목표보다 무려 25.2퍼센트 초과 배출했다. 한국이 스스로 정한 감축 목표를 달성하지 못했고, 후속으로 정한 2030년까지의 감축 목표도 실질적으로 기존 목표보다 후퇴한 것이다. 2024년 헌법재판소의 판결은 이러한 정부의 미진한 기후 대응에 경종을 울리는 큰 역할을 했다. 그뿐만 아니라 아시아 지역의 첫 기후 소송 승소 판결로서 일본, 대만 등 다른 아시아 지역에 비슷한 소송을 이끄는 데 큰 영향력을 미칠 것으로 기대된다.

지구법학과 기후 소송 — 헌법적 관점

이재홍

"새로운 것만이 세상을 바꾼다."
— 서태지

"헌·민·형. 헌법, 민법, 형법. 헌법, 민법, 형법은 알겠는데 지구법은 뭐야? 헌법도 민법도 형법도 다 지구 위에서 벌어지는 일 아니야? 그런데 지구법이 왜 필요하지? 물화생지. 물리, 화학, 생물, 지구과학. 그런 거야?"

"소송은 사람들끼리 다툼이 있을 때 하는 거 아니야? 민사소송, 형사소송, 행정소송 다 그렇잖아. 그런데 기후 소송은 뭐야? 기후랑 싸워?"

지구법학과 기후 소송. 모두 낯선 말이다. 20세기에는 거의 아무도 몰랐을 말. 이 새로운 말로 세상을 바꿔야 하는 때가 왔다는 것은 한편으로는 슬픈 일이다. 하지만 새로운 것만이 세상을 바꿀 수 있으니 다른 한편으로 그 안에는 큰 희망이 있다. 기후 소송은 정확히는 기후위기를 해결하기 위한 소송을 말한다. 기후위기를 해결하기 위한 기후 소송은 세계 각지에서 민사, 형사, 행정, 헌법 등 여러 법 분야에 걸쳐 다양한 형태로 진행되고 있다. 패소하는 경우가 많지만, 승소하는 경우도 있고 그 승소는 값진 희망으로 빛난다. 한 사람이 세상을 바꿀 수도 있구나, 라는 희망.

한국에서 가장 빛나는 기후 소송 승소 사례는 2024년 8월 29일 선고된 헌법재판소의 2020헌마389등 결정이다. 이 소송에서 헌법재판소는 기후위기 대응을 위해 입법부가 제정한 법률에 2031년부터 2049년까지의 온실가스 감축 목표가 비어 있기 때문에 어린이들을 포함한 청구인들의 환경권이 침해되어 위헌이라고 결정했다(이하 '헌재 2024 기후위기 결정').[1]

---

1   자세한 학술적인 내용은 이재홍, 「환경권의 제한, 형성, 보호 개념에 관한 연구—기후변화 소송에의 시사점」, 『법학논총』 47(3), 2023, pp. 3~40; 이재홍, 「환경권 보호 의무 위반 여부의 심사 척도와 심사 강도—기후위기 헌법 소송에의 적용」, 『환경법과 정책』 32(2), 2024, pp. 1~67; 이재홍, 「기후위기 헌법재판소 결정(헌재 2024. 8. 29. 2020헌마389등)의 논증구조—환경권 보호의무 위반 여부를 중심으로」, 『환경법과 정책』 33, 2025, pp. 29~79 참조.

1. 헌재 2024 기후위기 결정의 심판 대상

이번 결정의 심판 대상은 크게 세 가지다. 첫째는 탄소중립기본법 제8조 제1항이라는 국회가 제정한 법률 조항이다. 이 조항은 한국의 2030년까지의 온실가스 감축 목표를 2018년 대비 35퍼센트 이상으로 정하되 구체적으로 몇 퍼센트로 할지는 대통령이 정하도록 하는 내용이다. 둘째는 이 법률 조항의 위임에 따라 대통령이 제정한 탄소중립기본법 시행령 제3조 제1항인데, 감축 목표를 40퍼센트로 정하는 내용이다. 셋째는 대통령령 조항에 따른 감축 목표 40퍼센트를 달성하기 위해 정부가 세운 구체적인 세부 계획인 부문별/연도별 온실가스 감축 계획이다. 이 중 위헌으로 선언된 부분은 탄소중립기본법 제8조 제1항, 정확히는 탄소중립기본법 제8조 제1항이 2030년까지의 온실가스 감축 목표를 정하는 데에 그칠 뿐, 2031년부터 2049년까지의 감축 목표에 대해서는 침묵한 부분이다. 헌법재판소는 2030년까지 세워둔 온실가스 감축 목표에 관한 법률 조항, 대통령령 조항, 부문별/연도별 감축 계획은 합헌이지만, 2031년부터 2049년까지 아무 목표도 정하지 않은 것은 위헌(헌법 불합치)이라고 결정했다.

헌법재판소가 위헌으로 결정한 탄소중립기본법 제8조 제1항은 다음과 같다.

제8조(중장기 국가 온실가스 감축 목표 등) ① 정부는 국가 온실가스 배출량을 2030년까지 2018년의 국가 온실가스 배출량 대비 35퍼센트 이상의 범위에서 대통령령으로 정하는 비율만큼 감축하는 것을 중장기 국가 온실가스 감축 목표(이하 "중장기 감축 목표"라 한다)로 한다.

탄소중립기본법 제8조 제1항은 2030년까지 감축 목표를 정하고 2031년 이후 감축 목표에 대해서는 규정하지 않는다. 헌법재판소는 탄소중립기본법 제8조 제1항 중 2031년부터 2049년까지의 감축 목표가 없는 부분을 위헌으로 선언했다. 헌법재판소가 2050년 이후에 대해서는 이야기하지 않고, 2031년부터 2049년까지의 감축 목표를 정하지 않은 부분만 위헌이라고 결정한 것은 탄소중립기본법 제7조 제1항 때문이다. 탄소중립기본법 제7조 제1항은 다음과 같다.

제7조(국가비전 및 국가전략) ① 정부는 2050년까지 탄소중립을 목표로 하여 탄소중립 사회로 이행하고 환경과 경제의 조화로운 발전을 도모하는 것을 국가 비전으로 한다.

탄소중립기본법 제7조 제1항은 2050년까지 탄소중립, 즉 온실가스 배출량에서 흡수량을 뺀 값이 0(zero)이 되는 것을 목표로 정하고 있다. 그러므로 온실가스 감축 목표는 2050년 탄소중립을 달성하기 전까지만 필요한 것이다. 그 결과 문제가 되는 것은, 2050년 탄소중립을 달성하기 전까지 온실가스 감축 목표를 어떻게 세워야 하느냐는 것이다.

한편, 탄소중립기본법 제8조 제1항이 2031년부터 2049년까지의 감축 목표에 대해 취한 태도는 두 가지 방식으로 설명 가능하다. 하나는 '탄소중립기본법 제8조 제1항은 2030년까지 감축 목표만 정하고 그 후의 목표는 정하다 말았다'라는 설명 방식이고(이하 '1번 설명'), 다른 하나는 '탄소중립기본법 제8조 제1항은 2031년부터 2049년까지 감축 목표를 정하지 않았다'라는 설명 방식이다(이하 '2번 설명'). 둘 중에 어느 쪽이 정답일까? 이것은 어려운 문제다.

법률 용어로 1번 설명은 부진정 입법 부작위, 2번 설명은 진정 입법 부작위라고 하는데, 헌법재판소는 그 구별 기준을 다음과 같이 제시한다.

입법 부작위에는 입법자가 헌법상 입법 의무가 있는 어떤 사항에 관하여 전혀 입법을 하지 아니함으로써 입법 행위의 흠결이 있는 경우(입법권의 불행사)와 입법자가 어떤 사항에 관하여 입법은 하였으나 그 입법의 내용·범위·절차 등이 당해 사항을 불완전, 불충분 또는 불공정하게 규율함으로써 입법 행위에 결함이 있는 경우(즉, 결함이 있는 입

법권의 행사)가 있는데, 전자를 진정 입법 부작위, 후자를 부진정 입법 부작위라고 부른다.[2]

법률에 있는 어떠한 공백 상태가 진정 입법 부작위인지 부진정 입법 부작위인지는 논리적으로 명쾌하게 판단할 수 없는 경우도 많아서 때로는 이것을 두고 재판관 사이에 의견이 나뉘기도 한다.[3] 그게 그저 아닌가라는 생각이 들 정도의 문제가 재판관 사이의 의견 대립으로까지 이어지는 건, 진정 입법 부작위와 부진정 입법 부작위가 소송상 매우 다른 취급을 받기 때문이다.

헌법재판소 판례 법리에 따르면 2번 설명, 즉 진정 입법 부작위의 경우 헌법에 명문으로 법률 제정 의무가 규정되어 있거나 헌법 해석을 통해 법률 제정 의무를 인정할 수 있어야 비로소 소송요건을 만족한 것으로 인정하고 재판을 시작한다. 다시 말해서 2번 설명을 따를 경우, 헌법에 명문으로 2031년부터 2049년까지 온실가스 감축 목표를 규정하도록 입법자에게 명령하는 조문이 있거나, 헌법 해석을 통해 그러한 명령을 인정할 수 있어야 이번 사건의 재판을 시작할 수 있다.

반면 1번 설명을 따를 경우, 즉 부진정 입법 부작위로 보는

---

2   헌재 2006. 5. 25. 2005헌마362.
3   대표적인 예로, 헌재 2017. 12. 28. 2016헌마45.

경우에는 소송요건이 충족된 것으로 보아 쉽게 재판이 개시된다. 이렇게 보면 1번 설명을 채택해야 좋을 것 같지만, 일단 재판만 개시할 수 있다면 2번 설명을 따르는 편이 위헌이라는 판단을 훨씬 더 쉽게 이끌어낼 수 있다는 점도 고려할 필요가 있다. 뒤집어 말하면, 1번 설명은 재판 개시는 쉽지만 개시된 후에 이기기가 어렵다는 단점이 있다. 1번 설명은 과소 보호 금지 원칙이라는 넘기 어려운 관문을 통과해야만 위헌의 결론에 이를 수 있지만, 2번 설명은 입법자가 상당한 기간 내에 입법을 하지 않았다는 것만 입증하면 곧바로 위헌의 결론에 이를 수 있기 때문이다. 이번 헌재 2024 기후위기 결정은 1번 설명을 채택하여 소송요건은 별다른 문제 없이 통과하고 재판을 개시했지만, 2031년부터 2049년까지 감축 목표를 정하지 않은 것이 위헌이라는 결론에 이르기까지는 과소 보호 금지 원칙이라는 험난한 난관을 넘어야 했다.

2. 헌재 2024 기후위기 결정에서 문제 된 기본권과 국가의 역할

균형 잡힌 기후에서 생활할 권리

헌재 2024 기후위기 결정은 헌법소원 심판 사건이다. 헌법소원 심판이란 국민이 국가에 의해 자신의 기본권을 침해받았다고 주장하면, 정말 국가에 의해 기본권이 침해되었는지 헌법재판소가 따지는 재판을 말한다. 헌법소원 심판은 기본권 침해 여부를 판단하는 재판이기 때문에, 다시 말해서 기본권 침해 여부 외의 것은 판단 대상이 아니기 때문에 헌법소원 심판에서 이기려면 어떠한 기본권이 침해되었는지를 잘 주장해야 한다. 여기서 기본권은 여러 권리 중 특히 헌법의 수준에서 보장하는 권리를 말한다. 헌법-법률-명령-규칙이라는 법의 상하 관계 중 최상위에 있는 법이 헌법인데, 기본권은 최상위 법인 헌법이 보장하는 권리를 말한다. 따라서 법률로만 보장되는 법률상 권리를 주장해서는 헌법소원에서 이길 수 없다.

헌재 2024 기후위기 결정에서 헌법재판소는 소송을 제기한 청구인들이 주장한 여러 기본권 중 환경권이 침해되었음을 인정해 승소 결정을 내렸다. 환경권을 헌법에 기본권으로 규정하지 않는 나라도 있지만, 한국은 헌법 제35조 제1항에 다음과 같이 환경권을 기본권으로 규정한다.

> 헌법 제35조 ①모든 국민은 건강하고 쾌적한 환경에서 생활할 권리를 가지며, 국가와 국민은 환경 보전을 위하여 노력하여야 한다.

이러한 헌법의 환경권 규정의 의미를 축소하려는 견해도

있다. 즉 환경권은 생명권, 건강권, 주거의 자유, 재산권 등 전통적 기본권으로 보호되므로 굳이 별도의 기본권으로 인정할 실익이 없다는 취지다. 유사한 맥락에서 헌법상 환경권은 추상적인 권리에 불과해 입법자의 법률 제정이 있기 전까지는 법원에서 소송상 관철할 수 없다는 견해도 있고, 대법원도 기본적으로 이러한 입장을 취한다. 나와 자연은 분리되어 있으며 자연은 인간의 이용 대상일 뿐이라는 인간 중심적 세계관에 따르면, 환경권 조항은 법적 권리를 규정한 것이라기보다는 이상적인 지향점에 관한 선언을 적어놓은 것으로 해석하기 쉽고, 헌법상 환경권은 온전한 권리가 아닌 것으로 격하하는 견해를 취하기 쉽다. 이처럼 분리에 기반한 세계관은 연결에 기반한 지구법학의 세계관과 대척점에 있다.

환경오염이나 환경상의 위해가 심각하지 않았던 과거에는 분리에 기반한 세계관을 취해도 현실적인 문제를 해결하는 데에 큰 어려움이 없었을지 모른다. 그러나 이러한 견해는 그 해악이 상당 기간 동안 축적되어 드러나기 시작한 현 시점에서 우리와 미래 세대가 맞닥뜨린 문제를 해결할 능력이 거의 없다. 이러한 견해를 취할 경우에는 환경 문제, 예를 들어 기후위기라면 기후위기로 인해 죽거나 아프거나 집을 잃거나 재산을 잃고 나서야 비로소 기본권 침해 주장을 할 수 있다. 그러나 환경 문제는 속성상 생명, 신체, 재산상의 손해가 발생하지 않은 사람들에게도 광범위하게 악영향을 주고, 그 악영향이 쌓여서 생명, 신체, 재산상 손해로 귀결될 때까지 오랜 시간이 걸리며, 그렇게 시간을 흘려보낸 후에는 되돌릴 수 없거나 지나치게 많은 희생과 비용을 요구한다는 특징이 있다. 나와 자연, 현세대 인간과 미래 세대 인간, 인간과 자연의 연결 고리는 미묘하고 다층적이어서 파괴되는 데에 시간이 걸리지만 일단 파괴되면 회복이 쉽지 않다. 따라서 생명, 신체, 재산 등 전통적인 기본권의 보호 영역이 침범당하지 않도록 보호하는 것과는 별개로, 그에 미치지 않는 정도의 환경적 이익을 환경권의 보호 영역으로 인정하여 기본권으로 보호함으로써 현재와 미래의 모든 사람들이 조화롭고 아름다우며 인간다운 삶을 실현할 수 있도록 도울 규범적 필요성이 매우 크다.

이러한 관점에서 1980년 개헌된 대한민국헌법이 환경권을 기본권으로 명문화한 것은 매우 적절한 선택이었다고 평가할 수 있다. 헌법 제35조 제1항의 환경권은 정치적 선언에 불과한 것이 아니라 다른 기본권과 마찬가지의 규범적 효력을 가지는 헌법상 기본권으로 해석하는 것이 문리적 해석의 측면에서나 목적론적 해석의 측면에서나 타당하고 자연스럽다. 오히려 헌법에 기본권으로 규정해둔 환경권을 헌법 문언에 반하여 헌법상 권리로 보호할 실익이 없다거나 구체적 권리가 아니라고 주장하는 측에서 그러한 주장이 타당하다는 충분한 근거를 제시할 필요가 있다.

헌법상 환경권 규정이 있다는 것이 얼마나 중요한지는 탄소 배출량 감축 목표를 다룬 독일 연방헌법재판소 결정과 한국의 헌재 2024 기후위기 결정을 비교해보아도 쉽게 알 수 있다. 독일은 헌법(기본법)에 한국과 같은 환경권 조항이 없다. 따라서 독일에서는 헌법재판에서 환경권을 주장해봤자 승산이 없다. 그럼에도 헌법 소송에서 승소했는데, 온실가스 감축 목표가 미흡해 미래에 누릴 일반적인 자유권이 침해되었다는 이유에서였다. '미래에 누릴 자유가 현재 침해되었다'라니, 선뜻 이해할 수 없는 표현이다. 미래가 오기도 전에 미래의 자유가 침해되었다는 것이니 시간이 거꾸로 흐른다는 이상한 표현이다.

　이러한 기이한 논리는 헌법상 환경권 규정이 없는 상황에서 문제를 해결해야 하다 보니 고육지책으로 고안해낸 것이다. 물론 이 논리는 시간을 거슬러 올라간다는 약점을 제외하고는 그 자체로 탁월하지만, 지구온난화, 탄소 예산, 온실가스 감축 목표 사이의 독특한 상호 관계 때문에 가능했던 매우 특수한 사례라는 뚜렷한 한계가 있다. 즉 독일 연방헌법재판소의 이 논리는 기발하지만, 다른 유형의 환경적 이익 침해를 다투는 소송에 응용할 수는 없다.

　그 논리 구조를 간단히 설명하면 다음과 같다. 2050년 탄소중립을 달성하겠다는 목표를 설정하면 그때까지 배출 가능한 온실가스의 양이 결정되고, 그에 따라 매년 배출할 수 있는 양[4]도

4　이것이 탄소 예산이다.

정해지는데, 2050년까지 전체 배출량이 정해져 있으므로, 현재 배출량과 미래 배출량은 제로섬 관계에 놓인다. 현재 온실가스를 많이 배출하면 미래에는 적게 배출해야 하고, 현재 온실가스를 적게 배출하면 미래에는 많이 배출할 수 있다. 그런데 현대인의 삶은 탄소 배출 없이 일상생활 자체가 불가능한 정도다. 상당한 양의 탄소 배출 없이는 이동이나 물건 생산 등 기본적 활동 자체가 어려워진 것이 현대인의 삶의 모습이므로 탄소 배출 허용량을 극도로 줄이게 되면 일상생활에서 사소한 자유조차 누릴 수 없게 된다. 요컨대, 현재 많은 탄소 배출을 허용하는 법률 조항[5]은 현재 살아 있는 사람들이 미래에 누릴 수 있는 자유권[6]을 제한한다는 논리다.

독일 연방헌법재판소는 이와 같이 독특한 논리를 펴면서 미래에 누릴 자유권의 침해를 인정하고 위헌의 결론에 이르렀다. 논리적으로는 매우 기발하고 화려하다는 느낌마저 주지만, 그 화려함 뒤에 환경적 이익 자체가 기본권적 보호의 대상에서 벗어난다는 점이 감춰져 있다는 데 주목할 필요가 있다. 환경적 이익은 그 자체로 헌법에 의한 보호 대상이 아니라 헌법이 전통적으로 보호하는 자유권 중 어느 하나의 제약으로 이어져

---

5   부실한 온실가스 감축 계획을 말한다.
6   독일 연방헌법재판소는 이를 이시적異時的 자유권이라는 특수한 형태의 자유권으로 구성하는데, 여기에서 말하는 자유권은 특정한 하나의 자유권이 아니라 일반적 행동 자유권을 포함해서 탄소 배출을 수반해야 행사할 수 있는 모든 자유권들을 말한다.

야만 헌법적 보호의 대상이 된다. 따라서 탄소 배출과 같이 전통적 자유권 행사에 필수 불가결한 것과 관련된 환경적 이익이 아니라면 헌법적 보호의 대상이 될 수 없다.

반면 대한민국헌법 제35조 제1항에서 '건강하고 쾌적한 환경에서 생활할 권리'로 규정하는 환경권은 말 그대로 건강하고 쾌적한 환경을 보호한다. 따라서 환경권 이외에 어떠한 전통적 자유권이 제한되었는지를 따지는 대신 환경적 이익 자체를 논의의 중심에 두고 그 헌법적 한계를 논할 수 있는 큰 장점이 있다. 이러한 조문이 있기 때문에 보호의 대상이 되어야 하는 환경적 이익이 전통적 자유권의 제한과 직접 연관되는지 여부를 따질 필요가 없고, 설령 연관성이 없다 하더라도 환경적 이익 자체가 환경권이라는 기본권의 내용이 되어, 그 결과 헌법적 보호의 대상이 된다.

물론 헌법 제35조 제1항과 같은 간단한 조문 내용만 가지고 재판을 하여 환경권이라는 기본권을 소송을 통해 관철시키기가 쉽지만은 않다. 우선 건강하고 쾌적한 환경이 어디까지인지부터 어려운 문제다. 헌법 제35조 제2항은 "환경권의 내용과 행사에 관하여는 법률로 정한다"라고 규정하여 국회에 법률로 환경권의 구체적 내용을 정할 수 있는 권한을 부여한다. 헌법재판소는 환경권에 관한 사건들에서 환경권의 범위가 어디까지인지를 확정할 때 입법자가 제정한 법률을 들여다본다. 예를 들어, 집 근처에 동물 화장장이 들어서는 바람에 악취나 오염된 공기로 피해를 입었다고 주장하는 사건에서 헌법재판소는 "일상생활에서 악취, 오염된 공기 등을 제거·방지하여 쾌적한 환경에서 생활할 권리"를 헌법상 기본권인 환경권으로 인정했다.[7] 이때 헌법재판소는 국회가 제정한 법률인 환경정책기본법 중 제3조가 환경을 자연환경과 생활환경으로 구분하고 생활환경에 대기와 악취 등을 포함하고 있다는 점을 근거로 든다. 헌법재판소는 유사한 논증 구조를 채택해 소음 없는 조용한 환경에서 생활할 권리도 환경권으로 인정했고,[8] 교도소나 구치소에 갇혀 있는 사람이 채광·통풍을 위한 시설이 갖추어진 거실에서 건강하게 생활할 권리도 환경권으로 인정했다.[9] 이와 같이 환경권의 구체적인 내용을 인정하고 환경권 침해 여부를 판단하는 방식이 종래의 일관된 헌법재판소의 선례다.

그런데 이번 헌재 2024 기후위기 결정은 헌법재판소의 지난 결정들과는 달리 구체적으로 어떠한 환경권이 제한되는지를 밝히지 않았다. 이번 사건의 경우에도 기후변화 예방을 규정하는 환경정책기본법 제2조, 국가환경종합계획의 내용으로 기후변화를 언급하는 환경정책기본법 제15조 등을 근거로 하여 균형 잡힌 기후에서 생활할 권리[10]를 환경권의 구체적인 내

---

7 헌재 2020. 3. 26. 2017헌마1281.
8 헌재 2008. 7. 31. 2006헌마711; 헌재 2019. 12. 27. 2018헌마730.
9 헌재 2014. 6. 26. 2011헌마150.
10 기후는 세워둔 자전거와 같은 정적인 평형static equilibrium이 아니라 씽씽 달리는 자

용으로 인정할 수 있었고, 그러한 논증 방식이 헌법재판소의 일관된 선례에 부합한다. 그러나 헌법재판소는 다음과 같이 판결하는 데 그친다.

국가가 법령과 행정 계획으로 온실가스 감축 목표를 설정함으로써 대응하고자 하는 기후위기의 위험은, 기후변화로 인하여 초래되는 극단적 날씨, 물 부족, 식량 부족, 해양산성화, 해수면 상승, 생태계 붕괴 등의 현상으로 인한 피해의 위험이다(탄소중립기본법 제2조 제2호 참조). 이는 국민의 생명·신체의 안전 및 건강뿐만 아니라, 자연환경과 생활환경을 포함하는 환경의 전부 또는 일부가 훼손될 위험까지 포괄하므로, 이러한 구체적 위험으로부터 보호되어야 하는 국민의 기본권으로서 위 조항들 및 계획과 가장 밀접한 기본권은 환경권이라고 할 것이다.

기후가 자연환경의 일부임은 당연한 사실이고 기후의 균형이 깨지면 자연환경상의 위해가 발생하므로, 환경권의 내용으로서 '균형 잡힌 기후에서 생활할 권리'를 인정하는 데에는 큰 어려움이 없다. 균형 잡힌 기후에서 생활할 권리에는 이를

전거와 같은 동적 균형dynamic balance을 이룬다. 따라서 '안정적인 기후에서 생활할 권리'라는 용어보다는 '균형 잡힌 기후에서 생활할 권리'라는 용어가 보다 적절하다.

제한하는 공권력 행사로부터 보호받을 권리 및 균형 잡힌 기후에서 생활할 권리를 저해하는 공권력 행사 외의 위험 요소(사인, 외국, 자연재해 등)로부터 보호받을 권리가 포함된다. 균형 잡힌 기후에서 생활할 권리를 환경권으로 인정하면 '탄소 감축 목표량 부족 → 온실가스 축적 → 지구온난화 → 기후의 균형 파괴'까지만 입증해도 환경권의 보호 영역이 침범된다는 주장이 성립될 수 있다. 즉 '탄소 감축 목표량 부족 → 온실가스 축적 → 지구온난화 → 기후의 균형 파괴 → 신체·재산 법익 침해'까지 입증할 필요가 없다. 그 결과 입증해야 할 인과관계의 고리 개수가 하나 감소한다. 이것은 소송상 의미가 매우 크다.

그뿐만 아니라 헌법재판소에 헌법소원 심판을 청구하여 판단을 받으려면 기본권이 침해될 가능성이 있다고 인정되어야 하는데, 안정적인 기후에서 생활할 권리를 환경권으로 인정할 경우 재난이 발생할 정도로 기후 불안정이 심각하지 않아도 '기본권 침해 가능성'을 쉽게 인정받을 수 있다는 장점이 있다. 요컨대, 기후 불안정에 따른 직접적인 생명·신체·재산상 손해가 아니라 기후 안정 자체가 기본권으로 보호받는 이익으로서 규범적 지위가 상승하게 된다. 나아가 '안정적인 기후에서 생활할 권리'를 헌법상 환경권으로서 구체적으로 인정하면, 향후 유사한 헌법 소송은 물론이고 민사·형사·행정소송 등 하위 법령에 관한 소송에서 기후위기 대처에 효과적인 법리를 만들어낼 통로를 손쉽게 열 수 있게 된다. 그럼에도 불구하고 헌재

2024 기후위기 결정이 안정적인 기후에서 생활할 권리를 구체적인 환경권으로 인정하지 못하고 추상적인 의미의 환경권을 인정한 데 그친 것은 아쉬움을 남긴다.

환경권의 수호자로서의 국가

헌재 2024 기후위기 결정은 안정적인 기후에서 생활할 권리를 헌법상 환경권으로 인정하지 않은 아쉬움은 있지만, 헌법에 규정된 환경권이 명실상부한 헌법적 효력을 가지는 국민의 기본권이라는 점을 당연한 전제로 삼아서 논리를 전개한다. 대법원의 경우 헌법상 환경권의 효력을 온전하지 않은 것으로 본 판례도 있기 때문에 이러한 헌법재판소의 입장은 중요한 법리적 의미가 있다. 환경권이 헌법상 권리, 즉 기본권으로 인정되는 순간 여러 헌법적 장치가 작동하게 되는데, 그중 이번 결정에서 가장 강력하게 작동한 것이 바로 대한민국헌법 제10조 후문이다. 헌법 제10조는 다음과 같다.

제10조 모든 국민은 인간으로서의 존엄과 가치를 가지며, 행복을 추구할 권리를 가진다. 국가는 개인이 가지는 불가침의 기본적 인권을 확인하고 이를 보장할 의무를 진다.

헌법 제10조 후문은 국가에 의무를 부과하는 내용이다. 이 의무는 헌법적 의무이므로 규범적 지위가 매우 높다. 헌법 제10조 후문은 개인이 가지는 불가침의 기본적 인권을 확인하고 이를 보장할 헌법적 의무를 국가에 부과한다. 바로 이 불가침의 기본적 인권이 우리가 흔히 말하는 기본권이다. 즉 어떠한 권리가 기본권으로 인정되는 순간 국가는 그 권리를 확인하고 보장할 헌법적 의무를 지게 된다. 이 의무를 위반하면 헌법을 위반하는 것이고 따라서 그러한 국가 작용은 무효가 되며, 그러한 행위를 한 공무원에 대해서는 헌법위반에 따른 법적 책임을 물을 수 있다. 헌법 제10조 후문은 매우 강력한 조문이다.

국민 입장에서 보면, 자신이 가진 어떠한 권리가 단순한 법률상 권리가 아니라 헌법상 권리인 기본권인 경우에는 그 권리의 침범에 대해 국가에게 기본권 보장 의무라는 헌법적 의무의 이행을 구할 수 있다. 국민의 기본권은 국가가 직접 침범할 때도 있지만, 다른 국민이 침범할 때도 있고, 자연재해에 의해 침범당할 때도 있고, 외국에 의해 침범당할 때도 있다. 다른 한편 국가는 헌법에 규정된 기본권의 내용을 더 구체화하는 기능을 하기도 한다. 결국 기본권에 관한 국가의 기능은 국가 스스로가 직접 기본권을 침범하거나, 제3자의 기본권 침범을 막거나, 기본권을 구체화하거나의 세 가지로 유형화할 수 있다. 세 가지 유형을 차례로 제한, 형성, 보호라고 한다. 이것을 그림으로 나타내면 〈그림1-1〉과 같다.

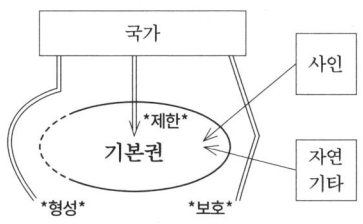

《그림1-1》 기본권에 관한 국가의 기능.

결국 헌법 제10조의 기본권 보장 의무는 과도한 기본권 제한을 하지 않을 의무, 과소한 기본권의 형성이나 보호 조치를 하지 않을 의무로 구체화된다. 즉 국가 작용이 기본권의 제한, 형성, 보호 중 어떠한 경우에 해당되든 간에, 국가는 국민의 기본권 보장 의무가 있으므로 기본권 보장 의무 위반에 따른 책임을 부담해야 하는 상황에 놓인다. 다만 국가가 직접 국민의 기본권을 침범한 경우와 다른 국민이나 자연재해 등에 의해 기본권이 침범된 경우는 국가의 역할이 다르므로, 기본권 보장 의무 위반 책임도 다른 정도로 부담하는 것이 합리적이다. 즉 국가가 직접 국민의 기본권을 침범한 경우 국가에 엄격하게 책임을 물어야 하지만, 기본권을 침범한 주체가 국가가 아닌 경우에는 국가에 전자보다는 완화된 책임을 물어야 국가의 행위에 상응하는 책임 추궁의 체계라 할 수 있다.

대한민국헌법은 국가가 스스로 국민의 기본권을 침범하는 경우를 기본권의 "제한"이라는 특별한 유형으로 설정한다. 그리고 국가의 기본권 제한이 합헌인지 위헌인지 가리는 심사 기준을 다음과 같이 헌법 제37조 제2항에 규정한다.

제37조 ② 국민의 모든 자유와 권리는 국가 안전보장·질서유지 또는 공공복리를 위하여 필요한 경우에 한하여 법률로써 제한할 수 있으며, 제한하는 경우에도 자유와 권리의 본질적인 내용을 침해할 수 없다.

헌법 제37조 제2항에 따르면 국가가 직접 국민의 기본권을 침범하는 경우에는 국회가 제정한 법률에 근거가 있어야 하고, 국가 안전보장·질서유지·공공복리를 위한 경우여야 하며, 그러한 목적을 위해 필요한 정도만 제한할 수 있고, 기본권의 본질적인 내용은 결코 침범할 수 없다. 헌법재판소는 기본권을 침범하는 국가의 공권력 작용이 "필요한 경우에 한하여"에 해당하는지 판단하는 기준으로 '과잉 금지 원칙'을 마련하여 이에 따라 헌법 제37조 제2항 위반 여부를 판별한다. 즉 목적의 정당성-수단의 적합성-피해의 최소성-법익의 균형성의 4단계로 이루어진 과잉 금지 원칙을 통과하지 못하면 헌법 제37조 제2항의 "필요한 경우에 한하여"를 위반하고, 기본권을 침해해 헌법에 위반된다는 결론에 이른다.

한편, 헌법재판소는 국가가 국민의 기본권을 침범한 것이 아니라 국가 이외의 실체, 즉 다른 국민, 자연, 외국 등이 국민의 기본권을 침범한 경우 국가가 국민의 기본권을 보장할 의무가 있음을 헌법 제10조 후문을 근거로 다음과 같이 인정한다.

헌법 제10조의 규정에 의하면, 국가는 개인이 가지는 불가침의 기본적 인권을 확인하고 이를 보장할 의무를 지고 기본권은 공동체의 객관적 가치 질서로서의 성격을 가지므로, 적어도 생명·신체의 보호와 같은 중요한 기본권적 법익 침해에 대해서는 그것이 국가가 아닌 제3자로서의 사인에 의해서 유발된 것이라고 하더라도 국가가 적극적인 보호의 의무를 진다. 그렇다면 국가가 국민의 기본권을 적극적으로 보장하여야 할 의무가 인정된다는 점, 헌법 제35조 제1항이 국가와 국민에게 환경 보전을 위하여 노력하여야 할 의무를 부여하고 있는 점, 환경 침해는 사인에 의해서 빈번하게 유발되므로 입법자가 그 허용 범위에 관해 정할 필요가 있다는 점, 환경 피해는 생명·신체의 보호와 같은 중요한 기본권적 법익 침해로 이어질 수 있다는 점 등을 고려할 때, 일정한 경우 국가는 사인인 제3자에 의한 국민의 환경권 침해에 대해서도 적극적으로 기본권 보호 조치를 취할 의무를 진다.[11]

---

11 헌재 2019. 12. 27. 2018헌마730.

이러한 경우, 헌법재판소는 국가가 기본권 보호 의무를 헌법에서 요구되는 정도로 다했는지 여부를 판단하는 데 있어 '과소 보호 금지 원칙'이라는 기준을 적용한다. 과소 보호 금지 원칙이란 국가가 적절하고 효율적인 최소한의 기본권 보호 조치조차 안 한 경우에 국가는 기본권 보장 의무를 위반해 기본권을 침해하게 되고 따라서 이는 위헌이라는 심사 기준이다. 과잉 금지 원칙에 비해서는 많이 너그러운 심사 기준이다. 과소 보호 금지 원칙이 적용되는 상황에서 국가는 기본권의 수호자 역할을 하므로, 헌법재판소는 국가 스스로 기본권의 침범자 역할을 하는 경우에 적용하는 과잉 금지 원칙보다는 완화된 기준에 따라 국가의 기본권 보장 의무 위반 여부를 판단한다. 기본권을 보호하는 조치는 다양하고 그중 무엇을 선택할지는 입법자에게 재량이 있으므로 그 재량의 한계를 넘었는지를 판단하는 데 있어서는 완화된 기준에 의한 헌법재판소의 심사가 이루어진다. 입법자가 헌법재판소가 바라는 특정 보호 조치를 하지 않았다고 해서 곧바로 위헌이라 선언한다면 민주적 정당성이 부족한 헌법재판소가 민주적 정당성을 갖춘 입법자의 권한을 대체하게 되므로, 기본권 보호자로서의 국가 작용에 대해 헌법재판소는 과소 보호 금지 원칙이라는 완화된 기준을 적용한다.

헌재 2024 기후위기 결정에서 청구인들이 건강하고 쾌적한 환경에서 생활할 권리를 누리기 힘들어진 일차적 원인은 기후위기라는 자연현상이다. 물론 그 배후에는 인간 활동이 있지만, 그 인간 활동이 전부 국가의 활동으로 귀속되지는 않는다. 따라서 기후위기 국면에서 환경권에 관한 국가의 역할은 기후위기로부터 국민의 환경권을 지켜내는 수호자 내지 보호자로 구성하는 것이 논리적으로 더 타당하다.[12] 환경권의 침범은 기후변화에 의한 것이고 기후변화는 자연의 힘이므로 국가는 그러한 자연의 힘에 따른 환경권의 저해를 막을 헌법상 의무가 있다. 물론 기후변화를 초래한 온실가스 배출은 인간에 의한 것이지만, 이렇게 보더라도 온실가스 배출의 주체가 오로지 국가인 것은 아니므로, 환경권 수호자로서 국가의 지위를 인정할 수 있다. 따라서 기후위기를 막지 못하여 환경권이 침범된 책임을 국가에게 묻는 헌재 2024 기후위기 결정에서 국가가 환경권 보장 의무를 다했는지 여부는 과소 보호 금지 원칙에 따라 판단하게 된다.

---

12   인간 활동이 기후위기를 심화하게끔 방관한 것 자체가 국가의 잘못이므로, 기후위기 상황을 국가에 의한 환경권 제한으로 구성하는 것도 생각해볼 수 있다. 그러나 이러한 논리는 국가에 기후위기 심화를 방지할 법적 의무가 있음을 전제로 하고, 그 법적 의무가 무엇인지를 물으면 결국 환경권 보호 의무로 돌아오게 된다. 또한 이러한 논리에 따르면 기후위기를 유발한 인간 활동을 모두 국가의 책임으로 환원하여 판단하게 되는데, 이것은 각자가 이행해야 하는 환경 보전 의무로부터 손쉽게 도피하여 책임을 회피할 수 있는 길을 열어줄 위험이 있다. 비유컨대, 소년 범죄의 증가에는 국가의 책임도 있겠지만, 국가의 책임을 지나치게 강조하면 소년범 개인과 부모의 책임이 부당하게 가벼워지는 것과 비슷한 이치다.

3. 과소 보호 금지 원칙의 내용

판단의 세부 기준

국가가 기후위기로 인한 환경권의 침범을 막아낼 헌법상 의무를 위반했는지 판단하는 기준이 과소 보호 금지 원칙이라면, 과소 보호 금지 원칙의 구체적 내용이 매우 중요해진다. 그 내용이 무엇인지에 따라 국가가 헌법을 위반했는지 여부가 결정되기 때문이다. 과소 보호 금지 원칙은 헌법에 규정되어 있지 않고, 헌법재판소가 판례로 정립한 기준이다. 그런데 헌법재판소는 과소 보호 금지 원칙의 내용을 "적절하고 효율적인 최소한의 보호 조치"를 다하지 않았는지 여부라고 판결해왔다는 점에서는 일관성이 있지만, 적절하고 효율적인 최소한의 보호 조치를 구체적으로 판단하는 세부 기준에 있어서는 일관성이 부족했다. 헌법재판소는 크게 세 가지 유형으로 과소 보호 금지 원칙 판단의 세부 기준을 적용해왔다.

첫째는 기본권을 보장하기 위한 국가의 조치가 "전적으로 부적합하거나 매우 불충분한 것임이 명백한 경우"에만 적절하고 효율적인 최소한의 보호 조치를 다하지 않은 것으로 인정하는 유형이다. 이 경우 헌법재판소는 다음과 같이 판단한다.

국가가 국민의 생명·신체의 안전에 대한 보호 의무를 다하지 않았는지 여부를 헌법재판소가 심사할 때에는 국가가 이를 보호하기 위하여 적어도 적절하고 효율적인 최소한의 보호 조치를 취하였는가 하는 이른바 '과소 보호 금지 원칙'의 위반 여부를 기준으로 삼아, 국민의 생명·신체의 안전을 보호하기 위한 조치가 필요한 상황인데도 국가가 아무런 보호 조치를 취하지 않았든지 아니면 취한 조치가 법익을 보호하기에 전적으로 부적합하거나 매우 불충분한 것임이 명백한 경우에 한하여 국가의 보호 의무의 위반을 확인하여야 하는 것이다.[13]

둘째는 전적으로 부적합하거나 매우 불충분한지와 같은 세부 기준을 전혀 언급하지 않는 유형이다. 이 경우 헌법재판소는 적절하고 효율적인 최소한의 보호 조치인지 여부만 기준으로 내세울 뿐 그 이상의 세부 기준을 말하지 않은 채 다음과 같이 판단한다.

국가가 국민의 생명·신체의 안전을 보호할 의무를 진다 하더라도, 국가의 보호 의무를 입법자 또는 그로부터 위임 받은 집행자가 어떻게 실현하여야 할 것인가 하는 문제는

---

13 헌재 1997. 1. 16. 90헌마110; 헌재 2008. 7. 31. 2004헌바81; 헌재 2008. 12. 26. 2008헌마419등; 헌재 2015. 4. 30. 2012헌마38; 헌재 2011. 2. 24. 2009헌마94; 헌재 2009. 2. 26. 2005헌마764등; 헌재 2023. 7. 25. 2023헌나1.

원칙적으로 권력분립과 민주주의의 원칙에 따라 국민에 의하여 직접 민주적 정당성을 부여받고 자신의 결정에 대하여 정치적 책임을 지는 입법자의 책임 범위에 속하므로, 헌법재판소는 단지 제한적으로만 입법자 또는 그로부터 위임받은 집행자에 의한 보호 의무의 이행을 심사할 수 있다. 그렇다면 국가가 국민의 생명·신체의 안전에 대한 보호 의무를 다하지 않았는지 여부를 헌법재판소가 심사할 때에는, 국가가 이를 보호하기 위하여 적어도 적절하고 효율적인 최소한의 보호 조치를 취하였는지를 기준으로 삼아야 한다.[14]

셋째는 전적으로 부적합하거나 매우 불충분한지와 같은 세부 기준을 언급하지 않는 대신, 관련된 여러 이익을 비교 형량 함으로써 판단한다는 세부 기준을 내세우는 유형이다. 이 경우에는 다음과 같이 판시한다.

국가가 국민의 건강하고 쾌적한 환경에서 생활할 권리를 보호할 의무를 진다고 하더라도, 국가의 기본권 보호 의무를 입법자 또는 그로부터 위임받은 집행자가 어떻게 실

---

14 헌재 2015. 10. 21. 2012헌마89등; 헌재 2016. 10. 27. 2012헌마121; 헌재 2016. 10. 27. 2015헌바358; 헌재 2016. 12. 29. 2015헌바280; 헌재 2018. 5. 31. 2015헌마1181; 헌재 2020. 3. 26. 2017헌마1281.

현하여야 할 것인가 하는 문제는 원칙적으로 권력분립과 민주주의의 원칙에 따라 국민에 의하여 직접 민주적 정당성을 부여받고 자신의 결정에 대하여 정치적 책임을 지는 입법자의 책임 범위에 속한다. 헌법재판소는 단지 제한적으로만 입법자 또는 그로부터 위임받은 집행자에 의한 보호 의무의 이행을 심사할 수 있다. 따라서 국가가 국민의 건강하고 쾌적한 환경에서 생활할 권리에 대한 보호 의무를 다하지 않았는지 여부를 헌법재판소가 심사할 때에는 국가가 이를 보호하기 위하여 적어도 적절하고 효율적인 최소한의 보호 조치를 취하였는가 하는 이른바 '과소 보호 금지 원칙'의 위반 여부를 기준으로 삼아야 한다. 그런데 어떠한 경우에 과소 보호 금지 원칙에 미달하게 되는지에 대해서는 일반적·일률적으로 확정할 수 없다. 이는 개별 사례에 있어서 관련 법익의 종류 및 그 법익이 헌법 질서에서 차지하는 위상, 그 법익에 대한 침해와 위험의 태양과 정도, 상충하는 법익의 의미 등을 비교 형량 하여 구체적으로 확정하여야 한다.[15]

헌법재판소는 이 세 가지 유형이 서로 같은지 다른지, 혹

---

15 헌재 2008. 7. 31. 2006헌마711; 헌재 2019. 12. 27. 2018헌마730; 헌재 2024. 4. 25. 2020헌마107.

은 어떠한 경우에 이 중 하나를 선택하는지에 대해서는 침묵해 왔다. 다만 주목할 만한 점은, 헌재 2024 기후위기 결정 이전까지 헌법재판소가 과소 보호 금지 원칙 위반을 인정하고 기본권 침해로 결론을 내리면서 위헌이라 판결한 유일한 결정인 헌재 2019. 12. 27. 2018헌마730에서 셋째 유형을 채택했으며, 헌재 2024 기후위기 결정 직전의 결정인 헌재 2024. 4. 25. 2020헌마107에서도 셋째 유형을 채택했다는 사실이다. 즉 헌재 2024 기후위기 결정 전까지 헌법재판소의 과소 보호 금지 원칙 위반 판단 법리에는 일관성이 없었지만, 관련된 이익을 비교 형량함으로써 판단한다는 것이 유력한 세부 기준이었다고 평가할 수 있다.

이러한 상황에서 헌재 2024 기후위기 결정을 통해 헌법재판소는 다음과 같이 다시 셋째 유형을 채택했다.

어떠한 경우에 과소 보호 금지 원칙에 미달하게 되는지에 대해서는 일반적·일률적으로 확정할 수 없다. 이는 개별 사례에 있어서 관련 법익의 종류 및 그 법익이 헌법 질서에서 차지하는 위상, 그 법익에 대한 침해와 위험의 태양과 정도, 상충하는 법익의 의미 등을 비교 형량 하여 구체적으로 확정하여야 한다.

헌법재판소는 이와 같이 과소 보호 금지 원칙을 판단하는 세부 기준이 관련 법익들 사이의 비교 형량임을 밝히면서 그 근거로 헌재 2019. 12. 27. 2018헌마730 결정을 인용했다. 이 결정은 앞서 설명한 것과 같이 헌재 2024 기후위기 결정 이전까지 헌법재판소가 과소 보호 금지 원칙 위반을 인정하고 기본권(환경권) 침해의 결론에 이른 유일한 결정이었는데, 이번에 헌법재판소가 36년 역사상 두번째로 과소 보호 금지 원칙 위반을 인정하고 환경권 침해의 결론에 이르면서 과소 보호 금지 원칙은 비교 형량에 의해 판단한다고 결정함으로써 종래 세 가지 유형으로 나뉘어 다소 혼란스러웠던 법리를 정리한 것으로 평가할 수 있다.

앞서 살펴본 종래의 세 가지 유형의 법리 중 첫째 유형, 즉 "국가가 아무런 보호 조치를 취하지 않았든지 아니면 취한 조치가 법익을 보호하기에 전적으로 부적합하거나 매우 불충분한 것임이 명백한 경우에 한하여 국가의 보호 의무의 위반을 확인"의 경우 다음과 같은 문제가 있다. 우선 "아무런 보호 조치를 취하지 않았든지"라는 기준은 헌법 제10조 후문의 동어 반복에 불과하므로, 독자적 심사 척도로서 의미가 없다. 또한 "전적으로 부적합"이라는 기준은 "매우 불충분"의 부분집합이므로 이 역시 독자적 심사 척도로서 의미가 없다. "매우 불충분"이라는 기준도 이것이 과연 "적절하고 효율적인 최소한의 보호 조치"라는 기준을 구체화하는 기능을 하는지는 의문이다. 남은 것은 "명백한 경우"라는 기준인데, 이는 명백성에서 엄격성까지 심사 강도의 단계적 조정에 관한 기준이어서 과소 보호 금지 원칙만의 고유한 요소가 아니고 과잉 금지 원칙이든 다른 심사 척도이든 간에 공통적으로 해당하는 요소이므로, 과소 보호 금지 원칙이라는 기준을 구체화하는 요소가 될 수 없다.

"적절하고 효율적인 최소한의 보호 조치"를 구체화할 때는 그 문언 자체의 해석을 통해 이루어내는 것이 논리적 근거를 확보하면서도 심사 척도의 구체화라는 실익까지 거둘 수 있다. 즉 '적절하다'라는 것은 기본권을 효과적으로 보호한다는 의미로, '효율적'이라는 것은 효과적인 기본권 보호를 위해 치러야 할 대가가 적어야 한다는 의미로, '최소한'이라는 것은 적절성과 효율성 사이의 비교 형량 결과 양자 사이에 균형을 인정할 수 있어야 한다는 의미로 해석할 수 있다. 결국 이 문제는 실제 사건에서 관련 이익들을 종합적으로 고려해 판단해야 하는 비교 형량으로 접근하는 편이 적절하다. 이렇게 보면, 적절하고 효율적인 최소한에 해당되는지 여부를 비교형량의 문제로 정리하고 논증한 이번 헌재 결정의 법리 설시는 바람직하다.

한편, 헌법재판소는 종래 전문적이고 기술적인 영역에 있거나 국제적 성격을 갖는 사안에 있어서는 과소 보호 금지 원칙 위반 여부를 판단할 때 과학적 사실과 국제 기준을 고려해야 한다고 결정해왔다. 이번 헌재 2024 기후위기 결정이야말로 온실가스 배출과 기후변화의 관계는 물론 온실가스 배출의 전 지구적 영향에 이르기까지, 그야말로 전문적이고 기술적인 영역에 있으면서 국제적 성격을 갖는 사안에 해당한다. 헌법재판소는 이번 사건에서도 다음과 같이 종래 법리를 반복하여 제시했다.

> 개별 사례에서 과소 보호 금지 원칙 위반 여부는 기본권 침해가 예상되어 보호가 필요한 '위험 상황'에 대응하는 '보호 조치'의 내용이, 문제 되는 위험 상황의 성격에 상응하는 보호 조치로서 필요한 최소한의 성격을 갖고 있는지에 따라 판단한다. 이에 대한 판단이 전문적이고 기술적인 영역에 있거나 국제적 성격을 갖는 경우, 그러한 위험 상황의 성격 등은 '과학적 사실'과 '국제 기준'에 근거하여 객관적으로 검토되어야 한다.

이 사건 특유의 비교 형량 방법론 세 가지

앞서 살펴본 것처럼, 과소 보호 금지 원칙의 세부 판단 기준이 관련 법익의 비교 형량임을 밝혔으면 이제 본격적인 판단에 들어가기 위한 도구를 모두 갖춘 셈이다. 그런데 헌재 2024 기후위기 결정의 경우 기후위기와 온실가스 감축 목표 설정에 관해 IPCC 보고서와 파리기후협약 등을 토대로 한참 더 자세히 살펴본 다음, 그와 같은 특수성을 고려하여 이 사건의 비교 형량은 세 가지 요소를 살펴보는 방법으로 하겠다는 취지에서 다음과 같이 판결한다.

탄소중립기본법 제8조 제1항 및 같은 법 시행령 제3조 제1항이 설정한 중장기 감축 목표와 이 사건 부문별 및 연도별 감축 목표가 과소 보호 금지 원칙을 위반하였는지 여부는 기후위기라는 위험 상황의 성격에 상응하는 보호 조치로서 필요한 최소한의 성격을 갖추었는지를 기준으로 판단된다.

이에 관해서는 앞서 살펴본 바와 같이 온실가스 감축의 구체적인 목표치가 전 지구적인 감축 노력의 관점에서 우리나라가 기여해야 할 몫에 부합하는지, 감축 목표 설정의 체계가 기후변화의 영향과 온실가스 배출 제한의 측면에서 미래에 과중한 부담을 이전하지 않는 방식으로, 또한 온실가스 감축이 실효적으로 담보될 수 있는 방식으로 제도화되어 있는지 등을 과학적 사실과 국제 기준을 고려하여 판단하여야 한다.

즉 헌법재판소는 과소 보호 금지 원칙은 적절하고 효율적인 최소한의 보호 조치를 취했는지 여부로 판단하고, 구체적으로 이 판단은 관련 법익의 비교 형량을 통해 이루어질 수 있는

데, 이 사건의 경우에는 (1) 우리나라의 온실가스 감축 목표가 전 지구적 관점에서 우리나라가 기여해야 할 몫에 부합하는지, (2) 미래에 과중한 부담을 이전하지 않는지, (3) 온실가스 감축이 실효적으로 가능한 제도가 마련되어 있는지의 세 가지 요소를 살펴보는 것으로 비교 형량을 하겠다는 입장을 취했다. 이러한 법리 전개는 추상적 차원의 비교 형량과 구체적 차원의 형량 요소의 나열 사이에서 중간 정도의 추상성을 가진 특수한 기준을 나름대로 정립했다는 점 자체로 법리적 진보라 볼 수 있다. 다만, 이 세 가지 요소 사이의 관계와 구체적 판단 방법에 관해서는 향후 법리를 세밀하게 다듬을 필요가 있다.

4. 과소 보호 금지 원칙 심사의 심사 강도

헌법재판도 다른 재판과 마찬가지로 승소/패소, 합헌/위헌, 합법/불법, 유죄/무죄와 같이 일도양단의 결론을 내리는 것이 궁극적인 목표다. 법의 기능이자 존재 이유는 복잡다단한 사회현상을 합법과 불법으로 분류하는 것이며, 따라서 재판의 궁극적 목적 또한 당연히 합법/불법 중 하나로 결론을 내리는 데 있다. 합법과 불법을 가르려면 경계선이 필요하다. 이 경계선을 가리켜 법률 용어로 심사 척도라고 한다. 형사 사건에서는 형벌 조항의 구성요건이 대표적인 심사 척도가 된다. 예컨대 형법 제330조는 다음과 같다.

> 형법 제330조 (야간 주거침입 절도) 야간에 사람의 주거, 관리하는 건조물, 선박, 항공기 또는 점유하는 방실房室에 침입하여 타인의 재물을 절취竊取한 자는 10년 이하의 징역에 처한다.

이 형법 조항 중 "야간"과 같은 구성요건은 합법과 불법의 경계를 가르는 역할을 한다. 그 결과 야간이 아니라 주간에 저지른 범행은 형법 제330조 위반이 아니게 된다. 헌재 2024 기후위기 소송은 환경권을 침해하면 위헌, 침해하지 않으면 합헌인 구조인데, 이때 경계선 기능을 하는 것이 앞서 살펴본 과소 보호 금지 원칙이다. 과소 보호 금지 원칙이라는 선을 넘으면 환경권 침해로 위헌, 넘지 않으면 환경권 침해로 합헌이 되는 구도다.

이를 양궁에 비유해 말하면, 양궁 과녁판의 점수 경계선이 심사 척도에 해당한다. 어디까지 8점인지, 어디까지 10점인지 과녁판에 경계선을 미리 그어두고 활이 8점 자리에 꽂혔는지, 10점 자리에 꽂혔는지 심판이 판정하는 것처럼, 위헌과 합헌의 경계선을 미리 정해두고 그 경계선을 넘었는지를 기준으로 법률이 위헌의 영역에 있는지 합헌의 영역에 있는지를 판단하는 것이 헌법재판이다. 입법자의 과녁은 1점부터 10점까지 다양한 스펙트럼을 이루지만, 입법자가 활을 잘 쐈는지를 심사하는 헌법재판소가 사용하는 과녁판은 흑과 백 두 가지 색뿐이다. 헌법재판소의 임무는 합헌, 위헌 둘 중 하나의 일도양단식 결론을 내는 것이고, 입법자가 헌법상 요구되는 한계를 넘어섰는지만을 평가할 뿐 얼마나 높은 점수를 맞혔는지를 평가하는 것이 아니기 때문이다. 이것을 그림으로 나타낸 것이 〈그림 1-2〉다. 오른쪽 과녁판에서 2점과 3점의 경계가, 과소 보호 금지 원칙을 비롯해 헌법재판소가 위헌 여부 판단에 적용하는 심사 척도다.

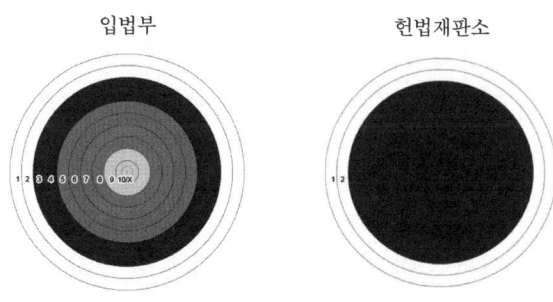

«그림1-2» 입법부의 기능과 헌법재판소의 기능.[16]

그런데 현실은 합헌과 위헌, 합법과 불법의 일도양단으로

---

16 자세한 내용은 이재홍, 「헌법재판소의 의회 유보 원칙 심사 척도와 심사 강도-텔레비전 수신료, 온실가스 감축 목표, 그리고 AI 디지털 교과서」, 「공법연구」 53(3), 2025, pp. 407~10 참조.

존재하는 것이 아니라 연속적인 스펙트럼으로 존재한다. 그렇기 때문에 항상 경계선 근처의 애매한 사안들이 생기게 마련이다. 이를 해결할 때 꼭 필요한 것이 '심사 강도'라는 개념이다. 애매한 사안이라고 해서 법관이 모르겠다고 말할 수는 없기 때문에[17] 법관의 판단 불능 상태를 해소하기 위한 논증 도구가 필요하고, 이것이 심사 강도다. 앞서 든 양궁의 비유에 따라 설명하자면 화살이 2점과 3점의 경계선에 꽂힌 경우 2점으로 인정할 것인지, 3점으로 인정할 것인지를 결정하는 기준이 심사 강도에 해당된다. 경계선에 화살이 꽂혔다고 해서 심판이 '점수 판단 불가'를 선언할 수는 없다. 이 경우에도 2점이든 3점이든 어느 한쪽을 택해서 점수를 판정해야 한다. 양궁의 경우 화살이 경계선에 꽂힌 경우 높은 점수로 인정하는 것이 규칙이다. 그런데 이 규칙은 반대로 정해도 문제가 없다. 즉, 경계선에 꽂힌 경우 낮은 점수로 인정하는 규칙을 정해도 된다. 이러한 점수 인정 규칙이 법적 판단의 영역에서는 심사 강도에 상응한다. 경계선에 꽂힌 화살을 높은 점수로 인정하는 양궁 규칙은 심사 강도를 완화해서 가급적 합헌으로 보는 것에 해당되고, 낮은 점수로 인정하는 양궁 규칙은 심사 강도를 강화해서 가급적 위헌으로 보는 것에 해당된다. 화살이 경계선에 꽂히면 점

---

17 이것을 일컬어 법관의 결정 의무 혹은 재판 거부 금지 원칙이라 한다. 자세한 내용은 윤재왕, 「법관의 결정 의무–재판 거부 금지의 역사적 전개 과정에 관하여」, 『고려법학』 92, 2019, pp. 1~60 참조.

수 인정 규칙을 어떻게 정하는지가 점수를 좌우하는 결정적인 요소인 것처럼, 심사 강도를 강화할지, 합헌과 위헌의 경계선에 놓인 사안에서는 심사 강도를 강화할지, 완화할지가 재판의 결론을 좌우하는 중요한 판단 요소다. 입법자가 만든 법률의 위헌 여부를 판단하는 재판에서 헌법재판소는 그 법률이 규율하는 사안의 특성에 따라 심사 강도를 결정한다. 즉, 재판의 대상인 법률이 규율하는 사안이 입법자의 재량을 존중할 필요가 큰 사안이면 심사 강도를 완화하고, 입법자의 재량을 존중할 필요가 적은 사안이면 심사 강도를 강화한다.

과소 보호 금지 원칙 위반 여부, 즉 적절하고 효율적인 최소한의 보호 조치를 다한 것인지 아닌지의 판단이 손쉽게 내려지는 사안이라면 심사 강도가 큰 역할을 하지 않고 쟁점이 될 수 없다. 그러나 판단이 어려운 사안에서는 심사 강도를 어떻게 정할지가 판결의 결론에 큰 영향을 미친다. 사건 수로 보자면, 심사 척도의 경계선에 가까워 결론이 애매한 사건보다는 경계선에서 멀리 떨어져 결론이 분명한 사건들이 월등히 많다. 따라서 헌법재판소 결정례에서 심사 강도가 중요한 쟁점으로 등장하고 결정문에 자세히 설명되기까지 하는 경우는 소수에 그친다. 특히 과소 보호 금지 원칙이 쟁점이 되는 사건 수는 절대적으로 적기 때문에, 과소 보호 금지 원칙의 심사 강도를 본격적으로 다룬 헌법재판소의 결정은 매우 드물다.

심사 강도가 문제 되지 않는 사안, 즉 합헌과 위헌의 경계선에 서 있지 않은 사안은 심사 강도를 굳이 밝혀서 얻는 실익이 없으므로, 헌법재판소가 심사 강도를 매번 밝히지 않는다고 해서 비판의 대상이 될 수는 없다. 다만 합헌 의견과 위헌 의견 간에 대립이 있다면 합헌과 위헌의 경계선에 있어서 판단이 곤란한 사건이라는 징표로 볼 수 있으므로, 이때는 대개 심사 강도를 밝힐 필요가 있을 것이다.

교통사고 가해자가 종합 보험에 가입된 경우 시 검사가 공소를 제기할 수 없도록 한 교통사고처리특례법 조항에 대한 헌법재판이 그 대표적 예다.[18] 이 조항이 교통사고 피해자의 생명, 신체의 안전을 보호할 국가의 기본권 보호 의무를 위반했는지가 문제가 되어, 기본권 보호 의무 위반 여부 판단을 놓고 재판관들 사이에 심사 강도에 관한 의견이 대립했다. 이 사건에서 재판관 4인은 심사 강도를 완화해야 한다는 의견을 취했으나, 3인은 심사 강도를 강화해야 한다는 의견을 취했다. 그 결과 4인은 기각의 결론에, 3인은 위헌의 결론에 이르렀다. 사회적 영향력이 매우 컸던 이른바 광우병 미국산 소고기 사건[19]에서도 이러한 의견 대립이 있었다.

헌재 2024 기후위기 결정 이전에 기본권 보호 의무 위반을 인정한 유일한 결정인 헌재 2019. 12. 27. 2018헌마730에서는

---

18 헌재 1997. 1. 16. 90헌마110.
19 헌재 2008. 12. 26. 2008헌마419등.

심사 강도에 관해 아무런 언급이 없었다. 그런데 이 2018헌마730 위헌 결정에 의해 뒤집힌 합헌 선례인 2006헌마711 결정[20]에서 5인의 기각 의견은 심사 강도를 완화해야 한다는 견해를, 4인의 위헌 의견은 심사 강도를 강화해야 한다는 견해를 분명히 밝혔다.

헌법재판소는 기본권 보호 의무가 문제 된 사건에서 통상 심사 강도를 명백성이라는 완화된 강도로 설정하고, 그 이유로 권력분립과 민주주의를 든다. 심사 강도를 강화해야 한다는 소수 의견을 낸 재판관들의 경우 관련된 기본권적 법익의 중대성, 침해의 심각성, 침해의 빈도를 이유로 들기도 하고,[21] 국민의 생명·신체의 안전이라는 법익의 중대성과 헌법 질서에서의 위상, 법익에 대한 위험의 직접성·심각성·불가역성을 이유로 들기도 했다.[22] 또한 국민의 생명·신체 내지 보건 등 매우 중요한 사항, 초래될 수 있는 위험의 정도와 내용이 매우 중대하고 심각할 뿐 아니라 이를 돌이키거나 통제하는 것이 불가능한 사안을 이유로 들기도 했다.[23]

심사 강도 강화 여부는 이론적인 관점에서는 입법자의 재량 존중 정도를 결정하는 문제이고, 결국 입법-집행-사법의 권

---

20 헌재 2008. 7. 31. 2006헌마711.
21 헌재 1997. 1. 16. 90헌마110.
22 헌재 2008. 7. 31. 2006헌마711.
23 헌재 2008. 12. 26. 2008헌마419등.

력분립의 측면에서 볼 때 입법부에 대한 사법부의 강력한 권한 행사가 언제 정당화되는지에 대한 문제로 귀결된다. 국가 권한 배분이라는 높은 차원에서 볼 때 심사 강도를 강화한다는 것은 사법부에 상대적으로 큰 권한을 부여한다는 의미이기 때문에 심사 강도 법리는 권력분립 원리의 역동적인 측면이 반영된 법리다. 학자들은 심사 강도의 결정 요소에 대해 다양한 의견을 제시하는데, 그럼에도 불구하고 의견 일치를 보는 지점은 심사 강도란 민주주의와 법치주의 사이의 긴장 관계가 반영되어 있으므로 구체적인 사안별로 그 특수성에 따라 개별적으로 결정해야 한다는 것이다. 다른 국가들의 최고법원과 학자들이 제시하는 심사 강도 결정 요소는 크게 네 가지로 정리해볼 수 있다. ① 기본권 제한이 심할수록(법치주의 우위), ② 기본권 실현의 사회적 연관성이 낮을수록(민주주의 우위), ③ 입법자의 예측 판단의 필요가 적을수록(민주주의 우위), ④ 사법부의 전문성이 높을수록(법치주의 우위) 심사 강도를 강화하는 것이 적절하다.

그렇다면 기후위기를 해결하기 위한 온실가스 배출량 감축 목표에 관해 입법자가 만든 법률 조항을 헌법재판소가 통제할 때에는 어떠한 심사 강도를 채택하는 것이 적절할까. 유사한 사건에 관해 4개월 정도 먼저 판결을 내린 유럽인권재판소는 회원국의 유럽인권협약상 권리 보호 의무 위반 여부를 판단하기 위한 심사 강도를 정하면서 우선 온실가스 배출량 감축 목표를 설정하는 영역과 목표 달성 수단을 선택하는 영역을 구별했다. 그다음 온실가스 감축 목표를 설정하는 영역에 대해서는 심사 강도를 강화하고, 감축 목표를 달성하기 위한 구체적인 수단을 선택하는 영역에 대해서는 심사 강도를 완화하기로 결정했다.

헌법재판소는 이번 헌재 2024 기후위기 결정에서 탄소중립기본법 제8조 제1항에 대한 과소 보호 금지 원칙 위반 여부 심사 강도에 관해 우선 2030년까지의 온실가스 감축 목표, 즉 2018년 배출량 대비 35퍼센트 이상의 범위에서 대통령령으로 정하는 비율이라는 감축 목표에 대해서는 다음과 같이 완화된 심사 강도를 채택했다.

> 특정 시점의 구체적인 감축 목표 비율을 정할 때 어떤 요소를 어떻게 고려해야 하며, 구체적 수치가 어떠해야 하는지를 정하는 권한과 책임은 원칙적으로 입법자와 그 위임을 받은 집행자에게 있다. […] 그러므로 입법자 또는 그로부터 위임받은 집행자가 위와 같은 여러 요소를 종합적으로 고려하여 정한 '특정 연도'의 감축 목표 비율에 관한 '구체적 수치'에 대하여, 헌법재판소가 원칙적으로 입법자 또는 그로부터 위임받은 집행자의 권한과 책임을 전제로 하는 과소 보호 금지 원칙을 적용하면서, 어떤 특정한 추정 방식과 평가 요소들을 채택하여 그 결과에 부합하지 않는다는 이유로 전 지구적 온실가스 감축 노력에 기여해야 할

우리나라의 몫에 부합하지 않는다고 단정하여 판단하기는 어렵다.

그러나 2031년부터 2049년까지의 감축 목표에 대해서는 다음과 같이 엄격한 심사 강도를 채택했다.

그러므로 중장기적으로 국가의 온실가스 감축 목표를 설정하는 체계는 미래에 과중한 부담이 이전되지 않도록 2050년 탄소중립의 목표 시점에 이르기까지 실제로 점진적인 감축이 이루어질 수 있는 방식으로 설계되어야 하고, 그 제도적 실효성에 대한 심사는 배출량 정점에 이른 시점이 늦어져 급속한 감축의 필요성이 커진 만큼 보다 엄격해야 한다. [⋯] 온실가스 감축 목표를 설정하는 입법은 미래의 국민의 기본권 보장을 위하여 현재의 국민의 기본권을 제한하는 성격을 띠고, 미래 세대일수록 민주적 정치과정에 대한 참여에 제약이 있으므로, 이러한 영역에서의 입법의무 이행에 대해서는 사법적 심사의 강도가 보다 엄격해질 필요가 있다.

한편 이번 헌재 2024 기후위기 결정에서 헌법재판소는 2030년까지의 구체적인 부문별·연도별 감축 목표를 정한 행정계획에 대해서는 다음과 같이 완화된 심사 강도를 채택했다.

구체적인 연도별 배출량 목표로 구성되는 감축 경로의 형태는 부문별로 이용 가능한 감축 수단의 구체적인 특성과 기술적·경제적인 여러 여건, 개별 감축 수단과 부문 간의 상호 관계 등이 종합적으로 고려되어 결정된다. 파리기후협약 제4조 제1항에 의하여 개별 국가는 이용 가능한 최선의 과학에 따라 급속한 감축을 실시하도록 하는 감축 경로를 계획해야 하지만, 구체적인 감축 경로의 형태는 원칙적으로 부문별 감축 수단의 선택과 조정에 관한 정부의 권한과 책임으로 결정될 수밖에 없다.

따라서 이 사건 부문별 및 연도별 감축 목표에서 설정한 감축 경로의 계획이 미래에 과중한 부담을 이전하는 형태라는 이유로 과소 보호 금지 원칙 위반이라고 할 것인지는, 감축 경로의 형태를 결정하는 요소인 부문별 감축 수단의 선택과 조정에 관한 정부의 권한 행사에 위법 사유 또는 명백한 재량 일탈이 있었는지에 따라 판단해야 할 것이다.

심사 강도는 심판 대상에 따라 개별적·구체적으로 관련된 법익을 고려하여 결정해야 하므로 심판 대상에 따라 심사 강도를 달리한다고 해서 그 자체로 비판의 대상이 될 수는 없다. 특히 과소 보호 금지 원칙 위반의 심사 강도에 관해서는 이번 헌재 2024 기후위기 결정 이전까지 완화된 심사 강도를 취해왔지만, 이번 결정을 통해 강화된 심사 강도를 채택할 수 있다는 것을 명시적으로 밝혔다는 점만으로도 법리적인 관점에서 진일보한 결정으로 높이 평가할 만하다. 다만, 헌법재판소의 심사 강도 강화 혹은 완화가 실질적으로도 타당한지를 평가하려면 이론적인 관점에서 심사 강도 결정 요소에 대한 분석이 필요한데, 이 점에서 지구법학이 일정한 역할을 할 수 있다. 특히 기후위기에 관한 소송의 심사 강도 결정 요소 중 사법부의 전문성에 관한 논거를 뒷받침하는 데에 지구법학이 기여할 수 있다.

5. 심사 강도 강화 논거로서의 지구법학적 관점

지구법학의 세계관

지구법 혹은 지구법학 Earth Law/Earth Jurisprudence은 낯선 개념이다. 지구법학은 종래 환경법의 한계, 즉 인간과 비인간 자연(환경)의 분리를 전제로 하는 세계관에 기반하고 있다는 비판으로서 등장했다. 즉 지구법은 연결 지향의 세계관에 기반한다. 지구는 생명체들의 유일한 서식지이고, 상호 의존적으로 기능하는 유기적 일체이기 때문에 일부만으로는 생존할 수 없다는 점, 지구는 우발적으로 탄생한 까닭에 그 미묘한 균형을 잃게 된다면 생명 유지 능력에 불가역적인 손상을 입을 수 있다는 점, 인간이 유발한 생태적 위기에 환경법을 포함한 전통적 서구 법학들이 기여하고 있으므로 생태 중심적 접근을 통해 개혁해야 한다는 점 등이 지구법학의 세계관이다. 이를 바탕으로 공공 신탁 이론, 자연의 권리, 미래 세대의 권리, 동물의 권리, 에코사이드, 환경 헌법 등이 논의되고 있다.

지구법학의 연원은 토마스 베리Thomas Berry의 법사상에 있다. 베리의 「권리의 기원과 분화 그리고 역할」에 나타난 지구법학의 법사상을 간단하게 요약하면 다음과 같다.

- 존재가 생겨나면 권리가 생겨난다.
- 우주 밖은 없으므로, 우주는 모든 존재의 일차적 준거다.
- 우주는 서로 어우러지는 주체들로 이루어져 있을 뿐, 착취의 대상인 객체들로 이루어져 있는 것이 아니다. 우주의 각 구성 부분은 주체이므로 권리를 가질 수 있다.
- 지구의 자연 세계는 인간과 마찬가지로 그 존재의 근원인 우주로부터 권리를 얻는다.
- 생명/비생명을 막론하고 지구의 모든 구성원은 ① 존재할 권리, ② 존재할 서식지/공간을 가질 권리, ③ 지구 공동체의 무한한 변화 과정에서 각자가 맡은 역할을 이루어낼 권리의 세 가지 권리를 가진다.
- 이 권리들은 지구의 다양한 구성원들이 서로에 대해 가

지는 생래적인 관계에서 유래하는 것이다. 지구라는 행성은 상호 의존적인 관계로 서로 묶여 있는 단일한 공동체다. 어떠한 생명체도 지구의 다른 부분으로부터 단절되어 독립적으로 스스로에게 영양을 공급할 수 없다. 지구 공동체의 모든 구성원들은 즉각적으로든 간접적으로든 생존을 위해 필요한 양분과 도움을 얻기 위해 다른 모든 지구 공동체의 구성원에게 의존한다. 이러한 상호적인 영양 공급은 포식자-피식자 관계를 포함하여 전체 존재 공동체 내에서 각 구성원이 맡은 역할의 필요 불가결한 부분이다.

베리의 지구법학 사상을 더 발전시킨 코맥 컬리넌에 따르면, 지구법학이란 '인간이 더 큰 존재 공동체의 한 부분이고, 공동체 각 구성원의 안녕은 전체로서 지구의 안녕에 의존한다는 사고에 바탕을 둔 법과 인간 거버넌스에 관한 철학'으로서 다음과 같은 구체적인 법리로 구성된다.[24]

• 제1의 입법자는 우주이지, 인간의 법체계가 아니다.
• 지구 공동체와 그 모든 구성원은 존재할 권리, 서식지

---

24 Corman Cullinan, "Exploring Wild Law," *Exploring Wild Law*, Peter Burdon(ed.), Wakefield Press, 2011, pp. 13~14.

혹은 존재할 장소에 대한 권리, 지구 공동체의 진화 과정에 참여할 권리를 포함한 근본 권리를 가진다.
- 각 존재의 권리는 공동체의 온전함, 균형, 건강을 유지하는 데 필요하다고 인정되는 범위에서 다른 존재의 권리에 의해 제한될 수 있다.
- 근본 권리를 침해하는 인간의 법은 위대한 법(지구 공동체를 구성하는 근본 관계들과 원칙들)에 위반되므로, 부당하고 불법이다.
- 인간 행동의 합법성은 지구 공동체를 구성하는 관계들을 강화하는지 혹은 약화하는지에 따라 판단되어야 한다.
- 전체로서의 지구를 위한 최선이 무엇인지에 근거하여 인간 권리와 지구 공동체의 다른 구성원의 권리 사이의 역동적 균형을 유지한다.
- 지구 공동체 모든 구성원을 법의 보호를 받을 권리를 가지며 근본 권리를 침해하는 인간 행위로부터 실효적 구제를 받을 수 있는 법적 주체로 인정한다.

지구법학의 권리론과 의무론

이러한 내용의 지구법학은 아름답고 좋은 사상이자 진리

의 울림을 전파한다. 하지만 통상적인 법교육을 받은 법률가에게는 동시에 무언가 거북하고 어색한 느낌을 준다. 특히 지구법학에서 말하는 권리가 과연 기존의 법학에서 말하는 권리와 같은 권리인지에 관한 의문을 느끼게 마련이다. 특히 자연도 권리를 가지고, 법정에서 권리를 주장함으로써 권리침해를 막을 수 있다는 대목에 이르면 그러한 의문은 더욱 커진다. 이는 서구적인 시각에서도 그렇지만 동양적인 시각에서는 더욱 그러하다. 자연도 권리주체라는 발상 자체가 지나치게 인간 중심적이고 서구적이기 때문이다.

동양적 사고에서는 한 개체가 분리되어 권리주체가 된다고 보기보다는, 주체들이 겉으로는 분리되어 있는 것처럼 보여도 실상 상호 의존적으로 단단히 묶여 있기 때문에 독립된 주체를 상정하는 것 자체를 오류로 보는 편이 더 자연스럽다. 이러한 동양적 세계관, 예를 들어 태극기가 보여주는 세계관, 즉 무에서 태극이 나오고 태극에서 여러 괘가 나오지만 결국 이 다양한 괘들은 상호 의존적으로 단단히 묶여 있어서 서로 영향을 주며 끝없이 변해간다는 세계관은 고정불변의 독자적 주체는 가상에 불과하다는 입장이다. 이러한 세계관에 따르면, 세계의 실상은 그 어느 것도 고정불변의 독립된 주체가 아니고 세계는 통째로 함께 상호 영향을 주며 끝없이 변해가는 한 덩어리다.

동양적인 관점에서 보면, 주체, 권리와 같은 개념 자체가 우주의 상호 의존성과 모순되는 허구의 개념이 아닌가라는 의문을 제기할 수 있다. 설령 주체와 객체를 가상적으로 인정하더라도, 그것은 한 덩어리 안에 짧은 시간 동안 임시로 만들어 둔 구획에 불과하다는 것이 상호 의존성의 관점에서 적절한 접근이라는 결론에 이른다. 이러한 동양적 세계관은 지구법학의 내용 중 권리론과는 충돌하지만, 권리론을 제외한 나머지 부분과는 잘 들어맞는다.

그렇다면 지구법학을 구현하는 구체적인 방법론으로 권리론 대신 의무론을 생각해볼 수 있다. 즉 연결성이라는 세계관에 바탕을 둔 권리론의 대안으로, 연결성이라는 세계관에 바탕을 둔 의무론을 구성하는 것이다. 이것은 개체들 사이의, 그리고 개체와 환경 사이의 상호 의존성을 인정하는 데에서 자연스럽게 도출되는 결론이다. 즉 모든 개체와 환경이 공생하며 자연의 흐름에 따라 변해갈 수 있도록 서로를 돌볼 의무를 인정하는 것이다.

이러한 접근법은 자연의 권리론이 잘못되었다거나 오류라거나 논의할 필요가 없다는 식으로 이를 배격하는 접근법이 아니다. 자연의 권리론도 자연에 대한 의무론도 모두 지구법학의 이상을 달성하기 위한 방법이라는 것이다. 이 대목에서 공정함에 이르는 방법의 복수성plurality에 관한 아마르티아 센의 말을 들어볼 필요가 있다. 센은 존 롤스의 정의론을 비판하면서, 공정함에 이르는 방법은 오직 한 가지만 있는 것이 아니어서, 상호 이익에 기반한 롤스의 관점 이외에도 힘의 불균형 상태에서의 책임 이행과 같은 방식으로도 실현 가능하다고 이야기한다. 예컨대 부모가 아이를 돌본다는 바람직한 일은 상호 이익의 관점에서 벌어지는 결과로 설명하기보다는, 부모와 아이 사이의 힘의 불균형에서 발생하는 책임의 이행으로 설명하는 것이 훨씬 더 설득력이 있다는 주장이다.

유사한 맥락에서 '주체와 객체의 분리 및 강제적 권리 실현'이라는 분리적 세계관에 기반한 권리론보다는, '연결되어 있는 주체와 객체의 가상적 분리 및 힘의 불균형에서 나오는 책임의 이행'이라는 상호 연결적 세계관에 기반한 의무론이 지구의 최선의 이익 구현이라는 지구법학의 가치를 실현하는 데 더 잘 기능할 수도 있다. 요컨대 자연의 권리뿐 아니라 인간이 자연을 돌볼 의무도 지구법학을 구현하는 효과적인 방법일 수 있다.

이 지점에서 우리는 한스 요나스Hans Jonas의 책임의 원칙에 주목하게 된다. 요나스는 '나의 힘으로 해결 가능한 사태는 내가 초래한 것이 아니더라도 내가 해결할 책임이 있다'라고 주장한다. 즉 요나스에 따르면 모든 권력은 책임을 수반하는데, 권력 관계는 힘의 불균형을 전제로 하고 힘의 불균형 상태가 곧 책임 발생의 원천이기 때문이다. 이러한 관점을 받아들인다면, 인간은 비인간 존재의 생존을 결정할 힘이 있으므로 힘의 불균형 상태가 존재하고, 따라서 인간은 비인간 존재의 생존에 대해 책임이 있다는 논리가 성립된다. 또한 시간적인 관점에서 보면, 현재는 미래를 결정할 힘이 있으므로 현재와 미래 사이에 힘의 불균형 상태가 발생하고, 따라서 현재는 미래에 대해 책임이 있다는 논리도 성립된다.

다만, 요나스의 책임 이론에서 말하는 책임은 법적 책임이 아니라 윤리적 책임인 것으로 평가된다. 남은 문제는 이것을 어떻게 법의 영역으로 끌고 들어올 것인지다. 여기에서 우리는 지구법학의 도움을 받을 수 있다. 앞서 살펴본 것처럼 토마스 베리는 "상호적인 영양 공급은 포식자-피식자 관계를 포함하여 전체 존재 공동체 내에서 각 구성원이 맡은 역할의 필요 불가결한 부분"이라고 주장한다. 그런데 상호적인 영양 공급 관계는 포식자-피식자처럼 한 개체가 죽는 파괴적 영양 공급이 아니라 애완동물을 키우는 인간처럼 상생적 영양 공급인 경우도 있다. 상생적 영양 공급도 상호적인 영양 공급의 한 가지 구현 방식이므로, 이것 역시 지구 공동체에서 각 구성원이 맡은 역할의 필요 불가결한 부분이다. 지구법학에서 이끌어낼 수 있는 이러한 주장은 '힘의 불균형 상태에서 힘의 우위에 있는 개체가 힘의 열위에 있는 개체의 존속과 번영을 도울 수 있다면 도울 의무'가 있다는 명제를 지지하는 강력한 논거가 될 수 있다. 왜냐하면, 상생적 영양 공급이 우리 존재에 필요 불가결한 부분이라는 것은 곧 그것이 사물의 본성에 해당된다는 관념과 연결되고, 이는 결국 자연법적 의무로 귀결되기 때문이다.

여기까지 오면 이제 남은 것은 그러한 자연법적 의무를 실정법적 의무로 승인하여 실정법을 제정하겠다는 국민과 국회의 결단뿐이다.

헌법 원리로서의 돌봄 국가 원리와
자연을 돌볼 국가의 헌법적 의무 인정

앞서 설명한 부분, 즉 지구법학적 관점에서 자연을 돌볼 의무를 자연법적 의무로까지 자리매김하는 것은 논리적인 영역이므로 그나마 쉽게 헤쳐올 수 있었다. 그러나 그다음에 남아 있는 문제인 실정법적 결단은 논리 바깥의 요소들이 작용하므로 훨씬 넘기 어려운 장벽이다. 이 요소들 가운데에는 대표적으로 인간의 이기심과 즉각적인 쾌락 우선 추구 경향이 있다. 이것은 생존에 유리한 전략 중 하나이기 때문에 모든 인간의 본성에 깊이 뿌리박혀 있다. 그 결과 법을 만드는 사람 스스로의 근시안적인 이익을 해치는 사안이라면, 그것이 장기적인 관점에서 공동체 전체에 유익한 가치를 담고 있다고 해도 법적 명제로 전환되지 못하는 경우가 많다. 자연을 보호할 의무는 이 장벽에 부딪힐 위험이 크다. 자연을 파괴하고 남용하는 데에서 오는 즉각적인 편리함과 쾌락, 금전적인 보상을 스스로 거부함으로써 자연을 보호하자는 윤리적 명제에 대해 입법자

다수나 국민 다수의 동의를 기대하기는 어려울 수 있다.

이 경우, 그러한 의무를 국가에 부여하는 것이 대안일 수 있다. 즉 '힘의 불균형이 발생한 경우, 공권력 작용은 힘에 있어 열위에 있는 돌봄 대상의 유지, 존속, 번영을 가져오는 방향으로 행사되어야 한다'라는 내용의 국가 작용의 기본 원리인 '돌봄 국가 원리'를 인정하고 그 원리에 따른 법적 의무를 국가에게 부과하는 것이다.[25] 이러한 돌봄 국가 원리의 인정 근거로 지구법학이 크게 기능할 수 있다. 지구법학이 인정하는 상호 의존성 및 모든 존재가 수행할 필수적인 역할로서의 상호적 영양 공급이라는 관념은 모두 강자의 약자에 대한 돌봄 의무를 지지할 수 있기 때문이다. 물론 이 경우 강자는 국가를 말하고 돌봄 의무의 상대방은 약자인 자연을 말한다. 현행 실정법에서는 국가의 기본권 보장 의무를 규정하는 대한민국헌법 제10조 후문과 헌법 제34조를 위시한 사회적 기본권을 보장하는 조항들, 그리고 헌법 제35조 제1항의 환경권 및 국가와 국민의 환경 보전 노력 의무 조항도 국가와 국민 또는 환경 사이의 힘의 불균형을 전제로 하여 강자인 국가가 약자인 기본권 주체 혹은 환경을 보살펴야 한다는 내용이기 때문에, 돌봄 국가 원리를 인정하는 근거가 될 수 있다.

---

25 자세한 내용은 이재홍, 「헌법 원리로서의 '돌봄 국가 원리'에 관한 연구―기후변화 소송에의 함의」, 『법학논집』 28(3), 2024, pp. 63~100 참조.

이러한 법리 구성을 통해 국가가 자연을 돌볼 헌법적 의무를 인정할 수 있다. 이는 현행 헌법 제35조 제1항에 규정된 환경 보전을 위해 노력할 의무보다 훨씬 더 규범적 지위가 견고한 의무다. 환경 보전을 위해 노력할 의무는 노력만 하면 헌법적 의무가 이행된 것으로 평가할 수 있어서 합헌이지만, 자연을 돌볼 헌법적 의무는 노력만으로는 부족하고 국가가 실제 자연을 돌보는 구체적인 행위로 나아가야 비로소 헌법적 의무를 이행한 것으로 인정받을 수 있기 때문이다.

국가의 환경권 보호 의무 위반 여부 판단의 심사 강도 강화 논거로서의 지구법학적 관점

사법부의 입법부에 대한 상대적 전문성 우위

앞서 살펴본 것과 같이 심사 강도 강화의 논거가 되는 요소는 크게 네 가지, 즉 ① 기본권 제한의 심각성, ② 기본권 실현의 사회적 연관성, ③ 입법자의 예측 판단의 필요성, ④ 사법부의 입법부에 대한 상대적 전문성으로 추려볼 수 있다. 그중 네번째 요소인 사법부의 입법부에 대한 상대적 전문성은 권력분립 원리에 따라 사법부의 기능상 우위를 인정할 수 있는 영역이다. 권력분립 원리는 흔히 견제와 균형 부분이 강조되어 알려져 있지만, 분업과 협동 역시 그 안에 담겨 있다. 권력을 쪼

개어 쪼개진 권력들끼리 서로 권력 남용을 감시하는 한편, 남용의 우려가 없는 영역에서는 서로 분업과 협동으로 효율적인 국가 운영을 도모하는 것이 권력분립 원리의 전체 내용이다. 사법부가 입법부에 대해 상대적으로 전문성을 확보한 영역은 전문가인 사법부가 주도적 역할을 해야 국가 전체적으로는 효율적인 국가 운영을 도모할 수 있으므로 이러한 영역에서는 사법부가 입법부의 일차적 판단을 강하게 통제하는 것이 바람직하다.

이와 같이 사법부가 입법부에 대해 상대적 전문성을 확보한 것으로 인정되는 대표적인 사안으로는 소수자·약자 보호 사안, 재판 절차 관련 사안, 먼 미래에까지 영향을 미치는 사안을 들 수 있다. 소수자·약자 보호는 권력분립 원리상 사법부의 본래적 임무다. 소수자·약자의 이익은 다수결 원리상 입법부에서 충분히 대변되는 데에 구조적 한계가 있기 때문이다. 그 결과 소수자·약자의 이익 중 헌법적으로 보호받아야 될 이익이 침해되었는지의 판단에 관해서는 사법부가 입법부에 대해 상대적 우위에 있다. 이것이 우리가 흔히 말하는 헌법소원의 주된 기능이자 정당화 근거다. 재판 절차 관련 사안의 경우 재판 절차를 실제로 담당하는 것이 사법부라는 점에서 사법부의 상대적 전문성 우위를 인정할 수 있고, 그러한 관점에서 심사 강도 강화도 정당화된다. 예컨대 구금 절차와 연관된 기본권이나 재판청구권의 보호와 같은 쟁점에 관해서는 입법부에 비해 사법부의 상대적 전문성 우위를 인정할 수 있다. 끝으로, 미래에 대한 판단은 입법자의 고유 영역이나, 그것이 가까운 미래가 아니라 먼 미래에 관한 것이라면 사법부의 상대적 전문성 우위를 인정할 수 있는 경우가 있다. 입법부는 4년 단위로 선거를 통해 구성되므로 선거에 도움이 되지 않는 먼 미래에 영향을 미치는 사안을 다루기에 현실적인 한계가 있는 반면, 사법부는 상대적으로 이로부터 자유롭기 때문이다.

지구법학의 관점에서 본 온실가스 배출

온실가스가 순환하는 가운데 지구의 역동적 균형이 유지되므로, 온실가스 배출은 지구의 균형을 유지하는 자연스러운 과정 중 하나이다. 적정 수준의 온실가스 배출은 지구 공동체의 다른 구성원들의 존재할 권리, 서식지를 점유할 권리, 지구의 무한한 변화에 참여할 권리의 실현에 기여할 뿐이고, 이를 침해하지는 않는다. 따라서 온실가스 배출은 지구법학 관점에서는 원칙적으로 위법하지 않다. 그러나 온실가스 과다 배출이 기후 불안정으로 이어지면, 존재할 권리, 서식지를 점유할 권리, 지구의 무한한 변화에 참여할 권리와 같은 지구법학에서 인정되는 근본적 권리들이 모두 침해된다. 따라서 이러한 경우 온실가스 과다 배출은 지구법학의 관점에서 위법이라는 결론에 이른다.

과다한 온실가스 배출은 지구법학의 관점에서 보면 이와

같이 아주 간단하게 위법이라는 논리적 결론에 도달한다. 그러나 지구법학의 법정은 현실에는 존재하지 않으므로, 이러한 관점을 현실 세계의 법정에서 어떻게 주장할 것인지가 문제다. 이 지점에서 지구법학적 관점을 돌봄 국가 원리와 결합해보면 다음과 같은 착안점을 발견할 수 있다. 첫째, 온실가스 과다 배출로 인해 근본 권리를 침해받는 지구 공동체 구성원들의 공통점은 '약자'라는 점이다. 둘째, 이로 인한 권리의 침해는 지구법학에서 인정하는 근본 권리의 침해라는 점에서 권리 침해의 정도가 심각하다는 점이다. 셋째, 온실가스 배출로 인한 기후변화는 시간적으로 먼 미래에 영향이 나타난다는 점이다. 즉 온실가스 과다 배출이라는 행위가 기후 불안정으로 인한 구체적인 피해 발생이라는 결과에 이르는 데까지 시간적으로 큰 이격성이 존재한다. 그렇기 때문에 현세대는 온실가스를 많이 배출함으로써 쾌락을 누리고 그로 인한 기후변화의 악영향에는 노출되지 않은 채 먼저 세상을 떠나는 방식의 무임승차가 가능하고 이러한 무임승차의 유혹에 저항하기가 어렵다.

 이러한 착안점을 통해 지구법학에 돌봄 국가 원리를 결합하여 온실가스 감축에 관련된 헌법소원에서 심사 강도 강화를 주장할 수 있다. 우선 소수자·약자 보호 사안이라는 관점에서 보면, 소수자·약자 보호 사안에서 구체적인 심사 강도 결정 요소로 힘의 불균형 정도 및 소수자·약자의 생존 위협 정도라는 요소를 주장할 수 있다. 즉 소수자·약자라는 개념은 다수·강자의 상대 개념이므로, 양자 사이의 힘의 불균형이 클수록 사법부가 나서서 보호할 필요성이 크다는 주장이 가능하다. 또한 문제시되는 소수자·약자의 권리가 생존에 직결될수록 사법부가 나서서 보호할 필요성이 크다는 주장도 가능하다. 특히 소수자·약자가 미래 세대인 경우에는 "우리들의 자손의 안전과 자유와 행복을 영원히 확보할 것을 다짐"한다고 규정하는 헌법 전문에 따라, 소수자·약자가 비인간 자연인 경우에는 "모든 국민은 건강하고 쾌적한 환경에서 생활할 권리를 가지며, 국가와 국민은 환경 보전을 위하여 노력하여야 한다"라는 헌법 제35조 제1항의 규정에 따라 규범적 보호 가치가 크다는 주장도 할 수 있다.

온실가스 감축 목표에 관한 사건에서는 힘의 불균형이 주체들 간에, 또한 과거-미래 간에 모두 존재한다는 점을 심사 강도 강화의 논거로 제시할 수 있다. 미래 세대나 비인간 존재들은 온실가스 감축 목표에 관해서 결정권이 전혀 없다. 따라서 힘의 불균형 정도가 매우 크므로 소수자·약자 보호의 필요성 역시 매우 커져서, 사법부의 상대적 전문성의 우위를 인정하고 심사 강도를 강화할 필요성 또한 매우 증대된다. 다음으로 소수자·약자의 생존 위협 정도의 관점에서 보아도 지구온난화로 인한 기후 불안정은 생존의 토대 자체를 비가역적으로 망가뜨릴 위험이 있으므로, 생존 위협 정도가 매우 크다. 따라서 이 역시 소수자·약자의 보호 필요성이 크다는 논거가 된다.

그뿐만 아니라 온실가스 배출로 인한 기후 불안정은 전형적으로 먼 미래에 영향을 미치는 사안이다. 즉 온실가스 배출로 인한 기후 불안정에 관해 직접적인 이해관계가 있는 사람들은 현재의 유권자가 아니라 어린이나 아직 태어나지 않은 미래 세대와 같이 먼 미래의 사람들이다. 따라서 현재의 유권자나 대표자는 온실가스 배출로 인한 악영향이 본격화될 때가 되면 사망해 있을 가능성이 높으므로 현재의 입법자가 이 사안을 공정하게 다루기 어렵다. 요컨대 온실가스 축적과 그로 인한 기후변화의 영향은 먼 미래의 문제이고, 현세대가 사망한 이후에 본격화되므로, 온실가스를 최대한 배출하고 이미 사망한 과거 세대처럼 현세대도 온실가스 배출에 따른 달콤한 과실은 취하되 온실가스 감축 노력이라는 힘겨운 책임은 다하지 않는 방식의 무임승차를 하기 쉽다. 특히 기후위기 대응은 4년 주기의 선거로 구성되고 재선이라는 개인적 이해관계에 취약한 국회의원들로 구성된 입법부가 제대로 다루기 어려운 긴 시간 범위를 대상으로 하는 사안이다. 따라서 6년 임기로 임명되고 연임이 드문 헌법재판관으로 구성되는 헌법재판소가 입법부에 비해 기후위기 대응을 공정하게 다루기에 상대적 우위에 있다. 이와 같이 지구법학적 관점을 도입하면, 온실가스 감축 목표의 미흡함을 다투는 헌법소원의 경우 사법부의 입법부에 대한 상대적 전문성이 매우 크다는 주장에 힘을 실을 수 있다. 이는 기후위기를 해결하기 위한 소송에서는 심사 강도를 강화해야 한다는 결론을 뒷받침하는 강력한 논거가 된다.

6. 맺는 말

지구법학은 장대하고 혁신적인 법학 운동이다. 혁신성은 이질감을 뜻하는 경우가 많지만, 신기하게도 지구법학의 세계관은 전통적인 동양적 세계관과 매우 유사하여 오히려 익숙함을 주는 측면이 있다. 이 글은 지구법학의 혁신성을 어떻게 하면 온실가스 감축 목표의 미흡함을 다투는 헌법소원에 적용할 수 있을지 모색해본 결과물이다.

지구법학은 그 깊이와 장대함에 있어 무궁무진이라는 표현이 과언이 아닐 정도로 놀랍고도 새로운 법학 체계다. 새로운 것만이 세상을 바꿀 수 있다. 이 글은 세상을 바꿀 수 있는 지구법학의 잠재력 중 아주 작은 부분을 두드려 깨워보려는 의도에서 출발하였다. 이 글이 앞으로 지구법학의 더 많은 부분을 두드려 깨워 현실의 법정을 바꾸고, 세상을 바꾸는 마중물이 되기를 바란다.

2부 지구법 실무의 확장

지구법학 관점에서 생태 관련 입법과 정책의 평가와 과제

오동석

1. 지구법학의 관점

지구법학은 21세기 초 등장한 법과 거버넌스의 전환 이론이다.[1] 지구법학은 인간이 지구 또는 우주 공동체 구성원의 일부이므로 인류가 지구 공동체에 속하는 각 성원의 안녕을 존중하고 전체로서 지구의 생태계 안녕을 보전하도록 지구 차원의 법체계와 거버넌스를 새롭게 정립하려는 학문 분야다.[2]

지구법학의 주요 원칙은 다음과 같다.[3]

---

1 강금실 외, 『지구를 위한 법학』, 서울대학교출판문화원, 2020, p. 8.
2 같은 책, p. 15에서 에서 인용한 위키피디아의 지구법학 개념을 참조하여 정의함.
3 모든 지구 공동체 성원의 권리로서 존재할 권리, 서식지에 대한 권리, 다른 성원과 함께 생명력을 발현할 권리 등 지구법학의 공통 요소에 대해서는 같은 책, pp. 40~41 참조.

원칙	내용
제1원칙	우주는 인간의 법체계가 아니라 근본적인 입법자다.
제2원칙	지구 공동체와 그것을 구성하는 모든 존재는 존재할 권리, 서식지 또는 존재할 장소에 대한 권리, 그리고 지구 공동체의 진화에 참여할 권리를 포함하는 기본적인 '권리'가 있다.
제3원칙	각 존재의 권리는 그것이 존재하는 공동체의 온전성, 균형, 건강함을 유지하는 데 필요한 한도 안에서 다른 존재의 권리에 따라 제한받는다.
제4원칙	기본적인 권리를 침해하는 인간의 행위나 법은 지구 공동체를 구성하는 관계와 원칙('위대한 법학')을 구성하는 기본 관계와 원칙을 위배하고, 결과적으로 정당하지 않으며 '불법'이다.
제5원칙	인간은 위대한 법학에 부합하고 인간이 그에 따라 살도록 인도하도록 인간의 법체계, 정치, 경제, 사회 시스템을 적응해야 한다. 그것은 인간의 거버넌스 체계가 전체 지구 공동체의 관심사 및 필수 사항을 항상 고려해야 함을 의미한다. ① 지구 공동체를 구성하는 관계를 강화하거나 약화함에 따라 인간 행위의 합법성을 결정한다. ② 지구 전체를 위한 최선을 기초로 한 지구 공동체에서 인간의 권리와 다른 구성원의 권리의 역동적인 균형을 유지한다. ③ 처벌(보복)보다는 (손상된 관계 회복에 초점을 맞춘) 회복적 정의를 촉진한다. ④ 지구 공동체의 모든 구성원을 기본적 권리가 있는 법의 주체로 인정함으로써 지구 공동체의 모든 구성원이 법의 보호를 받을 수 있는 권리 그리고 인간이 그들의 기본적인 권리를 침해하는 것에 대한 효과적인 구제를 받을 수 있는 권리를 인정해야 한다.

《그림2-1》 지구법학의 원칙.[4]

코맥 컬리넌은 인간이 지구에 가한 손상의 심각성과 범위가 점점 분명해지면서 현행 거버넌스 시스템을 약간 수정하는 것만으로는 21세기에 직면한 환경적 도전 과제를 해결할 수 없다고 말한다.[5]

입법과 정책에서 지구법을 활용하려면, ① 지구적 관점에서 ② 거버넌스 전환을 위한 ③ 입법과 정책의 변화를 꾀해야 한다. 지구적 관점은 ① 지구의 현 상황에 대한 인식의 공유, ② 지구라는 존재 공동체의 성원이 누구이며, ③ 그 성원을 어떻게 대할 것인가의 문제다.

2. 지구적 상황의 공통성, 그러나 입법과 정책의 한계

지구적 상황의 공통성, 그러나 재난의 불평등

입법 사실론은 헌법재판에서 법령 자체만을 판단할 것이 아니라 법령의 배경을 이루는 생태적·사회적·정치적 또는 과학적 사실까지 고려해야 한다는 기준이다. 입법 사실은 법령의

---

4   Jack A. Lampkin & Tanya Wyatt, "Utilising Principles of Earth Jurisprudence to Prevent Environmental Harm," *Critical Crimonology* 28(3), 2020, p. 504에서 재인용.
5   코막 컬리넌, 『야생의 법』, 포럼 지구와사람 기획, 박태현 옮김, 로도스, 2016, p. 9.

제정 필요에 대한 현실 인식, 법령이 제정되기 이전에 존재하던 상태, 이전의 법령을 개선하기 위해 제정한 법령의 실효성, 법령의 제정에 의해 생기는 손실(예를 들면 국민의 권리 제약의 정도)보다 적은 희생으로써 같은 실효성을 얻을 가능성 등 법령의 목적과 수단의 합리성을 실증적으로 검토하는 것이다.[6] 즉 위헌 상태를 면하려면 입법자는 입법의 근거를 충분히 인식해 복합적인 법제적 대응책을 마련해야 한다는 의미다.

몇 가지 자료만 보더라도 지구적 상황을 알 수 있다. 지구의 문제는 나라마다 다를 수 없기 때문이다. 파리기후협약은 인간이 산업혁명 이후 화석연료 사용이 증가해 이산화탄소 배출량이 증가하고, 대기 중 온실가스 농도를 증가시켜 지구 기온 상승으로 이어짐으로써 지구 시스템에 중대한 영향을 미쳤다고 인식한다.[7] 유엔 산하 싱크탱크 보고서는 세계 도처에서 발생한 재난이 탄소 배출과 환경 파괴라는 고리로 밀접하게 연결돼 있다고 본다. 재난은 브라질 아마존에서 일어난 대형 산불, 북극 빙하를 녹인 폭염, 미국 텍사스주에 대규모 정전 사태를 불러일으킨 한파, 인도-방글라데시 접경 지역에 닥친 사이클론 '암판,' 중국의 주걱철갑상어 멸종, 사막 메뚜기 발생, 코로

6　오동석, 「기후변화소송과 헌법」, 『기후변화 소송』, 강원대학교 비교법학연구소 환경법센터·사단법인 선 주최 세미나 자료집, 2019, p. 5.

7　건국대 인류세인문학단, 『우리는 가장 빠르고 확실하게 죽어가고 있다 1』, 들녘, 2020, p. 107.

나19 팬데믹 등 갖가지 형태로 벌어진다.[8] IPCC 보고서 등에서는 기후위기의 임계점 tipping point을 말한다. 임계점은 기후 시스템에 복원 불가의 비가역적인 변화가 일어나 인간과 자연계에 큰 혼란을 초래하는 시점이다. 임계점을 넘어섰다는 평가도 있다. 인류가 초래한 재난이 지구 자체를 뒤덮어 지구 위의 모든 사람과 모든 존재에 영향을 미치는 인류세의 시대다.[9]

그러나 그 피해는 불평등하다. 파키스탄은 2022년 봄 기온이 일부 지역의 경우 섭씨 51도에 육박하면서 북부 산악 지대 빙하가 녹는 등 이상기후 현상이 나타났다. 더구나 여름에는 계절성 폭우인 '몬순'이 유례없는 강도로 3개월째 이어지면서 많은 비가 내렸고, 그 결과 홍수가 발생해 1,700여 명이 사망했다. 홍수와 폭우로 피해를 입은 인구만 3,300만 명에 달하고, 50만 명은 집을 잃은 기후 '난민'이 되었다.[10] 안토니우 구테흐스 유엔 사무총장은 "파키스탄은 기후변화에 기여한 정도가 낮지만 기후변화에 가장 극적으로 영향을 받은 국가"라며 '기후 불평등' 문제를 지적했다. 1959년 이래 전 세계 이산화탄소 배출

---

8 「모든 재난은 연결돼 있다」, 『경향신문』 2021. 9. 9; Jack O'Connor et al., *Interconnected Disaster Risks 2020/2021*, UNU-EHS, 2021. 보고서 원문은 https://i.unu.edu/media/ehs.unu.edu/attachment/23907/UN_Interconnected_Disaster_Risks_Report_210902_Full_Report.pdf(검색일: 2025. 10. 29).
9 오동석, 「인류세에서 기본권론」, 『헌법재판연구』 9(1), 2022, p. 84.
10 「유엔 사무총장 "파키스탄 기후재앙, 선진국이 보상해야"」, 『프레시안』 2022. 9. 12(검색일: 2022. 9. 14).

량에서 파키스탄이 차지하는 비중은 0.4퍼센트에 불과하다.[11]
파키스탄만의 문제가 아니다. 2022년 2월 발표한 IPCC 제6차 평가 보고서의 제2실무그룹 보고서 『기후변화 2022: 영향, 적응 및 취약성』은 다양한 증거를 들어 기후변화 영향 측면에서 국가 간 불평등을 증명한다. 보고서는 저개발 국가가 기후변화로 인한 피해에 취약하다고 짚었다. 기후변화 취약지는 서아프리카, 중앙아프리카, 동아프리카, 남아시아, 중남미, 군소 도서 개발도상국, 북극 등이다. 관련 인프라 부족 등으로 기후변화 적응 역량이 낮은 국가가 많다. 2010~2020년 사이 이 지역에서 홍수, 가뭄, 폭풍으로 인한 사망률은 취약하지 않은 지역에 견줘 15배나 높았다.[12]

한 국가 내에서도 기후변화로 인한 피해는 취약 계층에 집중한다. 보고서는 기후변화로 인한 피해에 대한 취약성이 젠더, 민족, 소득 격차 또는 이러한 요소들의 복합적 작용에서 비롯된 불평등과 소외로 악화한다고 설명한다. 기후변화로 극단적 기후 현상이 잦아지면서 수백만 명이 식량 불안과 물 부족, 영양실조를 겪는데, 저소득 가구와 아동, 노인, 임산부가 특히 큰 영향을 받았다고 한다.[13]

국내 조사 결과도 마찬가지다. 여성환경연대가 2022년 5

---

11 같은 글.
12 「모두에게 닥쳐온 기후변화, 모두에게 같은 문제일까요?」, 『한겨레』 2022. 8. 31(검색일: 2022. 9. 14).

월 30일부터 6월 12일까지 전국 성인 남녀 1,263명을 대상으로 설문 조사를 한 결과, 월 소득이 낮을수록 기후변화를 더욱 심각하게 인식한다.[14] '최근 5년 사이에 폭염, 폭우 등 기후변화로 인한 자연재해가 어느 정도로 심각해졌다고 생각하십니까?'라는 질문에 5점 척도로 응답하게 했다. 월 소득 500만 원 이상 응답자는 4.05였고, 월 소득 100만 원 미만 응답자는 4.45였다. 소득이 낮을수록 기후변화로 인한 자연재해가 더 심각해졌다고 생각한다. 월 소득 100만 원 미만 응답자 중 일사병, 탈수 등 폭염 피해를 경험했다고 답한 응답자는 64.5퍼센트였지만, 월 소득 500만 원 이상 응답자 중에서는 34.5퍼센트만 폭염 피해를 경험했다고 답했다.[15] 국가인권위원회도 연구 용역 보고서를 내서 기후변화 취약 계층에 따른 조사를 바탕으로 각 대상별로 기후변화 취약성의 원인을 고려해 대응 정책을 설계해야 함을 지적했다.[16]

그런데 구 녹색성장법(2021. 9. 24 폐지)은 개정을 통해 오

---

13 IPCC, *Climate Change 2022: Impacts, Adaptation and Vulnerability*, IPCC, 2022, pp. 11~13.
14 상세한 조사 방법에 대해서는 여성환경연대·정의로운전환을위한에너지기후정책연구소, 「'기후변화로 인한 자연재해' 피해 경험 실태조사」, 여성환경연대, 2022, pp. 2~6.
15 자연재해 피해 심각성에 대한 인식은 같은 글, p. 18; 취약 집단에 대한 인식은 같은 글, p. 37 하단 참조.
16 인식 조사 결과와 분석에 대해 상세한 것은 배기완 외 5인, 「기후위기와 인권에 관한 인식과 국내외 정책 동향 실태조사」, 국가인권위원회, 2021, p. 5 하단 참조.

히려 온실가스 배출 목표치가 후퇴하여 기후 소송의 대상이 되었다. 녹색성장법 제42조 제1항 제1호와 대통령이 2016년 5월 24일 자 개정한 녹색성장법 시행령은 구 녹색성장법 시행령 제25조 제1항으로 정한 '2020년 온실가스 감축 목표'를 폐지하고 그 목표치를 낮췄다. 녹색성장법 제42조 제1항 제1호는 온실가스 감축 목표의 근거 조항이다. 제42조는 기후변화 대응 및 에너지의 목표 관리에 관한 조항이다. 같은 조 제1항은 정부가 범지구적인 온실가스 감축에 적극 대응하고 저탄소 녹색 성장을 효율적·체계적으로 추진하기 위해 제1호 온실가스 감축 목표를 비롯해 중장기 및 단계별 목표를 설정하고 그 달성을 위하여 필요한 조치를 해야 한다고 규정하고 있다. 같은 조 제2항은 정부가 그 목표를 설정할 때 국내 여건 및 각국의 동향 등을 고려해야 한다고 규정하고 있다. 대통령이 시행령 개정을 통해 폐지한 '2020년 온실가스 감축 목표'는 2020년의 온실가스 배출 전망치 대비 100분의 30까지 2020년의 국가 온실가스 총배출량을 감축하는 것이었다. 이 개정에 따른 시행령의 온실가스 감축 목표는 2017년 온실가스 총배출량의 1,000분의 244만큼 2030년의 국가 온실가스 총배출량을 감축하는 것이다. 정부는 목표 비율을 낮췄을 뿐 아니라 그 비율의 기준을 3년 전 배출량으로 조정함으로써 온실가스 총배출량의 감축 목표를 훨씬 낮추는 결과를 가져왔다.

　헌법재판소는 2024년 8월 29일 녹색성장법 제42조 제1항

제1호 위헌 확인 등 헌법소원 심판에서, 정부가 '국가 온실가스 배출량을 2030년까지 2018년의 국가 온실가스 배출량 대비 35퍼센트 이상의 범위에서 대통령령으로 정하는 비율만큼 감축하는 것'을 '중장기 국가 온실가스 감축 목표'로 하도록 규정한 법 제8조 제1항이 2050년 탄소중립의 목표 시점에 이르기까지 점진적이고 지속적인 감축을 실효적으로 담보할 수 없어 국민의 환경권을 침해하여 헌법에 합치하지 않는다는 결정을 했다.[17]

지구법학 관점에서 입법과 정책의 문제점
― 자연의 법적 위상을 중심으로

사회생태학자들은 인간과 자연이 맺는 관계는 사회구조와 사회과정에 의해 결정된다고 본다. 즉 '자연'이니 '환경'이니 '법칙'이니 하는 개념 자체가 이미 사회적 구성물이라는 것이다. 생태 문제 그 자체는 자연에서 벌어진다 할지라도, 그런 일이 벌어지는 까닭은 사회적인 것이다. 사회생태학자들에 따르면, 사려 깊은 생태론이 되기 위해서는 사회와 그 권력 구조, 그 속에서 사람들이 서로 맺는 관계에 대한 탐구가 반드시 선행해야

---

17 헌재 2024. 8. 29. 2020헌마389등 결정.

한다.[18]

이용 및 소유의 대상으로서 자연

마이클 하트와 안토니오 네그리가 제시한 생명정치적 생산은 자연과 문화의 새로운 관계를 나타낸다. 생명정치적 생산은 자연의 문명화를 의미하는데, 여기서 자연이란 예전에는 생산 과정에 포함하지 않았던 모든 것을 가리킨다. 생명 자체는 기술이 개입하는 대상이 되고, 자연은 자본이 되거나 적어도 자본에 종속한다. 생물자원이 법률적-정치적 규제의 대상이 되는 동시에 '자연' 과정은 상업적 이해관계와 잠재적인 산업적 용도에 노출된다. 그 결과 자연은 경제 담론의 일부가 된다. 지속 가능한 자본주의 혹은 환경 자본주의 시대에 논쟁의 초점은 단순히 자연의 착취가 아니다. 중요한 것은 자연의 생물학적·유전학적 다양성을 경제성장으로 전환하는 문제이며, 그러한 다양성을 이용해 수익성 높은 생명 상품이나 형태를 개발하는 것이다.[19]

대한민국헌법에서 '자연'이라는 표현은 딱 한 번 등장한다. 제120조 제1항에서 "광물 기타 중요한 지하자원·수산자원·수력과 경제상 이용할 수 있는 자연력은 법률이 정하는 바에

---

18 송명규, 「사회생태학과 심층생태학의 생태파시즘 논쟁과 그 교훈」, 『한국지역개발학회지』 18(2), 2006, p. 149.
19 토마스 렘케, 『생명정치란 무엇인가』, 심성보 옮김, 그린비, 2015, pp. 116~17.

의하여 일정한 기간 그 채취·개발 또는 이용을 특허할 수 있다"(강조는 필자)라는 규정이다. 자연은 경제적 이용 대상으로서 자원 또는 에너지의 원천이다. 자연력 중 유체물 및 전기 기타 관리할 수 있는 자연력은 민법 제98조에 따라 물건으로 정의된다. 물건은 사용·수익·처분할 수 있는 소유의 대상이다.

이용 대상으로서 자연에 관한 법은 구체적으로 개별화해 있다. 예를 들면, '해저광물자원개발법' '수산자원관리법' '해양수산 생명 자원의 확보·관리 및 이용 등에 관한 법률' '어업자원보호법' '산림자원의 조성 및 관리에 관한 법률' '생물 다양성 보전 및 이용에 관한 법률' '농업 생명 자원의 보존·관리 및 이용에 관한 법률' '해외자원개발사업법' 등이다. '신에너지 및 재생에너지 개발·이용·보급 촉진법' 제2조 제2호에서 태양에너지, 풍력, 수력, 해양에너지, 지열에너지 등은 재생에너지로 포섭되어 있다.

자연 보전을 목적으로 한 법률들에서도 자연은 자원이고 자산이다. '자연환경보전법'에서도 자연은 자산의 일종이다. 자연 자산은 인간의 생활이나 경제활동에 이용될 수 있는 유형·무형의 가치를 가진 자연 상태의 생물과 비생물적인 것의 총체를 말한다(법 제2조 제15호). '생물 다양성 보전 및 이용에 관한 법률' 제2조 제3호에 따르면, 생물자원이란 인간에게 가치가 있거나 실제적 또는 잠재적 용도가 있는 유전자원, 생물체, 생물체의 부분, 개체군 또는 생물의 구성 요소를 말한다(법 제2조 제16호).

자연을 이용하는 주목적은 산업 발전이다. 예를 들면, '해저광물자원개발법'은 대한민국의 영토인 한반도와 그 부속 도서의 해안에 인접한 해역海域이나 대한민국이 행사할 수 있는 모든 권리가 미치는 대륙붕에 부존賦存하는 해저광물을 합리적으로 개발함으로써 산업 발전에 이바지함을 목적으로 한다(제1조).

경제적 이용 대상으로서 자연은 헌법의 '특허' 개념에서 알 수 있듯 기본적으로 국가 소유임을 전제한다. '해저광물자원개발법' 제4조 제1항에 따르면, 해저광업권은 국가만 가질 수 있다. 법에 따라 이러한 권리의 일부는 허가를 얻어 사인私人이 '향유'한다. 해저광업권은 해저광물 개발 구역에 등록한 일정한 해저의 구역(해저 광구)에서 해저광물을 탐사·채취 및 취득하는 권리다(법 제2조 제4호). 해저 조광권은 설정행위에 의해 국가 소유인 해저 광구에서 해저광물을 탐사·채취 및 취득하는 권리다(법 제2조 제5호). 해저 조광권은 탐사권 및 채취권의 두 종류로 한다(법 제5조). 해저 조광권은 법인만 향유享有할 수 있다(법 제11조).

기업은 경제적 이용 가치를 노리고 자연을 개체화해 소유한다. 기업 활동은 이윤 창출을 목적으로 하므로 별도의 법적 규율이 없다면 생명 공동체에 관심을 기울이기를 기대하기 어렵다. 오히려 기업은 시장경제를 형성하면서 국가, 정부, 국제적 차원의 규제를 반대하며, 특히 환경보호 관련 규제를 반대한다.[20] 자연 또는 자연력이 국가 소유임을 부정하기 어렵다고 하더라도, 국가의 존재 목적은 기업의 존재 목적과 다르다. 국가가 자연을 단순히 경제적 이용 대상으로서 사용·수익·처분하거나 자연을 경제적으로 이용하면서 훼손하는 기업 활동을 국가가 방치하는 것은 헌법에 부합하지 않는다.

이용과 개발을 위한 보호 대상으로서 자연

자연을 이용과 개발을 위한 보호 대상으로 보기 때문에 입법에 나타난 환경보호 인식은 환경보호에 대한 인식은 자연의 이용에 자연환경 보전을 덧붙이는 데 그친다. 이때 자연환경 보전은 인간에 종속하며, 인간이 자연을 이용하는 방식의 일종이다. '자연환경보전법' 제1조에 따르면, "자연환경을 인위적 훼손으로부터 보호하고, 생태계와 자연경관을 보전하는 등 자연환경을 체계적으로 보전·관리함으로써 자연환경의 지속 가능한 이용을 도모하고, 국민이 쾌적한 자연환경에서 여유 있고 건강한 생활을 할 수 있도록 함을 목적으로 한다."

자연환경은 지하·지표(해양을 제외한다) 및 지상의 모든 생물과 이들을 둘러싸고 있는 비생물적인 것을 포함한 자연의

---

20 토마스 베리,「토마스 베리의 위대한 과업」, 이영숙 옮김, 대화문화아카데미, 2009, p. 159.

상태(생태계 및 자연경관을 포함한다)다(법 제2조 제1호). 자연환경 보전은 자연환경을 체계적으로 보존·보호 또는 복원하고 생물 다양성을 높이기 위해 자연을 조성하고 관리하는 것을 말한다(법 제2조 제2호). 자연환경의 지속 가능한 이용은 현재와 장래의 세대가 동등한 기회를 가지고 자연환경을 이용하거나 혜택을 누릴 수 있도록 하는 것을 말한다(법 제2조 제3호). 기후위기를 논할 때 세대 간 평등 관점은 자연을 지속적이고 효율적으로 이용한다는 점에서 이용 대상으로서의 자연 개념에 붙잡혀 있다.

자연환경보전법 제3조(자연환경 보전의 기본 원칙)는 다음과 같다.

1. 자연환경은 모든 국민의 자산으로서 공익에 적합하게 보전되고 현재와 장래의 세대를 위하여 지속 가능하게 이용되어야 한다.
2. 자연환경 보전은 국토의 이용과 조화·균형을 이루어야 한다.
3. 자연 생태와 자연경관은 인간 활동과 자연의 기능 및 생태적 순환이 촉진되도록 보전·관리되어야 한다.
4. 모든 국민이 자연환경 보전에 참여하고 자연환경을 건전하게 이용할 수 있는 기회가 증진되어야 한다.
5. 자연환경을 이용하거나 개발하는 때에는 생태적 균형

이 파괴되거나 그 가치가 낮아지지 아니하도록 하여야 한다. 다만, 자연 생태와 자연경관이 파괴·훼손되거나 침해되는 때에는 최대한 복원·복구되도록 노력하여야 한다.

6. 자연환경 보전에 따르는 부담은 공평하게 분담되어야 하며, 자연환경으로부터 얻어지는 혜택은 지역 주민과 이해관계인이 우선하여 누릴 수 있도록 하여야 한다.
7. 자연환경 보전과 자연환경의 지속 가능한 이용을 위한 국제 협력은 증진되어야 한다.
8. 자연환경을 복원할 때에는 환경 변화에 대한 적응 및 생태계의 연계성을 고려하고, 축적된 과학적 지식과 정보를 적극적으로 활용하여야 하며, 국가·지방자치단체·지역 주민·시민단체·전문가 등 모든 이해관계자의 참여와 협력을 바탕으로 하여야 한다.

　자연을 인간 사회에 종속한 환경으로 이해하면서 경제적 관점으로 접근하다 보니 당장 드러나지 않는 지구 생태의 회복력 감소는 법적으로 포착되지 않는다. 지구의 자연환경이 인간의 생존 조건임을 반영한 기본 원칙의 전환과 그에 따라 지구 생태 위기에 대응하는 법 패러다임의 전환이 필요하다.
　지구의 상황에 대한 인식과 대처는 정치적·경제적·사회적 권력관계에 따라 왜곡된다. 예를 들면, "지속 가능한 발전과 건강한 삶을 목적으로 한 첨단 기술을 도시계획의 플랫폼에서 융합하여 기후변화에 대응하고, 인류적 가치를 실현하는 미래 도시 모델을 만드는 데 기여해야 한다"라고 스마트시티를 강조하는 데 머무른다.[21]

기후위기 관련해서는 원인에 대처하기보다 현상에 대처하는 것으로 대체하려 한다. 예를 들면, 인공강우 기술의 개발이 있다. 이 기술은 실효성과 안전성 측면에서 의견이 엇갈리고 있다. 습기가 충분하고 상승기류가 있어야 인공강우가 만들어지는 성공률이 높아지는데, 건조한 지역은 습기가 충분하지 않아 비가 만들어지기 어렵다는 것이다. 환경적인 측면에서도 문제가 있다. 인공강우에 사용되는 요오드화은은 약한 독성을 지니고 있다. 전문가들에 따르면, 이는 생태적으로 위험한 수준은 아니지만, 생물에 축적될 가능성이 있으므로 안전에 대한 불확실성이 높다. 한국에서도 인공강우 기술 개발은 거의 막바지 단계다. 실용화 단계로 나가기 위한 갖가지 인프라를 갖추면 되는 상황이라고 한다.[22] 그러나 인공강우가 가뭄이나 산불 등과 같은 자연재해에 대응하는 면이 있다고 해도, 그것이 폭우나 홍수에 대처하는 방안이 될 수는 없는 노릇이다.

---

21 「"기후 변화-전염병 위기 대응 위한 스마트시티로 도약하자"」, 「동아일보」 2022. 9. 5(검색일: 2022. 9. 14).

22 「인공강우 기술 개발해 자연재해 막는다?… 엇갈린 두 가지 시선」, 「데일리환경」 2022. 9. 8(검색일: 2022. 9. 14).

기후위기에 따른 개별 재해 현상에 대해 즉자적이고 단편적이며 단기적인 대응도 필요하지만, 어떤 인간 활동이 복합적 원인으로 작용해 기후위기를 초래하고 자연 또는 지구의 변화로 이어졌는지 그 메커니즘을 인식·이해하고 인류의 대응 체계를 최대한 구축하는 것이 더 중요하고 시급하다.

인재를 자연재해로 왜곡

자연은 인재人災에 따른 '피해자'임에도 재해 관련 법에서 재해의 주요 원인으로 등장한다. 자연재해대책법은 태풍, 홍수 등 자연현상으로 인한 재난으로부터 국토를 보존하고 국민의 생명·신체 및 재산과 주요 기간 시설을 보호하기 위하여 자연재해의 예방·복구 및 그 밖의 대책에 관하여 필요한 사항을 규정함을 목적으로 한다(법 제1조). 자연 재난은 태풍, 홍수, 호우, 강풍, 풍랑, 해일, 대설, 한파, 낙뢰, 가뭄, 폭염, 지진, 황사, 조류 대발생, 조수, 화산활동, 소행성·유성체 등 자연 우주 물체의 추락·충돌, 그 밖에 이에 준하는 자연현상으로 인하여 발생하는 재해다(재난 및 안전관리 기본법 제3조 제1호).

자연재해대책법은 인간 활동이 자연재해의 원인이 될 수 있음을 인정한다. 재해 영향성 검토는 자연재해에 영향을 미치는 행정 계획으로 인한 재해 유발 요인을 예측·분석하고 대책을 마련하는 것이다(법 제2조 제4호). 재해 영향 평가는 자연재해에 영향을 미치는 개발 사업으로 인한 재해 유발 요인을 조사·예측·평가하고 대책을 마련하는 것이다(법 제2조 제5호).

그러나 원인 조사는 자연에 대한 인간의 광범위한 활동 영역을 포괄하지 못한다. 법 제9조 제1항에 따라, 재난 관리 책임 기관의 장은 소관 시설 등에서 자연재해가 발생하면 그 원인에 대한 조사 및 분석을 할 뿐이다. 소관 시설의 관리 문제로 접근할 뿐, 자연재해의 발생 원인에 대한 조사 및 분석에 이르지 못한다.

물론 자연재해에 대처할 수 있는 시설 관리는 피해를 줄이는 방안이다. 예를 들면, 2022년 포항에서 발생한 태풍 피해의 규모에 대한 원인 분석에서는 그때까지 8년간 포항시가 진행한 냉천 정비 작업이 피해를 키웠다는 의견이 있다. 이 사업은 하천을 직선화하고 산책로 등을 만드는 사업이다. 이 사업으로 인해 물이 흐르는 공간이 줄었다는 주장이다. 이에 반해 포항시는 천재지변이라는 입장이다. 기록적인 폭우로 인한 불가항력의 사태라는 주장이다.[23] 그 결과 경상북도는 지방 하천 점검에 나섰다.[24] 당시 국무총리 한덕수의 인식도 이와 다를 바 없다.[25] 국회에서 더불어민주당 이학영 의원이 '이번에 일어난 수해 피해는 자연재해인가, 인재인가'라고 묻자, 한 총리는 "강남

---

23 「"냉천 범람은 인재" ↔ "천재지변"… 하천 범람 원인 논란」, 『TV조선』 2022. 9. 8(검색일: 2022. 9. 14).

24 「7명 희생된 지하주차장 참사 원인 지목… 지방하천 범람 원인 조사 나선다」, 『중앙일보』 2022. 9. 13(검색일: 2022. 9. 14).

구에는 양천구와 같은 심도 빗물 터널을 만들었어야 했다. 몇 년 전에 7개를 서울시에서 만들려고 했다가 시장이 바뀌면서 취소됐다"라면서도 "기본적으로는 폭우가 너무 쏟아진 것"이라고 말했다.

문제는, 폭우나 홍수 또는 산불 등이 유례없는 빈도와 규모로 발생하는 원인이 무엇인가에 대한 접근이다. 전문가들은 폭우와 태풍의 원인을 기후위기에서 찾는다. 태풍은 대체로 열대지방 저위도에서 생성되는데, 힌남노의 경우 이런 '태풍의 공식'이 깨졌다는 것이다. 힌남노는 북위 25도 이북에서 발생한 태풍이다. 전문가들은 잦은 태풍 발생과 태풍 발생 지역의 상승이 기후위기 때문이라고 진단한다.[26] 그런데 한 총리는 기후위기를 책임 회피의 핑계로 삼을 뿐, 정부 차원의 대처를 약속하지 않았다. 한 총리는 '제대로 하수를 관리하지 못하고 시설을 미리미리 준비하지 못한 인재 아닌가'라는 이 의원의 비판에 "그렇지 않다. 정책 당국자가 최근의 기후위기에 따른 정도의 그런 위기가 있으리라고는 예상을 못 한 것"이라고 답했다. "앞으로 이런 기후위기, 기후변화에 따라 일어나는 문제는 과거보다 훨씬 더 신중한 생각을 해야 한다"라는 말만 덧붙일 뿐

---

25 「한 총리 "폭우 피해, 자연재해 측면 강해… 너무 쏟아졌다"」, 『연합뉴스』 2022. 9. 1(검색일: 2022. 9. 14).

26 「'태풍의 공식'도 깨버린 기후위기」, 『한겨레21』 1429, 2022. 9. 5(검색일: 2022. 9. 14).

이었다. 국회 차원에서도 이러한 정부의 태도에 대해 기후위기에 대한 종합적인 대책을 요구하거나 입법적으로 접근하려는 움직임은 없었다.

3. 지구 공동체의 성원과 그 권리

권리주체로서 자연은 누구? 무엇?

자연의 권리를 말할 때 자연은 누구 또는 무엇인가?

    나는 자연이 없음을 보았다,
    자연은 존재하지 않음을,
    언덕, 계곡과 평원이 있고,
    나무, 꽃, 풀이 있고,
    강과 돌이 있음을,
    하지만 이 모든 것이 속하는 하나의 전체는 없다,
    그러나 실재하는 진정한 총체라는 것은
    우리 생각의 병인 것.

    자연은 전체가 없는 부분들이다.
    ── 페르난두 페소아,「양 떼를 지키는 사람」부분[27]

시인 페르난두 페소아는 나무와 꽃, 강과 들처럼 자연의 부분으로서 개체들은 있지만, 하나의 전체로서 자연은 존재하지 않는다고 노래한다. 그건 인간의 생각일 뿐이라고 말이다. 그러나 시인과 달리 지구법학 관점에서는 관념적 조작 개념으로서 자연의 개념이 필요하다. 다만, 자연이라는 관념적 개념이 인간 세계의 단순한 투사投射가 되지 않도록 유의해야 한다.[28]

토마스 베리는 자연이 자비로운 동시에 난폭하다고 말한다.[29] 여기서 난폭하다는 표현에 주목할 필요가 있다. 그것은 인간이 자연을 결코 길들이거나 맘대로 조종할 수 없다는 것, 즉 인간세계로 포섭할 수 없는 야생이 존재함을 의미한다. 자연이 모든 요소를 안배함으로써 인간을 공격하면서도 그 공격에 대한 치료법 또한 이미 마련하고 있다는 베리의 말에 동의하기 어렵다. 마치 자연이나 지구를, 돌아온 탕자를 언제나 따뜻하게 품어주며 치유해주는 어머니에 비유함으로써, 인간이 초래한 자연 또는 지구의 파괴적 상황을 손쉽게 벗어날 수 있다는 착각을 불러일으키기 때문이다. 그렇다고 생태적 전환이

---

27 『시는 내가 홀로 있는 방식』, 김한민 옮김, 민음사, 2018, p. 91. 강조는 원저자의 것.
28 오동석, 「자연의 법적 위상에 대한 지구법학적 평가」, 『지속가능발전과 생태문명 사회로의 전환을 위한 대안 담론과 실천 방안』, 한-중남미 지속가능발전 국제협력 민관학연 포럼, 한국외국어대 중남미연구소 HK+사업단 주최 학술회의 자료집, 2022, p. 27.
29 토마스 베리, 『지구의 꿈』, 맹영선 옮김, 대화문화아카데미, 2013, p. 113.

가능하지 않다고 말하려는 것은 아니다.[30]

공동 보전의 관계로서 국토와 자연 그리고 지구

이준서[31]는 '훼손된 자연환경 자체의 완전한 회복을 위한' 법적·제도적 요건으로서 다음과 같은 내용을 제시한다. 첫째, 자연환경 자체의 피해에 대해서는 소유관계의 연관성이 없더라도 일반인에게 당사자적격을 인정해야 한다. 전통적인 불법행위에 따른 손해배상 책임으로는 한계가 있기 때문이다. 둘째, 자연환경 피해에 대한 인과관계의 입증을 쉽게 하는 제도가 필요하다. 자연환경 피해는 원인을 명확히 밝히기 쉽지 않기 때문이다. 셋째, 자연환경 피해를 산정할 수 있는 새로운 방식을 제도화해야 한다. 시장가치market value를 금전적으로 파악하기 어렵기 때문이다.

이는 사법적 구제와 관련해서 유용한 주장이다. 그러나 이러한 주장은 다른 법제적 환경조건을 조성할 때 비로소 의미를 갖는다. 그가 자연환경의 법적 개념을 명확히 정립할 필요가 있다고 말하는 까닭이다.[32] 자연을 타자로 여기는 기존의 인간

---

30 오동석, 같은 곳.
31 이준서, 「자연환경의 개념과 그 한계에 대한 환경법적 고찰」, 『환경법연구』 31(3), 2009, p. 309.

중심의 관점에서 탈피해 자연환경이 인간과 상호 관계를 유지하고 있음을 법적으로 재정립할 필요가 있다는 것이다.[33] 이러한 과제는 지구법학이 철학적 근거 짓기와 함께 실정법의 분석과 평가를 통해 총괄적인 법제의 구성을 어떻게 해야 할지까지 구체적으로 풀어내는 작업을 통해 해소될 것이다.

김왕배[34]는 지구법학의 방법론으로서 '현실성' 문제를 제기한다. 지구법학이 인간과 비인간 존재 모두의 삶, 지구 행성의 생태적 순환과 공존을 구현하려 한다면 실현 가능한 입장에서 자연의 권리를 재구성할 필요가 있다는 것이다. 또한 컴퓨터, 인공지능 등의 인공물이나 사이보그 같은 하이브리드형 복합체 등에 대해서는 어떻게 접근할 것인지 묻고 있기도 하다.[35]

나는 헌법 해석에서 국가의 3요소로 영토, 국민, 주권을 꼽을 때 영토, 즉 국토를 인간과 비인간 존재의 서식지로서 공유하는 공간으로 인식함을 바탕으로 해석론을 전개할 필요가 있다고 주장한 바 있다.[36] 헌법 제122조는 국가가 국민 모두의 생산 및 생활의 기반이 되는 국토의 효율적이고 균형 있는 이용·

---

32 같은 곳.
33 같은 곳.
34 김왕배, 「'인간너머' 자연의 권리와 지구법학」, 『사회사상과 문화』 25(1), 2022, p. 23.
35 같은 곳.
36 오동석, 「지구법학 관점에서 한국헌법의 해석론」, 『환경법과 정책』 26, 2021, pp. 63~85 참조.

개발과 보전을 위해 법률이 정하는 바에 의해 그에 관한 필요한 제한과 의무를 과할 수 있다고 규정하고 있다. 국토가 지구의 일부분으로서 인간과 자연이 연결되는 시공간이라고 해석하는 것이다. 인간이 헌법 체제에서 자연을 배제했다고 해서 자연 개념에서 인간을 제외할 수 없다. 오히려 국토 관련 규정은 인간인 국민에게 어떤 제한과 의무가 있는지를 끌어낼 수 있는 조항이다. 국민의 생활 기반은 비인간 존재의 생활 기반이기도 하다. 국토 개념을 매개로 양자의 공존을 모색하는 헌법 해석이 필요한 것이다. 법률이 헌법을 구체화하고 있는지 실증적 분석과 평가를 수행하고, 만약 그렇지 않다면 대안을 마련하는 데까지 나아가야 할 것이다. 이 글에서 살펴본 예시를 통해, 현행 법제가 지구의 기후위기에 대처하기엔 매우 미흡함을 확인할 수 있다. 탄소중립 또는 감축만으로 기후위기는 해소될 수 없다. 지구법학적 관점에서 자연-인간 관계와 인간-인간 관계를 아우르는 접근 방법이 필요한 이유다.[37]

관계적 주체로서 자연

자연을 권리주체로 인정하는 일은 자연을 소유 및 이용 대

---

37 오동석, 「자연의 법적 위상에 대한 지구법학적 평가」, p. 33.

상에 머무르지 않게 하고, 자연에 대한 인간의 자의적 파괴에서 자연을 방어할 수 있는 법적 작업이다. 권리 개념의 본질적 요소 또는 권리의 주체 인정은 선험적이지도 고정적이지도 않다. 권리 개념의 역사에서 권리 주체는 모든 인간을 포괄하게 된 것은 그리 오래되지 않았다.

권리 개념은 의사意思를 본질적 요소로 했으나 그것만으로 충분치 않자 이익利益을 본질적 요소로 보충한다. 아동처럼 자기 의사를 온전하게 표명하지 못하는 사람의 권리를 최선의 이익 관점에서 보호해야 했기 때문이다. 반면, 권리의 본질적 요소로서 이익 개념은 손해에 대한 책임에서 볼 수 있듯이 소유 관계, 경제적 요소, 또는 법으로 인정한 이익 개념에 따라 재단되는 부정적인 측면도 있다.

기존의 법체계에 대해 새로운 권리를 주장하는 것은 권리가 법의 원초적 근거로서 자리 잡고 있다고 보기 때문이다. 자연권 사상에는 실정법체계에 대한 비판적 관점이 녹아 있다. 입법 또는 사법으로 권리를 형성하는 법실증주의적 관점만으로는 인간과 일정한 관계를 맺는 주체로서 자연을 설정하는 데 한계가 있다.

권리 개념에서 의사 또는 이익 요소 외에 다른 요소가 관계적 주체로서 자연과 인간을 관계 맺게 하는 매개일 수 있다. 토마스 베리의 관점에서 존재, 서식, 공진화 등을 그 요소로 보아 출발할 수 있다. 이때 인간에 대한 조작 개념과 그것의 현실적 포함 범주 그리고 불가분·불가양 권리 단위로서 개인의 주체성과 자연을 어떻게 연결할 것인가의 과제가 있다. 자연의 경우 개체성을 확정하기 쉽지 않아 종적 단위를 논의하기는 하지만, 동물 차원 정도까지 확장될 뿐이다. 토마스 베리가 말하는 생태 지역 개념은 인간과 자연을 결합한 단위로 이해할 수 있는데, 이때 인간과 자연의 관계는 어떻게 이해해야 할지 미지수다.[38]

따라서 자연을 권리의 주체로서 또는 모든 존재의 보전 자체를 권리의 본질적 요소로 인정할 여지는 충분하다. 지구 생태의 위기 측면에서는 권리 주체의 범주와 권리의 본질 요소를 수정할 필요성이 절박하다. 다만, 인간의 의사 또는 이익을 전제로 한 권리 개념에서 자연의 의사 또는 이익 그리고 존재의 보전 가치를 어떻게 확인할 것인가가 쉽지 않다. 자연의 편에 선 사람들이 자연을 대표하여 대변하는 과정에서 대표자 또는 대변자들의 목소리가 과연 자연의 의사·이익·보전의 관점을 유지하고 있는지 판단하기 쉽지 않다. 확실한 것은 민주주의로 요약할 수 있는 인간의 의사 결정 체제에 대한 전면적 변화를 요청한다는 점이다. 새로운 의사 결정 구조는 인간-인간 관계에서의 대표 관계에서 유추할 수 없다는 점만은 확실하다.

지구법학에서 자연의 권리는 인간의 권리 구조에서 주체

---

38 오동석, 「자연의 법적 위상에 대한 지구법학적 평가」, p. 34.

를 인간에서 자연으로 교체한 것에 머무르는 개념이 아니다. 자연을 어떻게 이해하고 자연-인간 관계를 어떻게 설정할 것인가에 따라 권리 개념과 의사 결정 구조가 변화해야 한다. 자연-인간 관계와 인간-인간 관계를 같은 구조 안에 위치하게 할 수도 없다. 지구법학은 서로 다른 차원에 있지만 일정 정도 공통적인 관계를 맺고 있는 양자를 포괄하는 법학이자 그 법구조를 상상한다. 현재로서는 기후위기로 현상한 '자연과 인간의 저항 연대(권)'로 잠정적 개념화한 까닭이다.[39]

김왕배[40]는 클라이브 해밀턴을 인용한다. 인간이 지구 행성을 지배하고 괴롭혔지만, 지구가 수동적으로 견디기만 한 것은 아니며 강력한 저항 반응(가뭄, 기근, 폭풍, 오염 등)을 통해 인류를 공격했다는 것이다. 해밀턴에게 기후위기를 비롯한 자연의 재난이 그 현상이다. 다만 해밀턴은 인류세의 위기를 해결하는 것이 인간이라고 주장한다. 문제를 파악하고 진지하게 해결하려는 책임과 역량이 있다는 것이다.

그러나 인간이 스스로 초래한 문제를 해결하려고 노력한다고 해서, 자연이 그에 순응하여 인간의 변화된 작용에 저항을 멈추고 화답할지는 미지수다. 불가능 또는 불가지는 아니지만, 인류세를 초래한 인류의 능력과 역량이 그 해법까지 포함

---

39 오동석, 「인류세에서 기본권론」, pp 81~106 참조.
40 김왕배, 「'사회적인 것'의 재구성과 '비(非)인간' 존재에 대한 사유」, 『사회와이론』 40, 2021, p. 35.

하고 있다고 볼 수 없기 때문이다. 그 결과 또는 결론을 모르는 상태에서 이전과 다른 전환의 노력을 하는 것만이 인간이 할 수 있는 최대치다.[41]

자연 또는 지구의 '반응'을 '저항'으로 포섭하고, 그 관계를 '연대'라고 표현하는 것 또한 의인화의 오류다. 다만 생태대로의 전환을 위해 인류세의 끝자락에서 구체제를 비판할 수 있는 개념이라고 생각했기 때문에, 일정한 한계를 감수하고 개념화했다. 다양한 자연-인간 관계의 현상을 통해 자연-인간 관계를 정립하면서 인간-인간 관계까지 연결된 자연의 법적 위상을 다시 자리매김하는 과정이 필수적일 수밖에 없다.[42]

4. 지구법적 거버넌스

기존의 논의

생태 위기와 관련해 생명 정치는 전 지구적 환경 위기의 해결책을 모색하는 정책과 규제 활동을 뜻하게 되었다.[43] 디트리히 군스트Dietrich Gunst는 『권력과 법 사이의 정치Biopolitik

---

41 오동석, 「자연의 법적 위상에 대한 지구법학적 평가」, p. 34.
42 같은 곳.
43 토마스 렘케, 『생명정치란 무엇인가』, p. 49.

zwischen Macht und Recht』(전 6권) 중 한 권에서 생명 정치를 다뤘다. 생명 정치는 "환경보호와 인류의 미래에 관한 이슈를 포함해 보건 정책과 인구 조절에 관한 모든 것"을 포괄한다. "이러한 정치 영역은 전반적인 형태에서 비교적 새로운 것이며, 생명과 생존에 관한 문제가 점점 더 중요해지고 있다는 사실을 고려한다."[44]

토마스 베리는 국제연합United Nations을 넘어 '종의 연합United Species'을 말한 바 있다. 클라우스 보셀만[45]은 원래 자연이 평화롭게 유지될 권리가 있으므로 '그대로' 보호하려면 '종species 이기주의'를 탈피해야 한다고 주장한다. 베리[46]는 한발 더 나아가 헌법 체제도 인간만을 대변하는 제한적 형태의 민주주의에서 더 포괄적인 생명주의 거버넌스인 '바이오크라시biocracy'로 나아간 인간 공동체의 구조를 담아내야 한다고 본다. 현재의 민주주의는 지구 생태계의 주요 성원인 인간 아닌 존재를 배제하고 있기 때문이다. 바이오크라시는 인간뿐 아니라 전 지구를 위한 체제로서 더 큰 지구 공동체 모두가 참여하는 체제다.

보셀만은 지구 헌장Earth Charter을 미래 지구헌법 담론의 출

---

44 같은 곳.
45 클라우스 보셀만, 『법에 갇힌 자연 vs 정치에 갇힌 인간』, 진재운·박선영 옮김, 도요새, 2011, p. 18.
46 토마스 베리, 『황혼의 사색』, 메리 에블린 터커 엮음, 박만 옮김, 한국기독교연구소, 2015, p. 31.

발점으로 삼는다. 이때 그는 순수한 이념으로서 지구헌법global constitution과 새로운 형태의 국제법학으로서 지구입헌주의global constitutionalism를 구별한다. 국민국가의 상호 의존성이 창출하는 새로운 형태의 초국가적 제도가 지구입헌주의의 등장을 알리고 있다고 본다.[47] 이러한 접근은 유엔이나 과거 국제적인 신탁기구 등 다양한 국제기구를 활용하는 점에서 어떻게 개혁해서 생태적 전환을 이뤄낼지 계속 노력해야 하는 부분이다.

그러나 주권국가의 한계를 넘어서는 일은 쉽지 않다. 국민국가 단위 안에서 지구법적 관점과 지향성을 가진 입법 또한 추진해야 한다. 주권적 영토는 주권적 지구의 일부분임을 전제한다. 알도 레오폴드의 '땅의 윤리land ethic'는 "인류의 역할을 땅의 공동체의 정복자에서부터 그 평범한 한 구성원이며 시민으로 변화시킨다. 그것은 그의 동료 구성원들을 존중할 뿐 아니라 땅의 공동체 자체를 존중하게 만든다."[48]

생태 법규범의 공유

지구 공통의 생태 법규범은 창설하는 것이 아니라 발견하

---

47 Klaus Bosselmann & J. Ronald Engel(eds.), *The Earth Charter*, KIT Publishers, 2011, p. 239.
48 베리, 같은 책, p. 37.

고 확인하는 것이다. 헌법 제6조 제1항은 헌법에 따라 체결·공포한 조약과 일반적으로 승인된 국제법규는 국내법과 같은 효력이 있다고 규정하고 있다. 여기서 "일반적으로 승인"되었다는 의미는 지구법의 관점에서 '지구 공통으로 요청'했다는 것으로 해석된다. '국제법규'는 다른 나라의 가장 선진적인 생태법규범이다. 그 입법 기준을 수용하여 구체화하는 일이 헌법에 규정된 국회의 입법적 책무다.

독일 연방기후보호법 제1조는 다음과 같은 내용이다. 법의 목적은 세계 기후변화의 영향으로부터 안전하기 위해서 생태적, 사회적, 경제적 영향을 고려하여 이행해야 하는 국가 기후변화 목표와 유럽 목표 준수를 보장하는 데 있다. 유엔 기후변화협약에 따른 파리기후협약이 이 법에 따른 국가 기후변화 목표 의무의 근간을 이루며, 2019년 9월 23일 뉴욕에서 열린 유엔 기후정상회의에서 독일연방공화국이 온실가스 중립을 장기 목표로 추구하겠다고 선언한 점도 근거로 한다. 이 법에 따른 목표는 전 세계적 기후변화 영향을 최소화하기 위해 산업화 이전 수준 대비 지구 평균 기온의 상승 폭을 섭씨 2도 이하로 제한하도록, 가능하면 1.5도 이하로 제한하는 것이다. 법 제3조 제3항은 연방 정부가 유럽 또는 국제적 목표를 달성하기 위해 이 법에 정한 것보다 더 높은 목표가 필요하다면 연방 정부가 제1항[49]의 목표치를 높이는 데 필요한 사항을 규정하면서, 기후변화 목표는 높일 수 있지만 낮출 수는 없다고 규정하고 있다.

덴마크 기후법 제1조는 기후위기를 극복하는 노력에서 중요한 원칙 하나로, 기후 문제가 세계적인 문제이므로 덴마크가 국제 기후 노력의 선두 국가여야 한다는 내용을 담고 있다. 덴마크가 다른 국가에 영감을 주고 영향을 미칠 수 있는 국가로서 앞장서야 할 역사적이고 도덕적인 책임이 있다는 것이다.

덴마크 기후법에서 지적하듯 과거와 현재 탄소 배출 등으로 지구의 위기를 가속화한 '선진국'은 탄소의 누적 배출량에 비례하여 책임져야 한다. 한국을 비롯한 모든 나라의 기후위기 관련 입법 역시 덴마크 기후법과 같은 태도를 취하는 것이 매우 중요하다.

지구법적 입법과 정책을 마련하는 과정

지구의 위기에 대처하기 위해 법제를 정비하는 일은 국회의 몫이다. 헌법이 보장하는 국회의 입법권 독점을 배제하기는 어렵지만, 국회 스스로 시민사회에 문을 열고 선진적 생태 법규범을 적극적으로 수용해야 한다. 국회의 국정조사권은 입법

---

49 온실가스 배출은 1990년 대비 점점 감소하고 있다. 목표 연도인 2030년에는 최소 55퍼센트 감소율을 적용한다.

을 제대로 하기 위한 보조적 권한이다. 탄소중립기본법에 따른 현재의 '2050 탄소중립녹색성장위원회'의 참여 아래 지구의 위기에 대처하는 입법에 필요한 상설 '지구위기조사위원회'(가칭)를 설치·운용할 필요가 있다. 국회법 제44조에 근거한 기후위기특별위원회가 있지만, 통상적인 위원회로는 현재의 지구 위기 상황을 감당할 수 없다. 새로운 위원회는 입법·행정·사법 관련 또는 전문 공무원과 학계 전문가, 시민사회 활동가 그리고 시민의 의견을 수렴하여 법제에 반영하는 권한이 필요하다. 관련 입법은 효율적인 절차를 따로 마련하여 신중하게 법안을 입안하되 법안 처리는 신속하게 한다. 조사위원회의 업무는 한국의 현 상태에 대한 진단과 평가, 국제사회의 입법과 대응 방안 조사·연구, 입법·행정·사법적인 제도 개선을 위한 각종 입법안 마련 등이다. 모든 법률에는 정기적으로 입법을 개선할 의무를 규정함으로써 현실의 변화에 응답해야 한다.[50] 모든 자료는 시민들에게 즉시 전면 공개하고 의견을 구한다.[51] 이러한 위원회 활동을 바탕으로 탄소중립기본법을 비롯한 관련 법제를 지속해서 개혁하려면, 지구 위기에 총괄적으로 대응하고 적

---

50 오동석,「인류세에서 기본권론」, p. 102 참조.
51 이와 관련해 참조할 만한 제도적 장치로 독일의 기후 보호 계획이 있다. 이는 정기적인 이행 점검과 끊임없는 학습 및 지속적인 개선에 따라 새로운 지식과 발전을 수용하는 과정을 통해 설계된다(박진애,「독일 기후보호 입법례」,「최신외국입법정보」153, 2021, p. 2).

응하는 헌법적 기구를 설치하여 입법과 행정 간의 더욱 긴밀한 협력 관계를 구축할 필요가 있다.

5. 결론

토마스 베리는 '지구-인간 사이의 화해'를 강조한다. 신-인간 사이의 화해와 인간-인간 사이의 화해가 지구-인간 사이의 화해에 의존하고 있다는 것이다. 또한 이 화해는 인간-지구의 상호 증진 관계를 확립할 수 있는 인간의 능력에 크게 의존할 거라고 베리는 말한다.[52] 그러나 인간이 화해의 손을 내민다고 해서 자연 또는 지구 또는 우주가 그 손을 선뜻 잡아줄 거라는 관념은 그것들을 의신화擬神化한 관념이다. 인간은 인간 행동의 결과를 알 수 없고 단지 지구의 존속을 전제로 인류의 생존을 바랄 뿐이다. 자연 또는 지구 또는 우주는 인간과 화해할 의사意思도 없고 그로부터 얻는 특별한 이익도 없다. 자연 또는 지구 또는 우주가 인간을 위해 존재하는 것은 아니다. 그렇다고 자연이든 지구든 우주든 그렇다고 인간을 지배하거나 통치하지도 않는다. 인간이 할 수 있는 일은 그동안 문명을 비판적으로 성찰하는 가운데 생태적 전환을 통해 자연이 어떻게 변화

---

52 베리, 「지구의 꿈」, p. 142.

하는지, 그 결과 자연의 파괴적 저항을 누그러뜨리고 있는지를 계속해서 독해하는 일이다. 그 점에서 자연 또는 '지구는 인간의 모든 활동에서 보편적인 관심사가 되는 지배적인 요소'여야 한다.[53] 당위이자 규범이다. 언제든 인간이 지배할 수 있는 대상으로서 자연을 법제로 규율하는 데서 벗어나는 일이 자연-인간 관계를 전환하여 재정립하는 시작점이다.

---

53   같은 책, p. 143.

지구법학과 ESG

류정화

1. 들어가며

지구법학은 법과 거버넌스에 대한 새로운 접근, 새로운 철학이다. 인간이 만든 모든 법과 체제의 중심에는 항상 인간이 있었고, 인간을 제외한 지구상의 생명과 비생명은 인간 중심의 시스템하에서 모두 인간의 도구와 대상으로 인식되어왔다. 이러한 인식 체계를 그 근간부터 다시 성찰해보자는 시도로서 지구법학은 지구 안의 모든 존재 간의 상호 연결성을 강조하며, 인간도 다른 생명과 마찬가지로 유한한 지구 안에서 다른 존재에 기대어 살아갈 수밖에 없다는 자각을 핵심으로 하는, 법과 인간 거버넌스에 대한 철학이다.

한편, ESG는 최근 몇 년간 투자와 경영에서 중요한 개념으로 급부상했고, 이제는 이를 일시적 유행 정도로 치부하기보다는 투자 및 경영에 고려할 수밖에 없는 흐름으로 자리 잡아가는 듯 보인다. ESG는 이미 그 직접적 피해의 심각성이 가시화되고 있는 기후변화를 비롯해, 오랜 시간 지속되어온 사회적·경제적 불평등 등, 인류가 직면한 중대한 문제를 개선해나가는 하나의 방편이자, 기업의 지속 가능한 사업 영위를 위해서도 중요한 변화라고 평가된다.

 인간의 욕망을 기반으로 하는 자본주의를 유지 및 발전하게 하는 주요소 가운데 하나인 기업 경영과 투자는 인간이 인간을 위해 만든 체제와 제도의 정수라고 할 수 있다. 반면 ESG는 동일하게 기업과 투자 영역을 다루면서도 지속 가능성을 경영의 핵심 가치로 제시함으로써 상이한 관점·기준을 도입한다. 이 글에서는 관점 전환이 지구법학과 교차하는 지점을 찾아볼 것이다. 인간중심주의를 과감히 탈피해야 한다고 주장하는 지구법학과, 인간 욕구 실현을 동력으로 삼는 자본주의사회에서의 기업 경영과 투자 간에 유사성이나 연관성을 언뜻 떠올리기 쉽지 않을 수도 있다. 하지만 지속 가능성을 접점으로 삼아봄으로써, 지구법학을 담아낼 수 있는 ESG 경영의 방향성과 모델에 대해서 고찰할 것이다. 이를 위해 기업 ESG 경영의 현황을 살펴보고, 지속 가능성과 그 연혁을 알아봄으로써 ESG와 지구법학의 접점으로서 지속 가능성의 의미에 대해 알아본다. 이어서 지구법학을 담아내고 있는 ESG 또는 기업 경영이 실제로 있다면 구체적으로는 어떠한 모습일지, 의류 기업 '파타고니아'의 실제 기업 경영을 살펴보면서 그려내고자 한다.

2. ESG의 개념과 실천

ESG의 개념

ESG(Environmental, Social, Governance)는 환경, 사회 그리고 기업 지배 구조라는 세 가지 축을 통해 기업의 지속 가능성을 평가하고 관리하는 프레임워크로, 자본시장 투자자 관점에서의 투자 의사 결정의 기준이자, 기업의 가치에 영향을 미치는 비재무적 요소를 통칭하는 개념이다.[1] 2004년 유엔 주도로 작성된 『배려하는 자가 승리한다 Who Cares Wins』 보고서[2]를 통해 처음 제안된 ESG는 이후 투자 및 경영의 새로운 기준으로 자리 잡았다. 이는 기후변화, 사회 불평등, 기업 투명성 부족 등 글로벌 도전 과제에 대응하려면 과제 해결의 핵심 주체가 되어야 할 기업에 대한 투자 및 경영 평가에 비재무적 요소를 고려해야 한다는 인식에서 비롯되었다. 이 개념은 기업이 경제적

---

1   기획재정부, 「ESG 인프라 고도화 방안」, 2022.
2   United Nations Global Compact, *Who Cares Wins*, Swiss Federal Department of Foreign Affairs, 2004.

이익을 추구할 뿐 아니라 사회와 환경에 긍정적인 영향을 미치는 활동을 통해 지속 가능한 발전을 이루는 데에 초점을 둔다. 투자 관점에서 ESG는 비재무적 요소까지 고려해 투자를 결정하게 하며, 투자자들에게는 기업의 장기적 가치 창출 가능성을 평가하는 새로운 척도로 활용된다.

기업 경영의 측면에서는 일반적으로 ESG 투자에 상응하는, 환경이나 사회적 가치를 창출하는 기업 활동이 기업의 ESG라 이해된다. 기업 내 ESG 경영 업무 혹은 실무로는 주로 ESG 공시나 평가 기관 대응 업무, 지속 경영 보고서 작성·공개만을 떠올리기 쉽지만, 관련 데이터를 측정·수집하고 처리하는 일이나 ESG 경영을 위한 시스템 및 문화 구축, 직원 교육까지 아우른다.

한편, ESG 생태계의 주요 주체로는 기업, 금융기관 등의 투자자 및 정부를 포함한 규제 기관, 이 밖에 ESG 평가 기관, 컨설팅 기관 및 해외의 규제 기관이나 국제기구 들이 언급된다 (〈그림2-2〉 참조). 그런데 이러한 ESG 생태계에서 마땅히 고려되거나 포함되어야 하지만 정작 놓치고 있는 요소가 있다. ESG를 포함한 모든 기업 활동과 투자는 물리적으로 유한한 사회, 자연, 지구 내에서 이루어질 수밖에 없다는 점이다. ESG가 환경적·사회적 요소를 말하면서도, 정작 환경, 자연, 지구라는 한계 내에서만 투자든 경영이든 가능하다는 사실을 간과하지 않았는지 점검해야 한다. 환경(E) 부문을 예로 들어보자. 지구 내에서 인간이 취득할 수 있는 자원의 양과 인간이 배출하는 오염원을 자연이 처리할 수 있는 양에는 물리적 한계가 있기 마련이다. 그렇다면 그 한계가 제대로 파악되고 있는지, 한계를 넘으면 어떠한 일이 발생할지(기업 경영 자체의 어려움을 넘어, 지구 전반에 미치는 부작용까지 포함)에 대해 어디까지 명확히 알고 있는지 확인할 필요가 있다. 지구 한계를 명확하게 인식하지도, 그 상황에서의 기업 활동이 지구에 어떤 영향을 미치는지도 알지 못한 채 자원을 계속 이용하고 오염 물질을 배

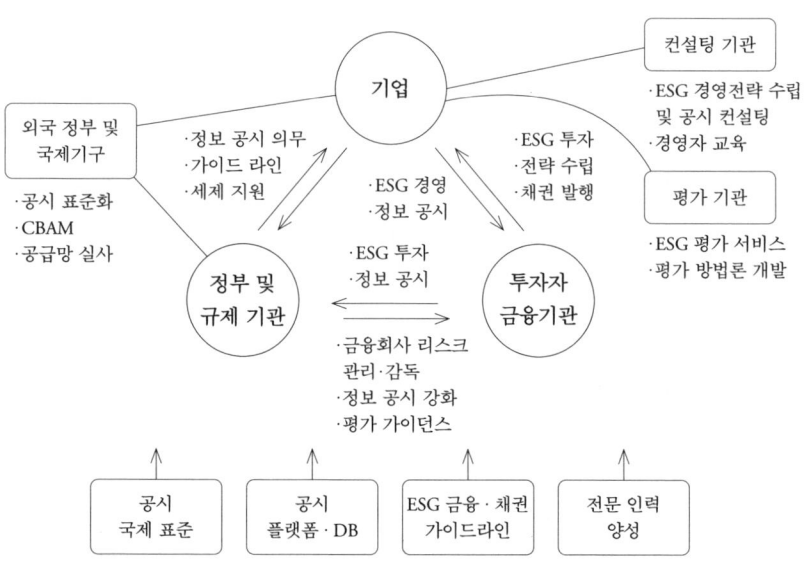

《그림2-2》 ESG 생태계. 자료: 기획재정부, 「ESG 인프라 고도화 방안」, 2022, p. 5.

출하고 있는 것은 아닌지, 그러면서 큰 비용 들이지 않고 할 수 있으나 유의미하지는 않는 환경 활동을 하면서 ESG 경영 및 투자를 한다고 하는 것은 아닌지에 대한 문제의식이 필요하다. 이렇듯 인식을 전환하고 자각하는 데 지구법학이 기준을 제시하는 역할을 수행할 수 있다.

ESG의 발전과 주요 요소

ESG의 환경(E) 측면은 기후변화 대응, 탄소 배출량 감축, 생물 다양성 보존, 물이나 땅의 사용량 경감 등 기업 활동의 생태적 영향을 최소화하려는 노력을 포함한다. 예를 들어, 탄소중립 선언을 통해 기업들은 자사의 온실가스 배출을 상쇄하려는 전략을 채택한다. 하지만 탄소중립 목표 달성이 탄소 크레딧carbon credit 구매나 탄소 상쇄carbon offset 활동에만 의존할 경우, 그린워싱green washing의 위험성이 제기되기도 한다. 사회적(S) 측면에서는 노동권 보호, 지역사회 공헌, 공급망 내 인권 문제 해결 등이 포함된다. 이는 기업이 사회적 책임을 다함으로써 지속 가능한 경영의 기반을 강화하는 것을 목표로 한다. 마지막으로 지배 구조(G)는 기업의 투명성과 책임성을 강조한다. 독립적인 이사회 운영, 윤리적 경영, 주주와의 협력 강화 등이 주요 내용이다. 이는 기업의 장기적 안정성과 신뢰를 보장하는 역할을 한다.

ESG 공시와 평가 체계

ESG 공시는 기업의 지속 가능 경영 활동을 공개하고 이를 평가받는 과정을 포함한다. 주요 ESG 공시 기준에는 지속 가능성 보고를 위한 세계적 표준(GRI), 산업별 지속 가능성 정보 공개 표준(SASB), 기후 관련 재무 정보 공개를 위한 권고안(TCFD), 자연 자본 관련 정보 공개 이니셔티브(TNFD) 등이 있다. 한국은 2026년부터 자산 2조 원 이상의 기업에 대해 공시가 의무화될 예정이지만, 공시 시행의 구체적 시점, 공시 대상 및 법정 공시 전환 여부, 제3자 인증 여부, 배출 범위 3 공시 여부 등 기업이 알아야 하는 중요한 사항에 대해서는 모두 미정인 상태다.[3] ESG 평가 체계는 공시된 데이터를 바탕으로 기업의 지속 가능성을 평가하는바, 전 세계적으로 600여 개의 평가 기관이 있지만, 모건 스탠리 캐피털 인터내셔널(MSCI), 서스테이널리틱스Sustainalytics, S&P 글로벌 등의 주요 기관으로 수렴되고 있으며, 한국에서는 KCGS가 대표적인 평가 기관으로 이용되고 있다.

---

3   「국내 ESG공시 초안에 쟁점 사항들 빠져… '기업 입장 너무 의식' 지적 나와」, 「ESG

ESG 경영의 도전과 한계

ESG는 지속 가능성을 중심으로 한 기업 경영의 필수 요소로 자리 잡았지만, 여전히 여러 한계와 문제점이 있다. 제대로 된 지속 가능성을 중심으로 하는 진정성 있는 ESG라면 본질적으로 장기적이고 총체적인 접근이 필요함에도 불구하고, 기업 입장에서는 단기적 재무 성과나 성장이 더 중요하거나 ESG를 기업 이미지 개선을 위한 수단 정도로 인식되곤 한다. 이러한 문제점을 잘 보여주는 하나의 예시로, 탄소중립을 생각해볼 수 있다.

탄소중립은 대기 중에 배출되는 온실가스를 흡수해 상쇄함으로써 순 배출량이 0이 되는 상태를 말하는데, 법적으로 정의된 개념은 아니다. 탄소중립을 선언한 기업들은 전 세계적으로 약 1,500여 개로 알려져 있으며, 이 중에는 화석연료 기반의 사업을 하는 석유 회사(엑손모빌, BP plc, 바스프 등)를 포함해 항공사, 식품 회사 등 온실가스 배출이 적지 않다고 인식되는 기업들도 있다.

탄소중립을 실현하기 위해서는 탄소 배출 자체를 줄이는 것이 가장 근본적인 방법이겠으나, 2022년 기준으로 국내 온

경제』 2024. 5. 2. 한국 지속가능성기준위원회는 2024년 4월 ESG 공시 기준 초안을 공개하고, 당시 미정이었던 사항들에 대해서는 향후 4개월간 의견 수렴을 거쳐 내용을 확정할 것이라고 했으나 2025년 현재 여전히 미정인 상태이다.

실가스 배출량 상위 15개 기업의 온실가스 배출량은 2018년보다 오히려 9.1퍼센트 증가한 바 있다.[4] 탄소중립 녹색성장 기본계획에 따르면, 2030년까지 국가 온실가스 감축 목표(NDC)상 산업 부문은 2018년 대비 11.4퍼센트 감축해야 하는데, 오히려 증가 추세인 것이다. 글로벌 기업들도 사정은 마찬가지여서, 지난 5년간 자신들이 세운 목표대로 탄소 배출량을 줄인 곳은 14퍼센트에 불과하다는 조사 결과도 있다.[5]

실제로 많은 기업들은 성장과 실적 창출을 위해 기존의 생산량 또는 생산 방식의 변화 없이, 즉 탄소 배출량을 감소하지 않고도 경제적으로 탄소중립을 이룰 수 있는 해결책인 탄소 상쇄를 활용한다. 삼림을 조성하거나, 개발도상국의 시민들에게 에너지를 효율적으로 사용할 수 있도록 새로운 도구를 주거나 직접 설치해주거나, 탄소 배출권 사업자로부터 배출한 탄소 양만큼 크레딧을 구매하는 방식이다. 이와 같이 취득한 크레딧을 배출한 탄소와 상쇄해 순 배출량을 0으로 만드는 방식으로 탄소중립을 달성하겠다는 것이다.

탄소 상쇄가 많이 활용되는 이유는, 현 시점에서 탄소 배출 저감을 위해 기업의 생산 방식 등을 변경하는 데 드는 비용보다 크레딧을 구매하는 비용이 더 낮기 때문이다. 배출량

---

4 삼성전자, 현대제철의 경우 각각 38.6퍼센트, 25.7퍼센트까지 증가한 것으로 알려졌다.
5 「ESG경영 따로, 온실가스 배출 따로… 이젠 안 통한다」, 「ESG경제」 2024. 1. 2.

을 감축하려면 사업 구조나 방식을 바꾸는 등 시간과 비용이 상당히 들 수도 있고, 탄소 배출을 줄이게 되면 기업의 수익성과 성장에 바로 영향을 줄 수 있기 때문에, 탄소 배출을 이전과 비슷한 수준으로 유지하거나 천천히 줄여나가면서 탄소 상쇄로 탄소중립을 이루겠다는 것이다. 특히 개발도상국의 숲과 열대우림은 탄소 상쇄 사업의 대상이 되고 있으며, 아프리카 국가의 경우에는 탄소 시장 이니셔티브라는 프로젝트를 통해 정부 차원에서 2050년까지 연간 1,000억 달러 규모의 탄소 배출권을 수출하겠다는 목표를 갖고 있다. 수출을 통한 수익의 상당 부분이 국가에 귀속될 가능성이 있기는 하지만,[6] 결국 이러한 방식으로 탄소중립을 이루면서도 기업의 탄소 배출 자체는 유의미하게 줄이지 않으면서 기업 성장이 계속 가능한 구조가 된다.

한편, 탄소 배출권 사업을 위해 삼림 조성 등을 하게 되면 실질적으로 대기 중 탄소가 줄어드는지, 줄어든다고 해도 그 상태가 지속될지는 또 다른 문제다. 예를 들어 탄소 배출권 사업을 위해 조성한 삼림에 산불이 나면 당연히 대기 중 탄소는 오히려 폭증하는데, 이 또한 탄소 크레딧 계산 시에 감안되는지에 대해서는 불명확한 부분이 있다.[7] 또한 탄소 크레딧이 토

---

6 「아프리카 탄소 배출권 수출… 환경보호와 경제발전 '두 마리 토끼' 잡나」, 「ESG경제」 2024. 1. 10.
7 2021년 미국 오리건주에서 발생한 대형 산불 '부틀레그파이어Bootleg Fire'로, 마이

지·산림의 소유·관리 체계 변화(민간·공공 주체에 의한직접 매입, 국립공원 지정·관리 등)와 결합되어 발행·거래되고 기업이 이를 대량 구매·사용하는 구조에서는, 그곳에서 대대로 삶의 터전을 일구어온 선주민의 접근·이용 제한 및 전통적 생활양식의 약화와 그에 따른 생존권을 포함한 인권이 문제시되기도 한다.[8]

---

8   크로소프트가 크레딧을 구매했던사업지의 상당 구역이 소실되었다(소실 면적은 서울의 약 2.7배로 추정). 해당 프로젝트는 자동 종료되었고, 손실된 상쇄량 보전을 위해 버퍼풀buffer pool(사전 적립한 공동 위험 준비 크레딧)에서 약 114만 톤 규모의 크레딧이 소각되었다. 산불 등으로 탄소 상쇄가 무력화reversal된 경우의 회계·공시 처리에 관해 국제적으로 통일된 기준은 아직 부재하다. 현재는 각 레지스트리·프로그램 규정에 따라 대응하며, 통상 이미 구매한 크레딧의 효력은 유지하되 프로그램 차원에서 버퍼 풀로 보전한다. 이 접근에 대해서는 영속성·버퍼 충분성 등을 이유로 학계와 시민사회가 비판을 제기하고 있어, 탄소 배출권 혹은 산림 크레딧 사업 전반에 대한 재검토 요구가 이어지고 있다.

8   예를 들어, 페루 아마존의 키츠와족은 대대로 숲에 살며 문화를 지켜왔으나, 2001년 페루 정부가 그들의 동의 없이 해당 지역을 국립공원(코르디예라아술 국립공원)으로 지정하고, 이 지역을 개발하여 산림 보호 및 탄소 배출 감축 프로젝트를 진행하였다. 이 프로젝트를 통해 발행된 탄소 크레딧은 로열더치쉘, 토탈에너지스를 포함한 다국적 기업들이 구매하였다. 키츠와족은 국립공원 지정으로 인해 어로나 채집 등 전통적인 생활 방식을 잃게 되어 생계유지가 어려워졌고 사실상 강제 이주에 내몰렸다. 이후 법적 분쟁을 통해 2024년 12월, 키츠와족은 해당 지역에 대한 영토권을 인정받고 탄소 크레딧 판매 수익을 공유받을 수 있게 되었다. 탄소 크레딧 사업은 선주민의 인권, 현지 법체계 및 국제 협약과의 해석을 둘러싼 법적 다툼으로 이어질 수 있으며 복잡한 이해관계 속에서 해결까지 긴 시간이 소요될 수 있다.

ESG와 지구법학의 지속 가능성

ESG는 점차 글로벌 규제와 투자 기준으로 통합되는 경향을 보이며, 기업의 장기적 성공과 지속 가능성에 필수적인 요소로 자리 잡고 있다. 그러나 앞서 본 대로, ESG가 실제 기업 현장에서 그 근간이 되는 지속 가능성, 나아가 유한한 지구 생태 시스템 내에서 지속 가능한 발전을 꾀하는 방향으로 작용하고 있는지에 대해서는 의문이 제기된다.

ESG가 실제로 환경적 지속 가능성과 사회적 공정을 달성하기 위해서는 ESG에 대한 철학적 전환이 필요하다. 지속 가능한 발전을 목적으로 탄생한 ESG와 지구법학은 지속 가능성이라는 공통분모를 두고 있으며, 그렇기 때문에 ESG에 지구법학의 철학과 세계관을 접목해 이러한 전환 가능성에 대한 실마리를 찾아볼 수 있다.

3. 지속 가능성의 역사

지속 가능성의 개념과 기원

1987년 세계환경개발위원회(WCED)는 보고서 『우리 공동의 미래 Our Common Future』[9]에서 '지속 가능한 발전 sustainable development'을 "미래 세대의 필요를 충족시킬 수 있는 능력을 저해하지 않으면서 현세대의 요구를 충족시키는 발전"으로 정의하면서, 앞으로는 국제사회가 이와 같은 지속 가능한 발전을 지향해야 한다고 주창했다. 이후 더 나아가 생태계의 한계, 지구라는 유한한 공간 내에서의 인간 문명 발전이 강조된 '지속 가능성sustainability'이 『지구를 위한 배려 — 지속 가능한 삶을 위한 전략Caring for the Earth: A strategy for Sustainable Living』(1991)[10]에서 소개되었다. 이에 따르면 지속 가능성은 '지구 생태계의 한계 안에서 인간의 삶의 질을 향상시킨다'라는 개념으로 이해될 수 있다.[11]

---

9   위원장 그로 할렘 브룬틀란의 이름을 따서 위원회와 보고서를 각기 '브룬틀란 위원회' '브룬틀란 보고서'로 부르기도 한다.
10 유엔환경계획(UNEP), 세계자연보전연맹(IUCN) 그리고 세계야생생물기금(WWF)이 공동으로 작성한 것으로, 지속 가능성의 개념을 구체화하고 실천 방안을 제시한다. 지속 가능한 생활 전략strategy for sustainable living의 내용으로서 인간 삶의 질을 실질적으로 개선하면서도 지구의 생명력과 다양성을 보존하는 개발 방식이 제시되었고, 생명 공동체를 긍정하고 그 다양성을 소중히 여기는 새로운 윤리를 요구한 바 있다.
11 한편 2008년 제정된 한국의 '지속가능발전기본법'에서 지속 가능성은 "현재 세대의 필요를 충족시키기 위하여 미래 세대가 사용할 경제·사회·환경 등의 자원을 낭비하거나 여건을 저하시키지 아니하고 이들이 서로 조화와 균형을 이루는 것"(제2조 제1호), 지속 가능한 발전은 "지속 가능한 경제성장과 포용적 사회, 깨끗하고 안정적인 환경이 지속 가능성에 기초하여 조화와 균형을 이루는 발전"(제2조 제2호)라고 각각 정의하고 있다. 더 나아가 "지속 가능한 경제성장"이라는 개념도 함께 정의하고 있는 바("지속 가능한 생산·소비구조 및 사회 기반 시설을 갖추고, 산업이 성장하며 양질의 일자리가 증진되는 등 경제성장의 산물이 모든 구성원에게 조화롭게 분배되는 것," 제2조 제3호), 경제성장을 지속 가능 발전의 기본 전제로서 강조하고 있는 모습이다.

지속 가능성은 인구 증가와 자원 고갈에 대한 경고가 나타나기 시작한 20세기 중반 이후 급변한 사회경제적 환경을 배경으로 등장했고, 이후 지구 환경오염 및 파괴의 위기 속에서 발전해왔다. 산업화와 경제성장으로 인한 자원 소비와 환경오염 문제가 계속 심화되면서 환경과 인간 활동 사이에 균형을 유지하려는 시도가 본격화되었는데, 이 과정에서 지속 가능성은 단순한 환경보호를 넘어 사회적 형평성과 경제적 지속 가능성을 포함하는 개념으로 확장되었다.

지속 가능성의 역사적 주요 전환점

"거대한 가속"과 환경 위기

제2차 세계대전 이후 인간 활동의 급속한 팽창은 "거대한 가속The Great Acceleration"으로 불리며 지속 가능성 논의의 가장 기초적인 배경이 되었다. 이전과는 비교할 수 없을 정도로 폭발적인 인간 사회와 경제의 성장, 그리고 그에 따른 자원 소비는 지구 시스템과 지질학적 구조에 급격한 변화를 초래했다. 인구 증가, GDP 증가, 자원 소비 증가는 대기 중 탄소량 증가, 지표면 온도 상승, 해양 산성화 등을 일으키며 생태계와 지질학적 시스템에 심각한 변형을 가져왔고, 지속 가능성의 필요성을 제기했다.

레이첼 카슨의 『침묵의 봄』

1962년 레이첼 카슨의 『침묵의 봄』은 화학 살충제 DDT의 위험성을 고발하며 환경보호에 대한 대중적 관심을 크게 불러일으킨 책이다. 이 책의 출간은 환경 운동을 촉발해 미국 내 수많은 환경 단체의 결성으로 이어졌고, 생태계와 인간 활동의 상호작용을 재평가하는 계기를 제공했다. 특히 인간의 기술적 성취가 생태계에 미치는 부정적 영향을 경고함으로써 지속 가능성 담론의 기초를 마련했다. 그 파장은 나아가 미국 연방 정부 차원의 환경자문회 구성(1963), 국가환경정책법 제정(1969), 미국 환경부의 DDT 사용 금지 조치(1972) 등의 정치적 성과로까지 확장되었다. 그러나 무엇보다 이 책은 살충제의 폐해를 입증하는 수준을 넘어, 논의를 전체 생태계 차원의 담론으로 발전시키는 전환점이 되었다는 의미를 지닌다. 지구 생태계와 그 안의 생명이라는 관점에서 카슨이 인간 활동을 진단하는 많은 대목들(예를 들어 "생명이란 인간의 이해를 넘어서는 기적이기에 이에 대항해 싸움을 벌일 때조차도 경외감을 잊어서는 안 된다." "여기서 우리는 자연에는 홀로 존재하는 것은 아무것도 없다는 사실을 다시 한번 상기하게 된다"[12] 등)을 볼 때, 『침묵의 봄』은 지구법학의 관점과 맥락을 공유한다고 평가할 수 있다.

---

12   레이첼 카슨, 『침묵의 봄』, 김은령 옮김, 에코리브르, 2024, pp. 340, 110.

로마 클럽의 『성장의 한계』

1972년, 25개국 학자와 교육자 등으로 구성된 민간단체인 로마 클럽[13]의 보고서 『성장의 한계』가 발간되었다. 로마 클럽은 천연자원의 고갈, 공해에 의한 환경오염, 개발도상국에서의 폭발적 인구 증가, 군사기술 진보에 의한 대규모 파괴 위험 등으로 인해 인류의 위기가 오고 있다고 판단, 1970년 6월 '인류의 위기에 관한 프로젝트'를 시작했다. 당시 최첨단 기법인 컴퓨터 모델링을 통해서 미래 예측 시나리오를 연구했고, 보고서에서는 1972년부터 2100년까지 12개의 미래 예측 시나리오 결과를 제시하고 있다. 보고서는 당시 수준으로 성장세를 유지한다면 인구 급증, 급속한 공업화, 식량 부족, 환경오염, 자원 고갈로 인해 100년 뒤인 2072년경 지구 한계에 도달할 것이라면서, 지구 환경의 양적 한계를 인식해 인간 행동과 사회시스템의 근본적 전환, 지속 가능한 성장으로의 전환이 필요하다고 경고한다. 아울러 개선이 한시라도 빠를수록 성공 확률은 높아지는 만큼, 국제적으로 일치된 행동과 장기 계획이 필요하다고 주장한다. 결론적으로 끊임없는 경제성장은 환경오염과 자원

---

13 로마 클럽Club of Rome은 1968년 설립된 국제적 민간단체로, 세계 각국의 경영자, 과학자, 경제학자, 교육자 등 다양한 분야의 전문가들로 구성되어 있다. 1960년대 말부터 본격적으로 대두한 환경 문제가 단체의 설립 배경이 되었으며, 과학 기술의 진보와 이에 따르는 인류의 위기를 분석하고 그 대책을 세우는 것을 주요 활동으로 한다.

고갈로 인해 원천적으로 불가능하며, 인류의 미래를 위해서는 지속 가능한 발전을 추구해야 한다는 것이 이 보고서의 핵심인바, 이는 이후 지구 환경 및 지속 가능성 담론에 많은 영향을 주었다.

스톡홀름 선언과 환경권의 확립

1972년 6월에는 '하나뿐인 지구Only One Earth'라는 기치 아래 유엔 인간환경회의가 스웨덴 스톡홀름에서 개최되었다. 영국에서 아황산가스가 유입되어 내린 산성비로 인한 산림 파괴 등 환경오염에 대응해 이미 1967년에 환경보호 담당 관청을 신설하는 등 환경문제에 적극적이었던 스웨덴 정부가, 유엔 경제사회이사회에 환경과 인간의 상호작용에 초점을 둔 유엔 회의 개최를 제안한 데서 시작되었다. 이 회의에서 채택된 스톡홀름 선언은 지속 가능성을 위한 국제적 협력의 중요성을 강조하고, 인간이 누려야 하는 기본권으로서 환경권을 국제적으로 인정하는 성과를 거두었다. 환경의 보호와 개선은 인류의 복지, 기본적 인권, 생존권 향유를 위해 필요 불가결한 것으로서 인류의 지상 목표이자 모든 정부의 의무임을 천명한바, 이 선언에서의 공통의 사상과 원칙 및 행동 계획에 명시된 권고 사항은 오늘날 여러 국가의 실정법 등 법률 체계에서 보장하는 환경권의 골격을 이루고 있다. 스톡홀름 선언은 경제개발이 환경보호 범위 내에서 이루어진다면 경제개발과 환경보호의 상호 조화가 가능하다고 본다. 또한 특히 지구상의 모든 자원에서 나오는 이익은 인류 전체가 공유해야 하기 때문에 특정 국가의 개발이 다른 국가에 환경 피해를 주어서는 안 되고, 피해를 줬을 경우 책임을 져야 한다는 것 역시 명시되어 있다.

브룬틀란 보고서와 지속 가능한 발전

앞서 보았듯 환경문제가 세계 정치 및 협의의 의제로 부상하면서 국제적 협의체의 필요성이 대두되었고, 그 결과 세계환경개발위원회가 출범했다. 위원회는 브룬틀란 보고서(『우리 공동의 미래』)에서 지구 자연계 능력의 한계로 인한 현 경제정책의 지속 불가능성을 지적하며 지속 가능한 발전이라는 개념을 공식화했다. 인구, 식량 안보, 생물 다양성, 에너지, 거주 등의 모든 문제는 서로 연결되어 있으며, 개발과 환경은 서로 영향을 주고받는 관계에 있기 때문에 지금까지와는 다른 패러다임으로의 전환을 통해 개발을 해야 한다는 주장이다. 이러한 전환에 필요한 새 규범으로서 '지구 헌장'의 제정이 제안되었던 바, 그 필요성에 대해 이미 국제적 차원의 논의가 있었다는 것을 알 수 있다.

리우 선언과 지속 가능한 발전

1992년 유엔 환경개발회의(UNCED)[14]는 환경과 발전의 조화를 위한 총 27개의 원칙을 담은 '리우 선언'과, 그 행동 강령인 '어젠다 21'을 통해 지속 가능한 발전의 구체적인 원칙과 실천 방안을 제시했다. 리우 선언은 현세대와 미래 세대 간의 형평성, 지속 가능한 발전을 위해 자연과의 조화를 이루는 삶을 강조하며, 개발과 환경 간 상호 의존적 관계를 명확히 했다. 회의 초기에서는 지구 헌장을 만들어 선포하는 것으로 계획되었으나, 4차 준비위원회 회의에서 리우 선언으로 변경되었고 지구 한계에 대한 구체적 지침 등의 논의는 포함하지 않게 되었다.

지구 헌장 선포

이전 국제회의에서 논의되었지만 구체적 진전은 되지 못했던 지구 헌장은 2000년이 되어서야 선포되었다. 1994년 전 소련 대통령이자 당시 국제녹십자 총재인 미하일 고르바초프와 모리스 스트롱(지구 정상 회의 의장)을 중심으로 1995년 5월 지구 헌장의 초안이 작성된 후, 1997년 '지구헌장위원회'가 결성되었고 2000년 지구 헌장이 유엔에 제출되었다. 지구 헌장은 환경과 생태 보호, 지속 가능한 경제, 민주주의, 평화 등, 공정하고 지속 가능한 21세기 인류 문명의 새로운 규범 혹은 윤리적 틀을 위한 선언문으로서, 지구법학의 근간이 되는 지구 생태 공동체와 그 구성원으로서 인간에 대해 선언하고 있다. 즉

14　'Earth Summit'(지구 정상 회의) 혹은 'Rio Summit'(리우 회의)이라고도 한다.

인간은 지구 공동체의 일원이자 지구에 미치는 영향을 줄일 수 있는 지식과 기술을 가진 존재로서, 전 지구를 인간 자신과 동일시하는 보편적 책임감을 가져야 한다는 것이다. 또한 지구헌장에서는 모든 생명과 존재의 상호 의존성을 강조하며 그들과 연대 및 결속할 것을 선언한다. 특히 모든 생명체는 인간에게 유용한지 여부와 관계없이 가치를 지니기 때문에 경제의 논리가 아닌 생명 공동체에 대한 존엄과 보호 원칙에 입각해 개발해야 하며, 지구의 재생 능력과 인권, 사회의 안녕을 해치지 않는 범위 내에서 생산·소비·재생해야 한다는 생태적 온전성 원칙을 주창하고 있다.

ESG의 등장

2000년에 설립된 유엔 글로벌콤팩트UN Global Compact는 기업의 환경과 사회에 대한 책임과 관련해 인권, 노동, 환경 등의 10대 원칙을 기업의 운영 및 경영전략에 내재화해 지속 가능성 향상에 기업이 동참할 수 있도록 권장하고, 이를 위한 실질적인 방안을 제시하는 기업 지속 가능성 이니셔티브이다. 2004년, 유엔 글로벌콤팩트는 20여 개의 금융 기관과 공동으로 작성한 『배려하는 자가 승리한다』에서 ESG의 개념을 소개했다. 당시 유엔 총장이었던 코피 아난은 자연 훼손과 사회 불평등 심화의 실질적 주체인 기업이 변화하지 않으면 지속 가능한 성장을 이루기 어렵다고 판단, 이들을 변화시킬 수 있는 위치에 있는 투자자를 통한 변화를 도모하기로 했다. 글로벌 투자 기관 대표 50명에게 서한을 보내 동참을 요청했고, 이후 여기에 응한 자산 운용가, 증권 중개인, 관련 연구직 종사자가 함께 작성한 『배려하는 자가 승리한다』에 환경·사회·지배 구조 문제를 보다 잘 통합하는 방법에 대한 지침과 권장 사항을 정리했다. ESG는 2006년 유엔이 제정한 사회 책임 투자 원칙에 반영되면서 널리 확산되어갔다. 이와 같이 ESG는 기본적으로는 금융 투자 관점에서 시작되었지만, 지속 가능성의 위기를 타개할 도구로서 앞에서 언급한 ESG 경영, ESG 규제 등의 논의의 단계까지 확대되었다.

지속 가능 개발 목표(SDGs)

2015년, 유엔은 '지속 가능 개발 목표'(SDGs)를 채택하며 지속 가능성의 개념을 더욱 구체화했다. 17개의 목표와 169개의 세부 목표는 기후변화 대응, 생물 다양성 보존, 사회적 형평성 제고 등을 포괄하며, 2030년까지 목표를 달성하기 위한 글로벌 비전을 제시한다. 현재 지속 가능 개발 목표는 국제사회 및 많은 개별 국가에서 사회, 경제, 환경 분야 전반에 걸쳐 지속 가능성을 구현하기 위한 지침으로 기능하고 있다. 이는 지속 가능성을 위해서는 환경 차원을 넘어 사회와 경제의 전반적 구조 변화까지 요구됨을 시사한다.

이후 제21차 기후변화협약 당사국 총회에서 채택된 파리

기후협약(2015), 제15차 생물다양성협약 당사국 총회에서 채택된 쿤밍-몬트리올 글로벌 생물다양성 프레임워크(GBF) 설정(2022)에 이르기까지, 지속 가능성과 관련된 국제 협약, 이니셔티브 등은 여전히 활발히 논의·실행되고 있다.

지속 가능성과 지구법학

ESG와 지구법학은 인류 문명 및 지구 환경의 지속 가능성이라는 동일한 뿌리에서 갈라져 나온 개념 혹은 이론이라고 볼 수 있다. 지속 가능성이라는 공통분모가 있다면, 현재 ESG가 당면한 도전 과제를 해결하기 위해 지구법학에서 실마리를 찾아보는 것 또한 가능할 터다.

지구법학은 비인간 자연을 법적 권리주체로 인정하므로, 개발과 기업 활동은 자연의 권리를 침해하지 않도록 수행되어야 한다. 더 나아가 인간 중심적 사고를 넘어 생태적 세계관과 지구 생태계의 상호 의존성을 핵심 사상으로 삼는 지구법학에 따르면, 모든 기업 활동은 계획 단계에서부터 비인간 자연과 인간의 상호 관계를 전제하거나 우선순위에 두고 의사결정을 해야 한다. 또한 자연의 복구와 보존을 법적 우선순위로 설정함으로써 선형적 경제성장보다 생태적 지속 가능성을 중시하는 효과도 가져올 수 있다.

ESG는 기업의 지속 가능성을 실현하기 위한 중요한 도구로 자리 잡았으나, 보완이 필요한 부분 또한 존재한다. 앞서 지적한 바와 같이 ESG는 기업 활동의 비재무적 요소를 관리하는 실용적 프레임워크로 발전했지만, 지속 가능성의 본질적 가치를 충분히 담아내지 못하고 있다는 철학적 한계를 안고 있다. 이는 기업의 단기적 성과가 여전히 핵심 가치이자 기업 운영의 틀을 규정하는 상황에서 발생하는 그린워싱 문제, ESG를 마케팅 수단으로만 활용하는 문제 등과 연결된다. 이러한 한계는 ESG가 인간과 자연의 상호 의존성에 기반한 근본적·철학적 전환이 필요하다는 점을 시사한다.

지구법학은 ESG의 한계를 보완할 수 있는 철학적 틀을 제공한다. 지구법학은 지구 및 생태 공동체의 모든 성원 간의, 그리고 현세대와 미래 세대 간의 긴밀한 연결성을 강조한다. 즉 현세대뿐 아니라 미래 세대 역시 지구 공동체의 구성원으로서 존엄하게 살아가기 위해, 현세대는 지구 및 생태 시스템이 지속 가능하도록 해야 한다. 지구법학이 제안하는 상호 의존적이고 공존하는 세계관과의 융합을 통해 진정한 ESG의 실현을 도모해볼 수 있다. 또한 지구법학은 자연을 단순한 자원이 아닌 법적 주체로 인식하는 사고를 제안하며, 이는 ESG가 생태계 서비스 개념을 넘어서 자연의 본질적 가치를 고려하도록 하는 데 기여한다. 또한 지속 가능성을 인간과 자연의 상호 의존성을 반영하는 윤리적 틀로 승격시키며, 인간중심주의에서 벗어나 지구 공동체의 일원으로서 자연과의 조화를 추구한다는 점에서 ESG 경영의 철학적 기반을 강화할 수 있다. 단기적 기업 성장보다는 생태적 지속 가능성을 우선시하고, 자연이 기업 또는 인간의 경제활동 수단이 아니라 그 자체로 권리주체가 될 수 있다는 지구법학의 접근은, 사안을 바라보는 시각 자체에 전환을 가져옴으로써 보다 확실하고 근본적인 문제 해결의 실마리를 제공할 수 있다.

ESG 경영이 진정한 지속 가능성을 실현하려면 ESG의 철학적 전환과 함께, 지구법학적 관점이 더해진 ESG 경영에 대한 심도 있는 합의가 필요하다. 기업은 자연을 단순한 생산수단이 아니라 공존의 파트너로 인식하고 윤리적 책임을 확대해야 한다. 이는 ESG 평가 기준에 비인간 자연의 권리와 생태적 회복성을 포함하는 방식 등으로 실현될 수 있다. 지구법학을 반영한 ESG 경영은 탄소 크레딧 구매에 의존하기보다, 재생에너지로의 전환을 통해 탄소 배출 자체를 줄이면서 실질적 감축 노력을 강화하는 한편 훼손된 생태계를 복원하는 데 적극적으로 참여하는 형태를 띨 것이다. 또한 지구 생태계 전체의 일원으로서 인간의 책임을 강조하는 지구법학은 인간 중심의 소비와 생산 중심의 성장을 탈피하고, 적극적으로 자원을 순환시키면서 낭비를 최소화함으로써 궁극적으로는 생태적·경제적 지속 가능성을 모두 실현할 수 있도록 도울 수 있다.

4. 파타고니아 — 지구법학과 ESG의 융합적 실천 사례

지구법학의 철학을 가진 기업의 ESG 경영은 어떤 모습일까. 기업마다 사정과 특성이 모두 다르기 때문에 하나의 정답이란 없을 것이다. 그러나 재무적 이익이나 주주 가치를 위한 경영이 아닌, 목적 또는 가치를 위한 경영을 하면서 환경보호 또는 지구 생태계 보호에 앞장서는 기업이라면, 지구법학의 철학을 기업 경영에 반영하고 있을 가능성이 높다.

이러한 기업으로 미국의 의류 회사 파타고니아를 어렵지 않게 떠올릴 수 있다. 파타고니아는 수익을 환경보호 활동에 사용하는 비영리 재단과 신탁회사가 소유권을 나누어 갖는 독특한 지배 구조로 이루어져 있으며, 제품의 내구성과 재활용성을 강조하여 반드시 필요한 소비만을 할 것을 강조한다. 더불어 매출의 일정 비율을 환경 복원과 보존 활동에 투자하며 지속 가능성을 실천하고 있다. 파타고니아의 제품 설명, 기업의 경영 철학이나 비전 등에서 지구법학이라는 단어를 명시하지는 않지만, 그들이 실제 기업을 경영하는 모습에서 지구법학의 여러 내용을 목격할 수 있다. 단순히 사업상의 환경 영향을 최소화하는 데 그치지 않고, 자연 생태계의 원리나 원칙을 기업 구조와 운영 방식에 깊이 반영하고 있다고 평가할 수 있는 것이다.

구체적으로 지구법학의 철학이 엿보이는 기업 경영의 모습을 살펴보면 다음과 같다.

먼저, 파타고니아는 기업의 소유권 구조를 혁신적으로 재편했다. 이 회사는 2022년 창업주의 결단에 따라 회사의 전 주식을 환경보호에 중점을 둔 비영리 재단과 신탁회사에 양도하였다.[15] 이를 통해 기업이 주주나 경영진의 이익을 위한 단기 성장 또는 기업공개, 상장, 매각 등에 치중하는 대신, 자연 복원과 환경 보전을 위한 활동에 수익이 재투자되도록 보장했다. 이러한 구조 재편은 단순한 기업 소유권 변경만을 뜻하지 않는다. 회사의 진정한 지속 가능성을 실현하는 동시에 인간이 혹은 인간이 만든 기업이 지구 공동체의 한 구성원으로서 책임을 다해야 한다는 지구법학의 철학과 닮아 있다. 이에 대해서는 창업주 이본 쉬나드Yvon Chouinard가 그와 가족이 보유한 회사 소유권을 양도하면서 공개한 편지에 "이제 파타고니아의 유일한 주주는 지구입니다"[16]라고 한 데서 좀더 명확히 드러난다.

또한 파타고니아는 제품의 내구성과 재활용성을 제품 개

---

15 환경 비영리 재단인 '홀드패스트 컬렉티브Holdfast Collective'에 의결권 없는 주식(지분 98퍼센트)을, 신탁회사인 '파타고니아 퍼포스 트러스트Patagonia Purpose Trust'에 의결권이 있는 지분 2퍼센트에 해당하는 주식을 양도했다.
16 Yvon Chouinard, "Earth is now our only shareholder," Patagonia 2022. 9. 14. "향후 50년 동안 사업을 성장시키겠다는 생각보다 지구를 되살리겠다는 희망을 훨씬 크게 갖고 있다면, 우리가 가진 모든 자원을 사용하여 할 수 있는 일을 해야 합니다"라는 내용에서도 이를 엿볼 수 있다.

발, 생산, 유통의 핵심 원칙으로 삼고 있다. 제품 제작 과정에서 환경 영향을 최소화하기 위해 지속 가능한 재료를 사용하고, 소비자들에게 제품 수선을 독려하는 프로그램을 운영하며, 수명이 다한 제품을 회수하여 재활용하거나 재판매하는 순환적 소비 모델을 구축했다. 이를 통해 파타고니아는 과잉 소비와 자원 낭비를 줄이고, 기업 활동이 생태계에 미치는 부정적 영향을 최소화하고자 노력한다는 점을 알 수 있다.

제품 생산의 측면에서는, 생산과정의 모든 참가자들이 서로 긴밀하게 의지하고 연결된 상태로 제품을 만들어야 하기 때문에, 소수의 협력 업체와 깊은 상호 헌신의 관계를 유지한다. 산업과 비즈니스 모두 결국에는 건강한 생태계 시스템 안에서만 지속 가능하다고 보기 때문이다. 또한 파타고니아는 이러한 생산 시스템 역시 지구의 자연 생태계처럼 그 자체가 유기체라고 보기 때문에, 한 부분에서 생긴 문제는 전체에 영향을 줄 수밖에 없다는 철학을 가지고 있다. 이는 생산뿐 아니라 유통에 있어서도 동일하게 적용되는 철학이다. 제품 라인 구축과 운영에서 자연 생태계와 같은 다양성을 추구하는 것도 눈여겨볼 부분이다.

파타고니아는 기업 활동이 유한한 지구 안에서 이루어지며, 따라서 생산에 필요한 자원 역시 유한하다는 점을 강조한다. 그러므로 크고 빠른 성장이 아닌 자연스러운 성장을 추구하며, 필요한 만큼만 쓰고 나머지는 그냥 두어야 한다고 주장한다.

파타고니아는 매출의 상당 부분을 환경 복원과 보존 활동에 투자한다. 수익의 일정 비율을 환경보호 단체에 기부하거나, 직접 생태계 복원 프로젝트를 지원하며 지속 가능성의 철학을 기업 경영 전반에 구현하고 있다. 예컨대, 탄소 배출량을 감축하기 위해 재생에너지 사용 및 전환에 적극적으로 투자하며, 생물 다양성 보호 캠페인을 전 세계적으로 전개하고 있다. 화석연료에 의존하는 현재의 세계 경제는 결국 지속 가능하지 않으므로, 당일 배송, 항공기 배송 등이 정말 필요한지 고객이 자문해보도록 유도하는 것도 또 다른 예시로 볼 수 있다. 2012년 '파타고니아 프로비전'[17]을 설립해 의류 사업을 넘어 식품 사업까지 진출한 배경에는, 자연 복원에 더 직접적이고 적극적인 방식으로 기여할 수 있는 분야가 바로 농업이라는 판단이 깔려 있다(물론 기업의 지속 가능성을 위한 사업 다각화의 의미도 있을 것이다). 파타고니아 프로비전은 땅의 회복력을 복구함으로써 대기 중에 배출된 이산화탄소를 땅으로 돌려보내고, 이에 수반한 자연 생태계를 복원하려는 목표를 가지고 있다. 이것은 사업이 자연에 의존하므로 사업도 자연 생태계의 일부라는 점, 그렇기 때문에 기업은 자연을 일부라도 사용하게 되면 이를 관

---

17 식품 사업을 하는 자회사로, 지속 가능한 농업과 어업을 통해 생산된 식품을 제공하며, 환경 보호와 재생 유기농업을 실천하는 것을 목표로 하고 있다.

리, 유지, 복원할 책임이 있다는 철학에서 비롯된 것으로, 지구법학의 철학과 닮아 있다.

파타고니아의 사례는 ESG 경영과 지구법학의 융합이 단순히 이론적 가능성에 그치지 않고, 실제로 기업 운영에서 구현될 수 있음을 보여준다. 자연을 공동체의 동등한 구성원으로 존중하며, 기업의 활동을 생태적·사회적 책임과 조화롭게 결합한 이 사례는 지속 가능한 기업 경영의 미래 방향성을 제시하는 중요한 지침이자 모델로 평가될 수 있다.

5. 나가며

ESG는 환경, 사회, 지배 구조라는 세 축을 통해 기업의 지속 가능성을 관리하는 데 중점을 둔 프레임워크다. 하지만 ESG 경영은 환경적 지속 가능성과 사회적 공정성을 실현하는 데 있어 도전 과제를 안고 있다. 특히 단기적인 재무적 성과를 우선시하는 경영 방식은, ESG가 지속 가능성의 본질을 제대로 담아내지 못하게 하는 원인으로 작용하고 있다. 또한 지속 가능성을 단순히 경제적 목표와 결합된 관리 기준으로 접근하면서, 진정성이 없다는 비판을 받기도 한다.

이를 보완하기 위해 지구법학의 철학적 접근이 도움이 될 수 있다. 지구법학은 인간 중심적 사고를 넘어 인간과 자연, 모든 생명의 상호 의존성을 강조하며, 지속 가능성을 바라보는 관점을 근본적으로 전환하도록 할 수 있다. 또한 지구법학은 자연을 법적 주체로 인정하고, 생태계와 조화를 이루는 윤리적·법적 틀을 제공함으로써 ESG의 철학적 기반을 강화할 수 있다.

지구법학과 ESG의 융합은 기업 경영의 패러다임을 전환하고, 인간과 자연의 관계를 재정의한다. 이러한 통합적 접근은 단순히 환경 영향을 최소화하는 데 그치지 않고, 기업이 생태계 복원과 자연보호에 적극적으로 기여하는 주체로서의 역할을 하도록 유도한다. 앞에서 살펴본 파타고니아의 사례는 지구법학의 원칙을 실천적으로 적용하며 ESG 경영의 한계를 극복하고, 자연 생태계의 일원으로서 기업이 어떻게 적극적으로 기여할 수 있는지를 보여주는 예시가 될 수 있다. 이 기업은 소유권 구조의 혁신, 환경 복원에 대한 투자 및 신규 사업의 개시, 자연 생태계 원리의 경영상의 반영 등으로써 지속 가능한 경영의 새로운 가능성을 제시하고 있다.

한편, 기업 외부에서는 기업의 ESG 공시 또는 평가 기준에 생물 다양성, 지역 생태계 복원 노력 등 자연의 권리와 생태계 복원 지표를 더욱 적극적으로 포함하거나, 기업 경영자와 정책 입안자를 대상으로 지구법학의 철학과 사례를 교육하여, ESG 경영이 지구법학의 철학적 기반 위에서 설계될 수 있도록 하는 실행 방안들도 생각해볼 수 있다.

결론적으로, 지구법학을 기반으로 한 ESG 경영은 지속 가능성의 진정성을 회복하고, 인간과 자연, 기업과 생태계의 상호의존성을 중심으로 한 새로운 경영 모델을 구현할 수 있다. 지구법학을 반영한 ESG는 지속 가능성을 단순히 경영의 관리 목표로 정의하는 것을 넘어, 지구 생태계와의 조화와 공존이라는 철학적 전환을 실현하게 할 지침이 되어줄 수 있다. 나아가 기업이 자연을 이용과 취득의 대상이나 객체가 아닌 협력의 주체로 인식하게 하며, 자연 복원과 생태계 보호에 적극적으로 기여하는 구조를 만들어간다. 이는 기업이 단순히 경제적 이익을 추구하는 것을 넘어, 지구 공동체의 일원으로서 책임과 역할을 다하는 방향으로 나아갈 수 있도록 돕는다. 앞으로 ESG와 지구법학의 융합이 더 많은 기업과 정책에 적용되어, 지속 가능한 사회를 실현하는 데 기여하기를 기대한다.

지구법학 관점에서 법조 윤리

오동석

1. 서론

지구법학과 법조 윤리 사이에 직접적인 연관성을 찾기는 쉽지 않다. '지구법학' 자체가 생소한데 여기에 기존의 법조 윤리와 결합하거나 그 연관성을 찾는 일은 더 어려운 탓이다. 법조 윤리라고 하면 떠오르는 통상적인 담론이 있다. 법조 윤리는 변호사, 검사, 판사 등 법조인에게 요구되는 직업윤리다. 구체적으로는 변호에서 변호사의 기본 의무와 윤리, 판사의 직무와 윤리, 검사의 직무와 윤리 등이 있다. 더 구체적으로는 현직 판사나 검사의 비위 행위와 퇴직 후 변호사 등록 문제, 전관 출신 변호사의 사건 수임 집중, 수임료의 과다 청구 등이다. 언뜻 보더라도 법조인에게 지구법학과 관련해 직무 윤리를 떠올리기는 어렵다.

지구법학은 지구 공동체의 성원으로서 인간만이 아니라 인간 아닌 존재를 포함하여 지구 공동체에 속하는 모든 성원의 안녕을 꾀하는 법규범의 사고 체계다.[1] 법은 통상 한 나라의 영토를 경계로 한 사회규범이므로 지구법학 관점에서 법조인에게 직무 윤리로 요청된다고 생각하기는 쉽지 않다. 다만 지구법학을 논의하게 된 배경을 통해 지구법학과 법조 윤리 문제의 실마리를 찾을 수 있다. 지구법학은 기존 법체계에 대한 반성에서 출발한다. 현재의 법체계가 산업 문명이 초래한 전대미문의 생태 위기를 막기는커녕 도리어 심화·확산하는 데 일조했다는 비판에 응답하는 것이다.[2] 기후 비상사태라는 개념의 등장은 그 위기 정도를 강력하게 드러낸다.

그렇다면 지구법학과 법조 윤리의 관계는 기후위기라는 근본적인 상황 조건에서 법조인에게 기대하는 역할이 무엇인지를 묻는 문제다. 법률가 개인은 지구의 위기를 초래한 법체계의 문제에 직접적인 책임은 없다. 다만 오늘날 민주공화국 헌법 체제 운용에서 가장 중추적인 역할을 하는 것이 법이기 때문이다. 그 법체계의 운영을 주도하는 사람들이 법조인이라면, 법조인이 이러한 법체계에 어떤 책임을 져야 할 것인가가

---

1   강금실 외, 「지구를 위한 법학」, 서울대학교출판문화원, pp. 8, 15, 166~67 참조.
2   같은 책, p. 8.

법률가로서 윤리적 문제로 대두될 수밖에 없다. 다른 한편 개인의 양심에 따라 지구법학을 실천하는 법률가도 있을 수 있다. 다만 윤리가 가지는 사회적 의미에서 지구법학과 연계하여 지구법학과 법조 윤리의 관계를 검토할 수 있을 것이다.

2. 지구법학 관점에서 문제 제기

법학의 패러다임과 지구법학

지구법학은 법학의 패러다임 전환을 꾀한다. 패러다임은 한 시대를 사는 사람들의 견해 또는 사고를 근본적으로 규정하는 테두리로서의 인식 체계다. 기존 체제가 문제를 해결할 능력을 점차 잃어가면서 패러다임의 위기와 함께 패러다임의 전환이 시작된다.[3] 기후위기에 따른 지구의 존속 가능성 위기야말로 법학에서 패러다임 전환을 절박하게 요구하는 근본적인 상황의 변화다.

프리초프 카프라는 사회적 패러다임에 대해 "한 공동체가 공유하는 개념, 가치, 인식 그리고 실천으로 이루어지는 총체"

---

3   Peter D. Burdon, *Earth Jurisprudence: Private Property and Environment*, Routledge, 2017, pp. 6~7 참조.

로서 "그 공동체가 스스로 조직하는 방식의 기본이 되는 실재에 대한 특정한 관점"을 형성한다고 말한다.[4] 기존의 법학 패러다임은 현재의 지구 위기를 해결하지 못하고 있다. 패러다임은 영구불변이 아니라 변화를 전제로 한 집단 구조나 사고 양식을 가리킨다. 그렇다면 문제 해결을 위해 패러다임 전환은 필연적이다. 제도학파는 기본적으로 제도를 인간의 이해와 열망을 실현하는 방식 또는 인간의 갈등과 투쟁을 거쳐 형성되는 인공물로 이해하므로 제도에 대한 물신숭배를 거부한다.[5] 인류의 역사는 문제 상황을 극복하는 과정에서 끊임없이 제도를 혁신했다.

지구법학 관점에서 보면, 현재의 법학 또는 법체계는 근본적 혁신의 대상이다. 현재의 헌법적 또는 국제법적 구조는 틀 자체를 변경하지 않으면 안 된다. 기존 법학의 패러다임에서 헌법은 국민국가 단위의 영토를 기반으로 국민의 안녕과 질서를 유지하는 법체계의 기본 틀이다. 지구 생태의 위기는 근대 이후 발전한 헌법 체제가 변화의 기점에 서 있음을 보여준다. 유엔을 비롯한 국제기구와 다양한 조약, 협약 등의 국제법 체계가 작동하고 있지만, 기후위기에 대처하는 데 한계점을 보인다. 헌법 체제와 국제법 체계의 근본적인 전환을 검토할 시점

4　프리초프 카프라, 『생명의 그물』, 김용정·김동광 옮김, 범양사, 1998, p. 21.
5　이재승, 「대칭성 법학」, 『민주법학』 61, 2016, p. 36.

이다. 법의 역사는 현실의 문제점을 해결하고자 기존의 법이념과 법규범을 넘어서는 신진대사의 과정이다. 지구법학은 국민국가 단위의 헌법과 국민국가 사이의 국제법 체계를 넘어 지구라는 공동체에서 모든 인간을 포함한 모든 구성원이 공존할 법규범 정립을 모색한다.

지구법학과 지구 차원의 정의

지구의 생태 위기는 인류를 비롯해 지구상 모든 존재의 생존 문제다. 그 위기에 대해 가장 큰 책임을 져야 할 존재는 인간이다. 인간의 개발주의는 지구를 중대하고 심각하게 훼손하고 파괴함으로써 비가역적이고 제어 불가능한 지구의 생태 위기를 초래했다. 지구법학과 연관 있는 몇몇 학자들의 평가를 소개하면 다음과 같다. 토마스 베리는 인류가 역사적 발전을 거쳐 실제로 도달한 곳은 쓰레기 세계Waste World라고 진단한다.[6] 제임스 러블록James Lovelock은 지구의 기후 시스템이 돌이킬 수 없는 지점을 넘어섰고, 인간 생명에 적대적인 상황으로 멈출 수 없는 질주를 하고 있다고 본다.[7] 코맥 컬리넌은 인간이

---

6 토마스 베리, 『황혼의 사색』, 메리 에블린 터커 엮음, 박만 옮김, 한국기독교연구소, 2015, pp. 27~28.
7 코막 컬리넌, 『야생의 법』, 포럼 지구와사람 기획, 박태현 옮김, 로도스, 2016, p. 9에

지구에 가한 손상의 심각성과 범위가 점점 분명해지면서 현행 거버넌스 시스템을 약간 수정하는 것만으로는 21세기에 직면한 환경적 도전 과제를 해결할 수 없다고 말한다.[8] 클라우스 보셀만도 '인간중심주의'의 한계와 새로운 법학으로서 지구법학과 지구입헌주의를 말한다.[9]

생태 위기에 대한 책임이 인간에게 있음을 부정할 수 없으므로 인간중심주의에 대한 비판은 불가피하다. 그렇지만 책임의 주체를 단순하게 종種, species으로서 인간으로 환원하는 것에 동의하기 어렵다. 인간 개념에 대한 역사적 논의가 필요하다. 문제 해결의 지점을 찾기 위해서는 원인과 책임의 소재를 명확하게 드러내야 한다. 이행기 정의에서 말하듯 화해는 진실규명과 가해자 책임과 피해자 구제 등을 전제로 가능하다.

유럽의 휴머니즘에서 인간은 일반적으로 유럽인을 의미했다.[10] 인간중심주의는 곧 유럽인 중심주의다. 개발주의와 성장주의의 이익을 맘껏 누리며 제국의 영광과 자본주의 욕망을 맛본 나라들이 탄소 배출의 핵심적인 원인 제공자다.[11] 그들은 인

　　서 재인용.
8　　같은 곳.
9　　클라우스 보셀만, 『법에 갇힌 자연 vs 정치에 갇힌 인간』, 진재운·박선영 옮김, 도요새, 2011.
10　　찰스 W. 밀스, 『인종계약』, 정범진 옮김, 아침이슬, 2006, p. 53.
11　　사람의 '주거지'가 모여 있는 1퍼센트의 땅에서 배출되는 온실가스 배출량이 전 지구 온실가스 배출량의 77퍼센트에 달한다(「고작 육지 1퍼센트에 모여 사는 인류, 온실가

간과 생명 그리고 자연을 포함한 총체적 지구 공간을 국가적으로는 물론 산업적으로 사유私有하고 지배했다. 이른바 서구의 근대 국민국가 체제다. 제국주의의 영토 전쟁으로 인류는 20세기 전반에 두 차례의 세계대전을 겪었다. 주권 관념은 약소국의 방어 논리가 아니라 강대국이 지구에 대한 배타적 분할 지배를 정당화하는 논리였다.

자본주의 산업 경제체제는 주권의 엄호 아래 무분별하게 지구를 훼손했다. 지구 생태계 파괴에서는 사회주의 경제체제 또한 책임을 면하기 어렵다. 비서구권에서 한국과 같이 비약적인 경제성장으로 탄소 배출량이 대폭 상승한 나라들의 책임도 이제는 작지 않다. 한 국가 내의 이행기 정의와 달리 지구 차원에서 생태적인 시대로 넘어가는 이행기 정의는 가해 책임과 피해 구제, 진실과 화해, 재발 방지 등에서 매우 복잡하고 새로운 법적 접근을 요구한다.

지구법학에서 사법의 역할

사법의 역할은 입법의 역할과 다르다. 입법은 국민 다수의

스는 전체의 77퍼센트나 배출」, 『경향신문』 2019. 10. 30). 그런데 그 1퍼센트조차 어디에 몰려 있는지는 불문가지다.

지지를 얻은 국회의원들이 민주주의에 바탕을 두고 일반적인 의사 또는 이익을 반영한 과정이자 그 결과다. 사법은 다수결의 논리로 민주주의 또는 법률주의에서 소외된 소수자 또는 약자의 권리를 보호해야 할 권한과 책무가 있다. 법학자들이 기본권과 구분하는 인권은 법학의 권리 관념 전통을 이어받으면서도 아무런 전제 조건 없이 인간 개개인을 주체로 인정한다. 누구나 '나도 인간이다'라고 외치는 순간 공권력조차 범접할 수 없는 자유로운 존재로 탄생한다. 권리 담론을 통해 우리는 권리를 누릴 정당한 자격이 있는 사람들 하나하나에 주목한다. 그리고 인권의 내용은 국가의 번영이나 행정의 편의에 앞서는 목표로서 사회 정책적 목표로 상정된다.[12]

인권 관념은 권리를 강조하여 표상하지만, 동료 구성원에 대한 책임으로서 사회 공동체에 대한 책무를 전제한다. 세계인권선언 제29조는 "모든 사람은 자신이 속한 공동체에 대해 한 인간으로서 의무를 진다"라고 밝히고 있다. 인권의 헌법 규범적 의미는 인간 개개인이 적극적 권리주체가 되어야 할 뿐만 아니라 국가가 적극적 의무의 주체가 되어야 함을 강조한다. 한편 연대성은 인권의 또 다른 측면이다. 연대성을 기반으로 하는 인권은 공동체의 의사를 반영하며 공동체의 이익을 증진

---

12 김인회, 「법조윤리, 무엇을 어떻게 교육할 것인가(1)」, 『법학연구』 11(2), 2008, p. 232.

하는 권리를 주장한다.[13]

지구법학은 인권과 다른 의미에서 자연의 권리를 제안한다. 법원에서 자연의 권리를 인정하기는 쉽지 않지만, 세계 각국에서 서서히 강江 같은 자연의 권리를 인정하는 경향이 나타나고 있다. 현재 지구 생태를 보호하려는 입법과 판례는 나라마다 편차가 크다. 한 나라에서 생태적인 법제를 잘 갖췄다고 하더라도 그것은 현재의 국제법 체제에서는 영토적 한계를 지닐 수밖에 없다. 게다가 국제사회에서 힘 있는 나라는 지구 공동체의 관점이 아니라 주권의 이름으로 자국의 이익을 고수할 수 있다. 그러나 지구 생태 보전이라는 목적에서 자연의 권리를 인정해야 한다는 당위성은 다를 수 없이 공통적이다.

인권과 자연권은 닮은 면이 있다. 자연권도 인권처럼 입법에 따른 구체화 또는 법원 또는 헌법재판소의 사법 작용에 의한 확인 및 구체화가 필요하다. 개별 사건의 법적 해결을 넘어 법적 패러다임을 전환하는 길은 쉽지 않겠지만, 계속해서 담론의 모색과 전개가 필요하다. 지구법학 관점에서 법조 윤리의 변화 요청을 어떻게 수용할 수 있는지 첫발을 떼는 일이 필요하다.

---

13 같은 글, p. 239.

3. 한국에서 법조 윤리의 현실 진단

법 물신주의와 재판 우상화의 경계

로런스 프리드먼Lawrence M. Friedman은 법의 역할을 여섯 가지로 제시했다. ① 개인이나 집단에 각자의 몫을 나누어 주는 정의 실현 기능, ② 분쟁 해결 기능, ③ 사회통제 기능, ④ 규범 창조 기능, ⑤ 필수적인 거래 유형에 대한 기록과 저장, ⑥ 규칙과 기준의 공포 등이다.[14] 한국 사회에서 법은 ③의 의미가 강하게 느껴진다.

문학이나 영화에서 법 또는 법조인을 비난하는 표현이 나오면, 우리는 그것에 반감을 갖기보다는 공감하게 된다. 예를 들면, 자의적인 판결, 멍청한 법관, 표독한 검사, 돈밖에 모르는 변호사, 은밀한 홍정, 상대에 대한 파멸적 공격, 뻔뻔한 위증, 모호한 얼버무림, 말재간, 역설, 위협, 모욕, 심리전, 승부욕 등이 그렇다.[15] 다른 한편, 법정이 수정처럼 맑은 영혼들의 사랑방이 아니라 얽히고설킨 인간들의 언어와 증거의 검으로 다투는 장이라는 말도[16] 수긍할 수 있다.

그런데 한국에서 법적 상황은 실정법 중심의 준법주의를

---

14 이재승, 「법적 창의성, 그리고 법학교육」, 『민주법학』 42, 2010, p. 171.
15 같은 글, p. 167.
16 같은 곳.

바탕으로 하면서 인권이 규범으로서 효력을 제대로 발휘하지 못하는 상태다. 법은 안정적이어야 하지만 정지해서는 안 된다는 법학자 로스코 파운드Roscoe Pound의 말이 뼈아프다. 파운드에 따르면, 법에 관한 모든 사유는 안정성stability과 변화change의 모순적 갈등 요소를 화해하기 위해 분투한다. 법질서는 현실 생활을 규율하지만, 동시에 법은 규율 대상인 현실의 변화에 따라 계속해서 점검받으면서 끊임없이 개선되어야 한다. 변화의 원칙이 안정성 원칙 못지않게 중요함을 강조한다.[17] 법이 안고 있는 상충적인 소임에서 어느 한쪽으로 쏠리지 않아야 하는 것이 법과 법률가의 역할이다. 만약에 법이나 법률가가 어느 한쪽으로 쏠린다면, 한쪽의 편향에서는 압제자의 도구인 '뇌 없는 머리'로 전락할 것이고, 다른 한쪽 편향에서는 질박한 대중을 향해 냉혹한 정의의 시행자로 등장할 것이다. 법과 법률가는 이러한 이중적인 부담 앞에서 안정성과 변화 또는 법적 안정성과 정의 사이의 상충을 조화롭게 해소해야 한다.[18]

---

17   같은 글, p. 171.
18   같은 글, pp. 171~72.

한국 사회에서 법조인의 역할 변화

법률가의 역할은 국회 제정 법률(Gesetz, statute, act)과 관련해서도 중요하지만, 총체적인 법(Recht, law)의 관점에서 그 중요성이 더 강조된다. 정의의 관점에서 법이 무엇인가에 대한 고민은 '법(률)에 의한 지배 rule by law'가 아니라 '법의 지배 rule of law'가 가능한 토양이다. 그것은 시민의 인권 관점에서 법적 규율을 엄밀하게 해석하면서도 개별 법률의 자구 해석에만 매몰되지 않고 법체계에서 정의 이념을 구현하는 길을 찾는 일이다. 의회민주주의를 바탕으로 한 법률의 지배도 중요하지만, 법률이 정의 또는 인권을 구현하지 못할 때 정의로운 법(해석)을 발견하는 일이 매우 중요하다. 법의 기능적인 접근 안에서도 법적 창의성이 필요한 지점들이 있다. 법률가는 법의 보존과 변화의 갈림길에서 창의적 해법을 제시해야 한다. 그는 종래의 제도를 존중하는 동시에 제도의 결함을 혁신할 의무를 이중으로 부담하고 있다.

지구법학이 대면한 지구 생태의 위기는 법조인의 법적 창의성을 요청한다. 주어진 문제는 지구의 존속 여부다. 기후변화 climate change는 기후위기 climate crisis를 지나 '기후 비상사태 climate emergency'라고 표현할 정도로 그 심각성을 더해가고 있다.

한국도 예외일 수 없다. 한국은 국제에너지기구(IEA) 28개 회원국 중 화석연료 의존도 1위, 신재생에너지 공급 최하

위인 기후 후진국으로 평가받고 있다. OECD 국가 중 온실가스 배출량 또한 5위다. 한국의 평균 기온은 지난 106년간(1912~2018) 섭씨 1.8도 상승했다. 산업혁명 이후 전 세계 기온 상승이 섭씨 1.1도인 것과 비교할 때 평균치보다 훨씬 빠른 속도다. 각종 피해가 적지 않다. 국가인권위원회는 기후위기 인권침해 조사 현장에서 비만 오면 수마가 덮칠까 불안하다는 기후 재난 트라우마가 있음을 확인했다. 언론 보도는 기후위기의 위험이 항상 존재하고 새로 발생하고 있음을 보여준다. 지구 생태계 차원에서 현재와 같은 탄소 배출을 계속하면 폭염 발생 가능성이 2021~2050년에 2~7배, 2051~2080년에는 3~21배에 이를 것이라고 한다.

한국이라는 개별 국가의 구성원 또는 영토를 넘어 지구의 구성원으로서, 지구의 존속을 전제로 한 법률가로서 공통으로 직면한 역할 변화가 필요한 시점이다. 법체계가 자리 잡고 있는 근본 상황의 거대한 변화가 일어나고 있다. 그 책임은 지구에서 살아가는 모든 사람의 것이지만, 국내는 물론 국제사회에서 법의 역할이 중요한 만큼 법조인에게 요청되는 윤리는 정치인 못지않게 클 수밖에 없다.

지구법학 관점에서 법조 윤리의 현실 진단

법학 방법론에서 선례 구속과 이탈의 문제가 있다. 법적 안정성과 정의의 갈등으로 현상하기도 한다. 우리는 어떤 조건에서 선례를 벗어나 정의 관점에서 변화를 꾀할 수 있을까? 어떤 조건에서 선례를 고수함으로써 안정적으로 변화를 꾀할 것인가? 법학에서는 '언제' '왜' 선례를 따라야 하는지 길게 논증을 요구하거나 비판적 관점에서 문제를 제기하지 않는다. 이를 법학의 보수성 탓으로 치부할 수 있으나 사물 논리적 측면에서도 이해할 수 있다. 누구도 이 세상 모든 일을 통째로 그 정당성을 증명하라고 요구할 수 없기 때문이다.[19]

카임 페렐만Chaim Perelman은 아무도 백지 상태tabula rasa에서 새로 논의하자고 요구할 수 없고, 변화를 주장하는 쪽에서 논증의 부담을 져야 한다며, 이를 '관성의 원칙principe d'inertie'이라 불렀다. 이는 평등의 관점에서도 합리적인 것으로 설명된다. 이 사야 벌린도 평등하게 취급하는 자는 자신의 방식을 정당화할 부담을 지지 않지만 불평등하게 취급하려는 자는 입증 부담을 진다고 간결하게 표현했다. 이러한 태도는 사고의 경제에도 맞고, 법이념으로서 법의 안정성 또는 정의의 이념에 동시적으로 부합한다. 그러나 변화의 필요를 느끼면서도 짜임새 있는 논증

---

19   이재승, 「법적 창의성, 그리고 법학교육」, p. 172.

을 전개하지 못하거나, 주저하다가 도로 선례를 답습하는 것은 유감스러운 일이다. 법적 창의성은 변화를 주장하면서 그것을 논증할 수 있는 역량에 관한 것이다.[20]

한편 '오답의 불안'이 존재한다. 법률가는 창의성을 발휘하려 할 때 불안을 느낄 수 있다. 오답의 불안은 확립된 견해를 거부하고 새로운 해법을 제시했을 때 또는 기존의 불완전한 해법을 대체하여 새로운 대안을 제시했을 때 법률가 동료들이나 상급법원이 이를 잘못된 처방이라고 배척할지도 모른다는 우려에서 나온다. 이러한 불안감은 법관들이 실질적으로 같지 않은 사건인데도 같은 사건으로 꾸며 앞선 판례를 인용하게 한다. 여러 정황상 선례를 바꿔야 함에도 무리하게 선례와 유사성을 강조하여 판례 변화에 대한 지적 책임을 방기한다. 문학 또는 학술 세계에서는 기존 작품을 모방하면 평단에서 표절의 심판을 받지만, 법의 세계에서 기존 판례에 대한 과잉 동조는 상급심에서 지지받는 경우가 많아 잘 문제 되지 않는다.[21]

통상 소송에서는 법이 보호하고자 하는 가치의 인정에 따라 입증 부담에 대한 책임을 전환하는 일이 낯설지 않다. 형사 사건에서는 피고의 이익을 위해 검사에게 유죄의 입증 책임이 있고, 표현의 자유 사건에서는 표현의 자유를 제한하는 공권력

---

20 같은 곳.
21 같은 글, p. 179.

에게 제한이 불가피함을 입증해야 할 책임이 있다. 지구의 기후위기 상황에서는 논증 책임의 전환 또는 그 정도는 아니어도 '공통 책임'(책임의 공유)의 원칙을 주장할 수 있다. 법 또는 법학에서 핵심 원리 중 하나인 비례의 원칙을 적용한다면, 지구의 존립 사안만큼 중요한 문제는 없기 때문이다. 전통적인 법조 윤리를 훌쩍 뛰어넘어 지구법학 관점에서 법조인의 윤리적 또는 정치적 책임을 논해야 하는 까닭이다. 물론 그러한 책임은 일반 시민으로서의 덕목이기도 하지만, 그보다 중요한 것은 법조인으로서 전문성에 관한 것이다. 민주공화국 헌법 체제에서 법치주의는 핵심 원리이고, 법조인은 법치주의 운용에서 매우 중요한 법적·정치적·사회적·윤리적 책무가 있다.

4. 지구법학 관점에서 법조 윤리의 과제

지구법학 관점에서 사법의 과제

법원 또는 헌법재판소의 사법부에 기대하는 첫번째는 지구 관점에서 지구의 위기 상황에 대한 인식의 공유다. 오늘날의 세계는 전통적인 사법의 역할로는 충분하지 않다. 사법부가 법조문만 들여다봐서는 법적 정의와 동떨어진 판단을 하기 십상이다. 헌법적 책무나 법령 제·개정의 배경을 이루는 생태적·사회적·정치적 또는 과학적 사실을 뜻하는 입법 사실의 중요성이 크다. 특히 헌법재판에서는 현재의 객관적 현실 변화에 따라 헌법 규범을 적실성 있게 해석할 책무가 있다.

헌법재판소는 법률의 위헌 여부에 대한 법적 문제만 판단하고 법원에 계속 중인 당해 사건에서 사실 확정과 법 적용 등 사법작용에는 관여할 수 없다. 다만, 헌법재판소 판례에 따르면 헌법재판소는 법률의 위헌 여부에 대한 법적 문제를 판단하기 위해 입법의 기초가 된 사실관계, 즉 입법사실을 확인하여 밝힐 수 있다. 문제는 헌법재판소가 확인할 수 있는 입법사실과 법원에서 확정해야 할 사실 문제가 중복된 경우다. 헌법재판소는 법률의 위헌 여부를 판단하기 위해 필요한 범위 안에서만 제한적으로 입법사실을 확인하고 밝히는 것이 바람직하다는 입장이다.[22] 이러한 헌법재판소의 태도는 구체적 사건을 전제로 법률의 위헌 여부를 판단하는 현재의 제도적 한계다. 그렇더라도 헌법재판소가 법률의 위헌 심판은 물론, 헌법소원의 경우에도 입법의 사실 또는 행정작용의 사실을 규명함으로써 국가의 헌법적 책무를 끌어낼 여지는 충분히 있다.

독일 연방헌법재판소는 2021년 3월 24일 연방기후보호법 (2019. 12. 18 발효) 일부 조항의 헌법 불합치 결정을 했다.[23] 그

---

22 헌재 1994. 4. 28. 선고 92헌가3 결정.
23 BVerfG 1Bvr2656/18, 1Bvr96/20, 1Bvr78/20, 1Bvr288/20, https://www.bundesverfassungsgericht.de/SharedDocs/Entscheidungen/DE/2021/03/

결정문의 시작은 기후위기에 대한 사실판단이다. 기후변화를 판단하기 위해 IPCC 보고서, 온실효과와 지구온난화, 환경 및 기후에 대한 영향, 지구온난화와 기후변화의 결과, 배출원排出源 등을 원용했다. 기후 보호를 판단하기 위해 지구 대기의 이산화탄소 농도 제한, 배출 감소, 감축 조치 및 이산화탄소 예산 등을 인용했다. 이러한 사실판단은 지구 차원에서 공통적인 사실이므로 한국의 헌법재판에서도 수용하지 않을 이유가 없다. 헌법재판소는 적극적으로 지구의 기후위기 상황에 대한 사실판단에 공감하고 공유해야 한다. 지구 차원의 규범 공유를 방해하는 전통적인 주권과 국경의 논리를 넘어서야 한다. 헌법재판소가 기후위기의 근본성과 광범위성 그리고 절박성을 인식할 수 있다면, 상황의 심각성을 누그러뜨릴 수 있는 법 논리의 발견과 적극적인 활용은 공감과 수용을 통해 어렵지 않게 수행할 수 있다.

사법부에 기대하는 두번째는 국가의 기본적 인권 확인 및 보장 의무(헌법 제10조 제2문)의 구체화다. 헌법 제37조 제1항은 국민의 자유와 권리가 헌법에 열거되지 아니한 이유로 경시되지 아니한다고 규정하고 있다. 기후변화에 구체적이고 적극적으로 대응하도록 요청할 수 있는 기본적 인권은 이러한 헌법 규정에서 도출할 수 있다. 오히려 헌법재판에서는 헌법 제37조

---

rs20210324_1bvr265618.html(검색일: 2022. 5. 27).

제1항과 제10조 제2문에 따라 기후변화에 대응하거나 적응하는 데 필요한 기본적 인권 또는 기본적 인권과 대등하게 결합한 권리로서 자연의 권리를 구체적으로 확인하고 보장해야 할 국가의 의무를 구체화할 책무가 있다.

헌법재판소 판례는 전통적으로 국가의 작위의무를 끌어내는 것에 소극적이었다. 헌법재판소는 국가가 국민의 건강하고 쾌적한 환경에서 생활할 권리에 대한 보호 의무를 다하지 않았는지를 심사할 때, 국가가 이를 보호하기 위해 적어도 적절하고 효율적인 최소한의 보호 조치를 했는가 하는 '과소 보호 금지 원칙'에 따라 판단했다.[24] 이런 기준은 최소한의 기준이므로 국가에 대해 현실적 영향력을 발휘하기 어렵다.

그러나 기후위기에 대한 대처는 그 원인을 유발하는 행위를 해서는 안 된다는 면에서나 그 결과를 완화 또는 해소해야 한다는 면에서나 모두 국가의 적극적 행동이 필요하다. 이른바 과소 보호 금지 원칙은 기후위기 사안에서는 '적정 보호의 원칙'으로 전환되어야 한다. 환경문제는 "중대한 사회변동"[25]이므로 입법과 행정의 과정에서 개인의 환경과 공동체의 생존 기반으로서 환경문제를 헌법적으로 고려해야 한다는 의견[26]이 나온 배경이다. 기후위기는 전통적인 환경문제 차원을 넘어선

---

24 헌재 2019. 12. 27. 선고 2018헌마730 결정.
25 한상운, 「사회변화와 헌법해석의 방법」, 『환경법연구』 28(1), 2006, p. 467.
26 같은 글, p. 478.

다. 위기의 규모와 정도 그리고 그것이 초래할 치명적인 위험에 대한 현실적 판단이 매우 중요하다. 지금 상황에서 그것은 헌법과 국가의 존재 이유를 질문하는 핵심적 내용이다.

기후위기에 대응해 국가가 어떤 조치를 할 것인가 하는 구체화 문제는 일차적으로는 입법자의 몫이다. 그렇지만 중대한 법익의 침해나 그와 관련해 입법자가 취하는 예방 조치는 위협받는 법익과 대립하는 법익을 고려하여 주의 깊은 사실 조사와 납득할 수 있는 평가에 따라야 한다.[27] 전 지구적인 기후변화에 대한 사실 차원의 조사와 평가는 한 나라의 헌법재판소가 별도로 판단할 수 있는 사안이 아니다. 지구의 중대하고 명백하며 심각한 위기가 어떤 나라에는 영향이 있고 다른 나라에는 영향이 없는 예외가 인정될 수는 없다. 국가 주권의 논리를 넘어 지구 기준에서 기후위기의 사실 조사와 평가에 접근할 필요가 있다. 한국의 헌법재판소는 독일 연방헌법재판소의 판단을 적극적으로 수용하되 한국적 상황에서의 판단을 덧붙여나감으로써 판단과 규범의 지구적 공통(공유) 지대를 확장해야 한다.

사법부에 기대하는 세번째는 기업에 대해 기본권 효력을 구체화하여 확장함으로써 기후위기에 대응하는 기본권의 실효성을 담보하는 문제다. 기업은 이윤 추구를 속성으로 한다. 법

---

27 이민열, 「기본권보호의무 위반 심사기준으로서 과소보호금지원칙」, 『헌법재판연구』 7(1), 2020, pp. 260~61.

적 제어 없이는 무한 이윤을 추구한다. 이러한 성향은 기후위기 대응에서 소극적이거나 부정적인 방향으로 나타날 수밖에 없다. 입법자 또한 쉽게 기후위기 관점에서 기업을 규제하는 법률을 제정하기 쉽지 않다. 하지만 기후위기의 가장 큰 원인 제공자 중 하나가 기업이다.

기본권 보호 의무는 기본권이 보호하는 법익을 기본권 주체인 제3자의 위해로부터 보호해야 할, 즉 그 위해를 예방하거나 그로 인한 피해 발생을 방지할 국가의 의무다. 기후위기에서 개인의 기본권을 보호해야 할 국가의 의무는 기후변화 관련 기업에 대한 규제 의무다. 국가와 국민은 환경 보전을 위해 노력해야 할 의무자다(헌법 제35조 제1항 후단). 특히 기업은 가장 중요한 의무자다. 화석연료 기업에 최소한의 의무로 탄소 제거 의무와 배상 의무를 물어야 한다는 의견도 있다.[28]

헌법 제119조 제1항은 기업의 경제상의 자유와 창의를 보장하지만, 이것이 개인의 자유·창의와 동일 선상에 있을 수 없다. 기업의 경제상의 자유는 개인의 기본권을 최대한 보장하는 선에서 가능하다. 헌법이 국가권력을 규율하는 법이어서 기업의 헌법적 책무가 국가를 경유하는 간접적 책무라고 하더라도 기업으로부터 개인을 보호해야 할 국가의 책무는 직접적 책무다. 헌법이 국가 영역은 물론 사회 영역까지 아우르는 법규범

---

28 조효제, 『탄소 사회의 종말』, 21세기북스, 2020, p. 116.

이라고 이해한다면, 기후 관련 입법을 통해 기업의 헌법적 책임을 직접 물을 수 있다. 헌법 제126조에 따라 국방상 또는 국민경제상 긴급하고 절실하게 필요한 경우 사영 기업의 경영을 통제 또는 관리함은 물론 국유 또는 공유로 이전할 수 있음을 고려하면, 국가는 기후변화 관련 사영 기업을 규제할 수 있는 헌법적 권한과 책무가 있다. 기업의 사회적 책임, 기업 경영에서의 지속 가능 개발 목표 또는 ESG는 지구의 지속성 체제를 어떻게 조성할 것인가 하는 질적 전환이 필요하다.

헌법재판소에 기대하는 네번째는 지구 생태계를 위한 법규범의 공유다. 지구 관점에서는 국가 간 명시적 합의에 따른 조약 규범 외에도 가장 앞선 기후위기 대응 법규범 또는 원칙을 공유하는 접근 방법이 매우 중요하고 시급하다. 파리기후협약은 신기후변화체제에서 법적 구속력 있는 문서로, 주기적으로 이행 상황을 점검받도록 하고 있다. 이러한 규범은 헌법 제6조에 따라 국제 법규범을 수용함으로써 헌법이 요청하는 최소한의 명백한 기준이다. 지금은 지구의 생태 보호를 위한 관점에서 헌법을 해석해야 할 때다. 지구 자체가 생명과 생존의 근거 단위로 전화한 지금, 주권의 법리를 따지는 것은 지구 자체의 위기 앞에서 매우 무책임한 일이다. 기후변화 사안에서 주권은 지구의 주권 관점에서 각국이 기후변화를 유발한 책임에 비례하여 주도적으로 기후위기 대응을 책임져야 할 영역이다.

입법자가 먼저 법률로써 온실가스 감축 목표 등 다양한 측면의 대응 체계를 구체적으로 정해야 한다. 그러나 그것을 정부의 재량 문제로 맡길 문제는 아니다. 헌법재판소는 그 목표에 대해 지구적 기준에서 퇴행 또는 역진 방지 원칙을 적용하고 적극적인 기후 대응의 전진을 위한 헌법 원칙을 정립해야 한다. 파리기후협약은 이미 '전진 원칙'을 규정하고 있다. 당사국은 공동의 목표를 달성하기 위해 개별적인 목표를 설정하여 5년마다 제출할 의무가 있고(제4조 제2항·제9항), 새로운 목표는 이전보다 더 높은 수준으로 정해져야 한다(제4조 제3항). 헌법재판소는 기후 대응 기준의 전진 또는 상향 원칙이 기후 대응에 대한 퇴행(역진) 방지 원칙보다 우위에 있는 헌법 원칙임을 확인하고 확장해야 한다.

뉴질랜드 법원은 기후 문제가 전 지구적인 문제이고, 과학적 복잡성을 이유로 댈 수도 없으며, 법원이 헌법적 한계가 있기는 하지만 입법부 또는 행정부의 정책적 판단의 여지를 인정하면서도 적정한 조치를 하도록 사법부가 관여할 수 있다고 본다.[29] 지금의 전 지구적인 기후위기 상황에서 이른바 정치적 문제의 법리를 동원해서 입법부와 행정부에 책임을 떠넘기는 '헌법재판의 자제'야말로 자제해야 한다.

한국의 환경부는 2020년에야 기후 행동의 원년으로 선언했다. 이러한 사실의 차이가 기후 관련 입법의 규범성과 구체

---

29 박태현, 「기후변화소송과 파리협정」, 『환경법과 정책』 23, 2019, p. 14.

성·현실성에서 차이를 낳는다. 헌법재판소는 한국의 기후위기 대응 입법이 인간의 존엄과 가치를 존중하는 데 필요한 국가의 기본적 인권 확인 및 보장 의무에 부합하지 않음을 선고하고, 구체적인 기한을 정하여 입법을 개선하도록 의무를 지울 필요가 있다.

지구법학 관점에서 평화주의는 국가와 국가, 인종과 인종, 민족과 민족 등의 관계에 머물지 않고, 인간과 다른 생명체, 모든 존재의 평화를 추구하며, 약탈과 훼손을 반대한다. 국제 인권법이 국가의 주권보다 인권을 우선하려 하듯 국제평화주의를 넘어서는 지구 차원의 평화주의는 지구 또는 자연의 권리와 지구 자체의 평화를 가장 먼저 지향하는 지구 주권의 발로다.

지구법학이 법조 윤리에 던지는 문제

지구의 생태적인 평화는 지구의 생명 시스템을 파괴하는 종자 학살biocide과 지구 학살geocide을 방지하는 것이다.[30] 영국 환경 운동 변호사 폴리 히긴스Polly Higgins는 생태 살해ecocide 개념을 제시한다. 인간의 행위 또는 여타 원인으로 인해 거주자들의 평화로운 영토 향유권을 심대하게 훼손할 정도로 그 영토

---

30   베리, 『황혼의 사색』, p. 55.

의 생태계에 광범위한 피해를 초래하거나 파괴 또는 상실을 유발한 것을 말한다.[31]

새로운 개념은 이전의 제노사이드 개념을 변용한 것이지만, 그 의미 내용은 더 확장된다. 지구에서 벌어지는 자연 생태 파괴 그리고 그에 따른 인간을 비롯한 모든 생명의 파괴를 중지하는 문제야말로 지구 위의 인류가 당면한 평화주의의 절대적인 과제다. 오늘날 평화주의는 국가와 국가 사이의 국제주의 평화를 넘어 인간이 자신의 모태인 자연과 조화를 통해 지구 안에서 생존을 모색하는 지구 자체의 평화다. 지구 차원의 평화주의는 인간이 인간 아닌 존재의 서식지를 침략하지 않음으로써 인간 아닌 존재가 인간과 함께 존속하고 함께 진화할 권리를 보장하는 것이다.

인류세의 개념은 장구한 시간 동안 인간이 지구에 미친 영향을 성찰하는 개념이다. 오랜 시간 인류가 지구에 쌓은 원인은 그만큼 서서히 비인간 존재들과 지구에 깊은 상처를 냈다. 기후위기로 대표되는 지구의 생태 위기는 비인간 존재들과 지구가 인간에게 보내는 경고다. 인간의 폭정에 대한 저항의 막바지에 보내는 최후통첩이다. 지구법학의 관점은 인간이 비인간 존재들과 지구에 대해 평화적 공존 관계를 회복하는 것이 인류 최대의 과제임을 강조한다.

---

31   조효제, 「탄소 사회의 종말」, p. 117.

이제는 너무 익숙한 개념인 지속 가능성 역시 개발 또는 발전의 수식어가 아니라, 지구 자체의 지속성을 위해 개발 또는 발전을 제어할 수 있는 규범적 개념으로 탈바꿈되어야 한다. 지속 가능한 사회의 이상은 본질적으로 인간을 인류 공동체의 일원으로 여김으로써 전통적인 자유주의적 사고방식을 넘어선다.

지속 가능성의 이상 속에서 법률가의 창의성은 분명 다른 역할과 직업윤리를 요청받는다. 법률가는 승부욕에 불타는 검투사가 아니라 공생을 꾀하는 협력자가 된다. 기후위기 시대의 법률가는 경쟁적 사회에서 지위 추구와 이윤 동기에 몰입하는 대신 비인간 존재를 포함한 타자에 대한 공감과 돌봄을 통해 지구의 모든 구성원이 삶을 영위하는 여건을 만들어가는 해결 방안을 고민한다. 창의적인 법률가는 법적 사안을 다루면서 형식주의적 태도에 빠지거나 개별 사건에 매몰되지 않고, 근본적·구조적 관점에서 문제를 다루고자 한다.

생태 친화적인 법률가는 사회문제를 지구 관점에서 근원적으로 해결하고자 하며, 법정 다툼을 끌어가기보다는 더 좋은 해법을 모색하고, 전형적인 법률가의 역할마저 포기할 수 있다. 이러한 법률가는 인간의 문제를 공존 번영의 관점에서 성찰하고 실천하며, 사회의 소외된 사람들과 인간에 의해 종말의 위기에 봉착한 비인간 존재들을 옹호하려는 자세를 갖춘 사람이다. 인간이 사회적 또는 지구적 대의와 굳게 연결할 때 인간의 창의성은 더욱 탁월하게 발휘되고, 이러한 창의성은 법률가 자신에게도 오래 지속되는 보람을 선사할 것이다.[32]

지구 차원의 정의를 위한 법조 윤리의 과제

영미권에서 변호사는 법의 테두리 내에서 공공의 이익이나 제3자의 이익보다 의뢰인의 이익을 중시하는 당파적 대리인으로 이해되었다. 고용된 총잡이hired gun, 몰도덕적 기술자amoral technician, 특별한 친구special friend 등이 그 상징이었다.[33] 이러한 변호사상辯護士像에 반대하여 변호사를 윤리적인 조언가로 이해하려는 흐름이 1970년대 중반 무렵 미국을 중심으로 등장했다. 상당수 도덕철학자들이 법조 윤리에 관심을 가지면서, 보편 도덕의 관점에서 표준적인 법조 윤리를 비판적으로 재검토하려는 경향이 확산했다.[34] 아직은 전통적인 변호사상에 기초한 표준적 법조 윤리관이 우세하다. 하지만 표준적 법조 윤리관을 둘러싼 논쟁을 통해 변호사의 역할, 법조 윤리의 본질과 방법론 등을 탐구하는 법조 윤리의 기초 이론은 법조 윤리의 핵심적인 분야로 자리 잡았다.[35]

---

32 이재승, 「법적 창의성, 그리고 법학교육」, p. 180.
33 오세혁, 「법조 윤리의 법철학적 기초」, 『중앙법학』 19(4), 2017, p. 355 참조.
34 같은 글, p. 353 참조.

표준적 법조 윤리관은 세 가지 원리로 구성된다. 첫째는 변호사가 법의 테두리 내에서 공익이나 제3자의 이익이 아니라 의뢰인의 이익을 추구해야 한다는 당파성 원리principle of partisan다. 둘째는 변호사가 의뢰인이 추구하는 목적의 도덕적 가치에 관하여 개입해서는 안 된다는 중립성 원리principle of neutrality다. 셋째는 변호사가 의뢰인의 도덕 또는 의뢰인의 목적에 비추어 판단되어서는 안 된다. 다시 말해 변호사가 의뢰인의 비도덕적 행위를 도와준 데 대해 도덕적 비난을 받아서는 안 된다는 면책 원리principle of non-accountability다.[36]

새로운 법조 윤리를 지향하는 법조윤리학자들은 변호사의 열성적 변호의 한계가 되는 '법의 테두리'에 대한 해석에서 역할 도덕에 기초한 당파적 해석이나 일상적 보편 도덕에 기초한 윤리적 해석을 요구하는 도덕철학적 관점을 거부하고 법철학이나 정치철학의 관점에서 모색한다. 새로운 법조 윤리는 법의 올바른 해석 또는 정당한 해석에 기초하여 의뢰인의 당파적인 이익 추구를 제한함으로써 법의 지배라는 가치를 유지하려 한다. 더 나아가 새로운 철학적 법조 윤리는 변호사가 활동하는 사회의 헌법 규범이나 민주적 의사 결정을 반영하여 변호사의 윤리를 변화시킬 수 있다고 믿는다.[37]

---

35   같은 글, p. 352 참조.
36   같은 글, pp. 355~56 참조.
37   같은 글, p. 372.

새로운 법조 윤리에서 법의 테두리는 법 규정의 문구에 충실한 '형식적인 실정법 positive law의 테두리'가 아니라 법의 목적이나 정의 이념을 고려한 '실질적인 법 law의 테두리'를 의미한다. 법률가의 역할과 덕목을 비롯한 법조 윤리의 핵심적인 쟁점에서 법철학적 성찰이 필요하다는 점이 중요하다. 이러한 접근은 학제적 법조 윤리라 할 만한다. 즉 법조 윤리의 학문적 기초를 정립하기 위해서 법학, 윤리학, 철학의 학제적인 연구와 함께 실무와의 연계가 중요하다.[38]

새로운 법조 윤리에서 지구법학을 말하지는 않지만, 지구법학이야말로 새로운 법조 윤리, 특히 학제적 분야로서 법조 윤리의 학문적 기초를 더 확장한다. 기후위기 상황에서는 지구 전체의 관점에서 자연과 사회의 과학, 철학과 종교와 윤리학, 그리고 규범학을 총괄해야만 정립되는 지구법학이 새로운 법조 윤리의 출발점이자 종착점이 되어야 한다.

5. 결론

패러다임의 전환은 무에서 유를 만들어내는 것이 아니다. 패러다임 전환을 위한 방법론으로서 패러다임 전환 전후에 걸

---

38 같은 곳.

친 보편적 이념을 설정하는 것은 인류의 역사적 날줄을 이어 가기 위해서다. 인류세에 대한 토마스 베리의 응답은 생태대 Ecozoic Era다.[39] 생태대는 인간이 지구 공동체에 참여하는 구성원 중 일부로서 지구에서 살아가는 시대를 말한다. 생태대를 향한 지구 차원의 이행기 정의는 지구에 대한 '선진국'과 자본의 선취, 훼손, 약탈에 대한 고백과 참회를 전제로 한다. 법은 규범적으로는 당위에 터 잡아 정의를 향하면서 정의를 실현하지만, 다른 한편 역사적으로는 부정의의 폭력 위에 서 있다. 정의의 여신상의 칼은 엄정한 정의와 함께 피 묻은 폭력성을 상징하고, 저울은 규범과 지배 권력의 길항 관계를 줄타기 하는 이중성을 비유한다. 한스 요나스는 인간이 자연을 훼손했으면 도덕적 책임뿐만 아니라 법적인 책임까지 져야 한다고 역설했다. 인간과 인간, 인간과 비인간, 인간과 자연의 관계를 아우르는 차원에서 지구 훼손에 대한 책임과 의무의 배분과 그 실천이 요청된다.[40] 지구적 관점에서 지구의 성원으로서 모든 지구의 성원을 위한 법적 인식과 실천이 필요한 시대다. 토마스 베리가 거대한 과업이라고 말한 지구법학 관점에서 생태대를 향한 거대한 생태적 법조 윤리가 태동해야 할 시대다.

---

39 토마스 베리, 「토마스 베리의 위대한 과업」, 이영숙 옮김, 대화문화아카데미, 2009, p. 21.
40 양해림, 「한스 요나스의 생태학적 사유 읽기」, 충남대학교출판문화원, 2013.

3부 지구법 판례

라틴아메리카의 지구법 판결
—동물과 자연의 권리[1]

조희문

1. 들어가며

어릴 적「피터 팬」「톰과 제리」「덤보」「밤비」「곰돌이 푸」그리고 일본 만화『센타로의 일기』등을 보며 자란 세대에게 동물의 의인화는 낯설지 않다. 더 나아가, 단군신화에서는 곰이 사람이 되기를 원해 마늘을 먹고 웅녀가 되었고, 하늘에서 내려온 환웅과 결혼해 단군을 낳는다. 이는 인간과 동물이 경계 없이 연결된 세계관을 담고 있다. 불교에서도 인간은 업에 따라 윤회를 반복하며, 그 가운데 하나가 축생도로서 동

---

[1] 이 글은 2019년 대한민국 교육부와 한국연구재단의 지원을 받아 수행된 연구임 (NRF-2019S1A6A3A02058027).

물의 세계에 환생하는 것이다. 오늘날에도 시험이나 인사이동을 앞두고 바위나 나무, 절벽 등 자연물에 소원을 비는 기원문화가 여전히 존재한다. 지구 반대편 라틴아메리카 역시 유사한 전통을 갖고 있다. 안데스산맥의 원주민들은 '파차마마 Pachamama'를 대지의 어머니로 숭배한다. 파차마마는 곧 자연이며, 건강한 자연은 건강한 파차마마를 의미한다. 인간을 포함한 대지의 모든 구성원은 파차마마 안에서 태어나고 생활하며, 다시 대지로 돌아가 환생한다고 믿는다.

이러한 전통 자연관이 2008년 에콰도르 헌법 개정을 통해 제도화되었다.[2] 자연에는 인간 외에도 동물이 포함되므로, 동물 역시 권리의 주체가 된다는 논리는 자연스러운 귀결이다. 신화나 상상의 세계 속 이야기로만 여겨졌던 동물과 자연물이, 인간과 동등한 법적 인격체로 인정되는 시대가 열린 것이다. "사회가 있는 곳에 법이 있다 Ubi societas, ibi ius"라는 라틴어 격언은 통상 인간 사회에만 법이 존재한다고 해석된다. 이에 따라

---

[2] 에콰도르는 세계 최초로 헌법에 자연을 '파차마마'로 명시하고, 자연 또한 권리주체임을 선언했다. 즉 자연은 인간과 마찬가지로 고유한 권리를 가지며, 이를 직접 행사할 수 있다고 규정한 것이다. 헌법 제10조 제1항은 "자연은 헌법이 인정하는 권리주체가 된다"라고 명문화하며, 자연을 헌법상 기본권의 주체로 인정했다. 이는 권리편 제1장의 첫 조문으로서, 헌법에서 인정하는 권리에 대한 자연의 주체성을 공고히 한 상징적 조항이다. 인간 사회에서 인간과 자연의 조화로운 공존을 목표로 하는 이 규정은, 현대 법학에 있어 혁신적 전환을 의미한다[조희문, 「중남미에서의 자연권에 관한 이론과 실제」, 『외법논집』 44(3), 2020, p. 454].

동물 세계는 먹이사슬과 약육강식의 법칙에 지배된다고 여겨져왔다. 하지만 생태계는 각 구성 요소가 균형을 이루는 데서 건강함을 유지하며, 이는 단순한 경쟁 논리만으로는 설명할 수 없다. 과학이 발전하면서 인간은 자연을 통제하고 지배하는 위치에 올랐고, 이에 따라 현대의 법체계는 자연을 인간을 위한 대상으로 전제해왔다.

이러한 가운데, 자연과 동물에게 법인격을 부여하겠다는 에콰도르의 시도는 인간 중심으로 설계된 현대 법체계에 근본적인 물음을 던지는 획기적인 변화다. 그러나 헌법상 자연권리의 내용과 적용 대상, 해석 방식은 여전히 명확하지 않았다. 헌법재판소가 이를 구체적으로 밝히기까지 법학계에서는 다양한 학설만이 존재했다. 이러한 불확실성은 2021년 11월 에콰도르 헌법재판소의 로스세드로스Los Cedros 보호림 사건에서 자연권리의 자격과 취득 조건에 관한 명확한 판단이 내려짐으로써 일부 해소되었다.[3] 이 판결은 자연의 법인격성과 그 법적 보호 범위에 대한 실질적 기준을 제시했다.

한편 자연에 동물이 포함된다는 점에는 이견이 없지만, 구체적으로 어떤 동물 또는 종에 자연권리를 부여할 수 있는지에 대해서는 논란이 존재해왔다. 이에 대한 결정적 단서는 2021년의 에스트렐리타 나무늘보곰 사건[4]에서 제시되었다. 이 사건은

---

3   CASO No. 1149-19-JP/20, 2021. 11. 10.

동물의 법인격 인정과 관련된 최초의 판결 논리를 담고 있어, 법학계에 있어 중요한 이정표가 된다. 이제 에콰도르 헌법과 학설, 판례라는 '삼각 축'을 확보하게 된 법학자들은, 구체적 사안에서 자연권리를 해석하고 적용하는 실제 법리를 연구할 수 있는 토대를 얻게 되었다.

이 글은 다음의 전제 위에서 논의를 전개하고자 한다. 즉 미래의 법체계는 인간 중심에서 벗어나 생태 중심으로 전환되어야 하며, 라틴아메리카에서의 법적 변화는 그 중요한 사례이자 근거가 될 수 있다는 것이다. 특히 예측 가능성과 일관성을 중시하는 법원이 자연과 동물의 법인격을 어떻게 인정하고 있는지를 분석하면, 인간 중심 법학이 풀지 못한 물음들에 대한 새로운 접근법을 발견할 수 있을 것이다. 시대정신의 변화를 반영한 헌법재판소와 대법원의 판결이유는 법제도의 혁신을 위한 출발점이 되며, 라틴아메리카 법원들이 자연의 법인격을 논의하면서 고민한 흔적은 깊은 통찰을 제공한다.

이 글의 구성은 다음과 같다. 첫째, 자연의 법인격을 인정한 라틴아메리카 국가들의 판례와 그 판결이유를 살펴본다. 둘째, 동물의 법인격을 인정한 판례와 그 법리를 분석한다. 셋째, 이러한 판례들을 비교 검토하여 자연과 동물의 법인격 인정이 가지는 법학적 함의를 도출한다. 과거 콜럼버스가 달걀을 거꾸

---

4   Estrellita, Sentencia No. 253-20-JH/22.

로 세웠듯이, 코페르니쿠스적 법사고의 전환 없이는 기존의 법학 장벽을 넘기 어렵다. 지금은 법학의 패러다임 전환, 즉 법학의 '지구적 전환'을 요구받는 시점이다.

2. 자연의 법인격을 인정한 라틴아메리카의 지구법 판결

에콰도르가 2008년 헌법에 자연권리를 명시하게 된 배경을 단순히 원주민 인구가 많기 때문이라고 해석하는 시각이 있다. 파차마마 사상을 헌법에 반영한 것은 원주민 문화의 영향이라는 해석이다. 틀린 말은 아니지만, 이는 너무 단순한 설명에 그친다.

에콰도르의 자연권리 헌법화를 주도한 우고 에체베리아는 자연권리 개념이 단지 전통 사상의 수용에 그친 것이 아니라, 국제 환경법의 진전과 환경보호에 대한 에콰도르 사회의 인식 변화가 함께 반영된 것임을 강조한다.[5] 즉 단순한 전통 계승이

---

5   Hugo Echeverría, "Rights of Nature: The Ecuadorian Case," *REVISTA ESMAT* 9(13), 2017, pp. 78~79. 에콰도르는 생물 다양성과 천연자원 그리고 다양한 인디오 종족들이 공존하는 복합 공간을 갖고 있기 때문에 자연스럽게 환경입헌주의가 발달했고 국제환경법에서 강조하는 생물 다양성 보존 관련 국제 협약 등에 적극적으로 가입한 이력이 있다는 것이다.

아니라, 역사적·문화적·환경적 요소가 입체적으로 작용한 결과라는 것이다. 에콰도르는 생물 다양성과 천연자원이 풍부하며, 다양한 원주민 공동체가 공존하는 복합적 생태·사회구조를 지닌 나라다. 이러한 배경은 자연스럽게 환경입헌주의의 발전으로 이어졌고, 에콰도르는 생물 다양성 보존을 강조한 다수의 국제 환경 협약에 적극적으로 가입해왔다.

자연과 인간의 일체성, 삶의 순환을 보는 세계관은 안데스의 파차마마 사상뿐만 아니라 동양의 윤회 사상과도 맞닿아 있다. 이러한 전통적 인식에 따르면, 인간은 자연의 지배자가 아니라 그 일부이며, 참된 행복은 자연의 일원으로서 조화롭게 살아가는 '좋은 삶buen vivir'을 실현하는 데에 있다. 이 개념은 2008년 에콰도르 생태 헌법Constitución Ecológica에도 그대로 녹아 있다. 자연은 더 이상 인간의 소유 대상이 아닌, 함께 살아가는 공동체의 구성원으로 자리매김한 것이다.

헌법 제정 이후 자연권리를 근거로 한 소송이 꾸준히 제기되었지만, 문제는 헌법이 자연권리를 선언적으로 규정하고 있을 뿐 이를 뒷받침할 법적 정의나 구체적 이행 법률이 부재했다는 점이다. 결국, 자연권리의 실질적 해석과 적용은 헌법재판소의 손에 맡겨질 수밖에 없었다. 그러나 제정 초기 10여 년 동안 에콰도르 헌법재판소는 이 문제에 대해 조심스러운 태도를 보였다. 개발과 보전이라는 국가적 목표 사이에서 긴 숙고의 시간을 거친 것이다.

마침내 2021년, 헌법재판소는 중대한 판단을 내리게 된다. 로스세드로스 보호림 사건에서 자연권리를 명확히 인정하며 그 적용 조건과 범위를 구체화했다. 같은 해, 에스트렐리타 나무늘보곰 사건에서는 동물의 권리에 관한 최초의 헌법적 판단이 이루어졌다.

자연은 곧 지구 생태계이며, 그 안에는 생물과 무생물, 인간과 비인간 존재가 모두 포함된다. 그러나 그중 누구에게 법인격이 부여될 수 있는지는 여전히 구체적 사건을 통해 법원이 판단해야 하는 문제다. 이 지점에서 에콰도르와 콜롬비아의 판례는 매우 중요한 이정표가 된다. 이들 판결은 자연에 법인격을 부여할 수 있는 기준과 절차를 제시했다는 점에서, 지구법 또는 생태법의 실질적 토대를 제공한 기념비적 판결로 평가할 수 있다.

이 글에서는 두 가지 주요 사례를 간단히 분석하고자 한다. 첫째는 2021년 에콰도르 헌법재판소의 로스세드로스 보호림 사건이며, 둘째는 2016년 콜롬비아 헌법재판소가 아트라토강 Río Atrato에 법인격을 인정한 아트라토강 사건[6]이다. 두 사건 모두 '자연은 권리주체가 될 수 있다'라는 법리의 전환점을 보여주는 판결이며, 동시에 인간 중심의 법체계에서 생태 중심으로 이행해가는 현실적 고민의 산물이다.

---

6 Corte Constitucional-Sala Sexta de Revisión, sentencia T-622 of 2016.

에콰도르 헌법재판소의 로스세드로스 보호림 사건

산림이나 자원 개발과 관련된 허가는 정권의 변화에 따라 정책이 급변할 수 있는, 정치적으로 예민한 영역이다. 따라서 헌법에 명시된 자연권리가 실제로 얼마나 실효성을 갖는지를 따지기에 적절한 시험대가 된다. 로스세드로스 보호림 사건은 바로 그러한 시험대에서 헌법재판소가 어떻게 응답했는지를 보여주는 결정적인 사건이다.

이 사건은 에콰도르 국영 광산 회사 에나미Enami와 캐나다의 코너스톤 캐피털 리소스Cornerstone Capital Resources가 공동으로 추진하던 광산 탐사 사업이 문제의 발단이 되었다. 이들이 계획한 탐사지는, 단순한 숲이 아닌 열대 안데스산맥의 초코Chocó 지역에 위치한 로스세드로스 보호림이었다. 이곳은 178종의 멸종 위기 동식물 — 거미원숭이와 안경곰을 포함하여 — 이 서식하는 생태계의 보고이며, 생물 다양성 보존 측면에서도 국제적으로 중요한 지역이다.

개발 허가가 내려지자 인근 코타카치Cotacachi시는 정부가 승인한 광산 탐사 및 환경 허가가 자연권리를 침해하고 있다고 주장하며 헌법소원을 제기했다. 이 사건은 2019년에 헌법재판소에 회부되었으며, 당시까지 헌법재판소는 자연권리와 관련된 여섯 건 이상의 사건을 심리했지만, 명확한 법리를 제시한 적은 없었다.

자연권 침해의 구체적 판단 기준 제시

헌법재판소는 이 사건에서 에나미 측에 부여된 광업 및 환경 허가가 헌법상 세 가지 기본권을 침해했다고 보았다.

① 물에 대한 권리(제12조, 제313조)
② 건강한 환경에 대한 권리(제14조)
③ 지역사회가 가지는 사전 협의의 권리(제61.4조, 제398조)

이 판결이 특별한 이유는, 같은 해 '맹그로브 생태계 사건'[7]에서는 자연권리의 부여 조건에 대해 개략적인 윤곽만 제시했던 데 반해, 이번 판결에서는 자연권리의 적용 여부를 판단하는 보다 구체적 기준과 법리를 제시했다는 점이다.

무엇보다, 헌법재판소는 막연하게 '자연 일반'을 언급하는 대신 '특정 자연물,' 즉 로스세드로스 보호림이라는 특정 숲에 자연권리를 부여했다. 이는 자연권리의 '보편적 선언'이 아닌, 사건별로 구체화된 특수한 자연에 대한 권리 부여 specification의 방식을 택한 것으로서, 향후 판결들의 해석 방향을 결정짓는 중대한 원칙이 된다.

---

7   Caso Manglares n.º 22-18-IN/21 (Sentencia 22-18-IN/21).

사전 예방 원칙에 기반한 2단계 테스트

헌법재판소는 자연권리 침해 여부 판단을 위해 '사전 예방 원칙precautionary principle'에 기초한 2단계 테스트를 도입했다.

> ① 해당 활동이 자연에 심각하고 회복 불가능한 위험을 야기할 가능성이 있는지 여부
> ② 그 부정적 영향에 대해 충분한 과학적 확신scientific certainty이 결여되었는지 여부(판결문 para. 62)

이 기준은 1992년 리우 선언의 원칙 15와 다수의 국제환경조약에서 제시한 사전 예방 원칙에 기반을 둔 것으로, 이제는 단순한 선언이 아니라 자연권리 판정의 핵심 법리로 채택된 셈이다. 또한, 헌법재판소는 이 두 단계 테스트에 있어서 입증 책임의 전가라는 중요한 판단을 내렸다. 즉 개발 행위를 시도하는 측(정부, 기업 또는 개인)이 자연에 부정적 영향이 없다는 것을 과학적으로 입증해야 하며, 만약 이를 입증하지 못할 경우 해당 활동은 허용될 수 없다는 것이다. 이는 '의심스러울 때는 자연에 유리한 해석 원칙in dubio pro natura'을 선언한 것으로도 해석될 수 있다.

세 가지 주요 함의

첫째, 헌법재판소는 자연권리의 권리주체를 '보편적 자연'

이 아닌 '특정 자연물'로 한정했다. 맹그로브 생태계 사건에서는 전체 생태계를 언급함으로써 향후 적용 범위에 혼선을 남겼다면, 이번 판결은 로스세드로스라는 고유한 생태계를 직접 특정함으로써 자연권리의 적용이 사안별로 이루어져야 함을 명확히 했다.

둘째, 자연권 침해 판단에 있어 사전 예방 원칙에 기반한 2단계 테스트를 적용함으로써, 자연권과 국제 환경법의 원칙 간의 연결 고리를 강화했다. 그러나 여기에는 하나의 고민이 남는다. 위험성과 부정 영향의 부재를 과학적으로 입증하는 부담이 기업과 정부에 전가되었을 때, 그 입증 수준은 어떤 과학적 표준에 기초할 것인가? 헌법재판소는 과학적 판단의 주체로서 어느 정도까지의 '압도적 증거'를 요구할 것인가? 이 부분은 향후 사건을 통해 축적되는 판례와 행정적 기준으로 구체화될 수밖에 없을 것이다.

셋째, 이 판결은 국제법적 파장을 내포한다. 국제 환경법의 원칙에 따르면 국가는 국제 기준보다 더 높은 환경보호 기준을 설정할 수 있다. 그러나 이러한 국내 기준은 예측 가능성과 객관성을 갖추어야 하며, 특히 외국 투자자에 대한 적용에 있어 절차적 정당성due process이 보장되지 않을 경우, 국제분쟁으로 번질 가능성이 존재한다. 가령 외국 기업이 환경 당국으로부터 적법하게 면허를 부여받은 이후, 예상치 못한 자연권리 소송으로 인해 사업이 중단될 경우, 이는 단순한 국내 문제를 넘어서

투자자-국가 분쟁ISDS으로 확산될 수 있다.

로스세드로스 보호림 사건은 헌법 속의 자연권리가 선언에 머물지 않고, 실제 분쟁 상황에서 어떠한 법적 효과를 가질 수 있는지를 입증해 보인 첫 본격적 사례다. 이 판결은 에콰도르 국내법뿐 아니라 국제사회 전반에도 깊은 울림을 던진다. 자연의 법인격을 실질적으로 인정하는 판결이 실제로 작동하는 사회, 그리고 그런 판결을 감당할 수 있는 법학적 상상력과 철학이 과연 지금 어디까지 도달했는가를 되묻게 만든다.

콜롬비아 헌법재판소의 아트라토강 사건

콜롬비아 헌법은 1991년 개정되었지만, 에콰도르 헌법과 달리 전문이나 본문 어디에도 자연권리를 명시적으로 선언하고 있지 않다. 그러나 건강한 환경에 대한 권리와 지속 가능성의 원칙은 헌법 전체를 관통하는 정신으로 자리 잡고 있다. 헌법재판소는 이러한 조항들을 바탕으로 자연권리를 직접 명문화하지 않고도 그 법리를 구성하는 데 성공했다. 환경의 통합적 보호, 지속 가능 발전 모델의 보장이라는 2단계 검증법을 통해, 콜롬비아 헌법에 내재된 생태 헌법의 개념을 이끌어낸 것이다.[8]

사건 개요 — 원주민 공동체의 생명과 문화 그리고 강의 권리

이 사건은 초코 지역을 관통하는 아트라토강 유역에서 벌어진 사안이다. 원고는 원주민들이 조직한 환경 단체인 티에라디그나Tierra Digna였으며, 이들은 대대로 강 유역에 정착하여 전통적 방식으로 살아온 부족들이다. 그들에게 아트라토강은 단순한 자연이 아닌, 생명을 재생산하고 문화를 재창조하는 거주 공간이자 정체성의 근원이었다.

그러나 1990년대 말부터 무분별한 기계화 채굴이 불법적으로 진행되면서 강의 오염은 임계점을 넘어섰고, 공동체의 생존을 위협하는 수준에 이르렀다. 이에 원고는 헌법소원을 제기하며, 생명·건강·물·식량 안보·환경·문화·영토에 대한 기본권 보호와 함께, 구조적 생태·인도주의적 위기에 대한 국가적 대응을 요구했다.

이 건은 원고가 헌법 집단 보호 소송acción de tutela coletiva을 제기했으나, 1심과 2심에서 집단 보호 소송의 대상이 되지 않는다고 각하되었다. 그러나 헌법재판소는 이를 소수민족 공동체의 집단적 기본권 보호의 문제로 보고 사건을 받아들였다. 이 판결은 단순히 소수민족의 권리를 인정한 것이 아니라, 아트라토강 자체의 권리, 즉 자연의 법인격성이라는 새로운 법리

---

8   Liliana Estupiñán Achury, "Neoconstitucionalismo ambiental y derechos de la Naturaleza en el marco del nuevo constitucionalismo latinoamericano," *Revista de Estudios Jurídicos y Criminológicos* 1, 2020, pp. 127~43.

로 이어졌다.

헌법재판소의 판결 요지

헌법재판소는 판결에서 다음과 같은 핵심적 결정을 내렸다.

① 하급심의 각하 결정을 파기하고, 원고가 주장한 생명·건강·물·식량 안보·환경·문화·영토에 대한 기본권을 인정했다.
② 이 권리들이 아트라토강 유역 및 지류에서 심각하게 침해되고 있음을 선언했다.
③ 아트라토강 및 그 유역·지류를 '권리주체'로 선언하고, 보호·보존·유지·복원의 권리를 부여했다.
④ 국가 및 원주민 공동체가 함께 이 권리의 법적 후견인 guardianship이 되어야 하며, 국가기관은 이에 대한 구체적 이행 계획과 모니터링 체계를 마련해야 한다고 명령했다.

헌법적 논리의 구성 — 생태 헌법으로의 이행

콜롬비아 헌법에는 자연권리가 명시되어 있지 않지만, 헌법재판소는 다단계 논리 구성을 통해 자연권리를 추론했다.

① 법치 사회국가 원칙 Estado Social de Derecho: 콜롬비아 헌법은 단순한 자유주의적 법치국가를 넘어, 사회정의를 적극 실현하는 복지국가 모델을 지향하고 있다. 헌법재판소는 이 원칙을 통해, 국가가 단순히 자유를 보장하는 차원을 넘어서, 사회적 약자와 환경에 대한 적극적 개입의 책무를 진지하게 해석했다.

② 건강한 환경권의 확대해석: 재판소는 원주민 공동체가 향유할 건강한 환경권을 인정하는 데 그치지 않고, 이를 아트라토강 자체의 권리로 확장했다. 건강한 환경을 인간이 향유할 수 있으려면, 자연 스스로도 건강을 유지해야 한다는 점을 근거로 자연권리로 연결시킨 것이다.

③ 생물문화적 권리 derechos bioculturales의 승인: 콜롬비아는 다원적 헌정 질서를 채택하고 있으며, 소수민족 공동체가 전통 지식과 관습에 따라 조상으로부터 물려받은 삶의 터전에서 자치권을 행사할 수 있는 권리를 인정한다. 헌법재판소는 이를 "생물문화적 권리"로 개념화하며, 인간과 자연이 공존하는 문화의 토대를 명확히 했다.

④ 생태 헌법으로서의 콜롬비아 헌법 해석: 이러한 종합적 해석을 바탕으로, 헌재는 콜롬비아 헌법을 사실상의 생태 헌법으로 정의했다. 자연의 자율성과 내재적 가치를 인정하고, 인간의 권리를 넘어서는 지구법적 패러다임을 도입한 판결이라 할 수 있다.

사전 예방 원칙과 절차적 정의

이 판결 역시 사전 예방 원칙을 핵심 판단 기준으로 삼고 있다. 헌법재판소는 다음과 같은 다섯 가지 요건을 제시하며 사전 예방 원칙의 적용 요건을 정리했다.

① 위해 가능성이 존재할 것
② 그 위해가 중대하고 불가역적일 것
③ 과학적 확실성이 절대적이지 않더라도 충분할 것
④ 해당 행정행위의 동기가 환경 파괴 방지일 것
⑤ 결정의 행위자에게 명확한 목적성이 있을 것

국제 질서 속에서 사전 예방 원칙의 적용은 여전히 상충된 입장이 대립하고 있다. 이 원칙을 지지하는 측은 불확실한 상황에서 환경과 생태계를 보호하기 위한 최소한의 방어기제로 본다. 반면, 이에 반대하는 이들은 사전 예방 원칙이 인간 활동을 과도하게 제약할 수 있다는 우려, 특히 과학적 불확실성을 이유로 과도한 규제가 정당화되는 부작용에 대해 불신을 표한다. 실제로 국제사회는 아직 이 원칙의 적용 범위와 기준, 특히 과학적 증거 수준의 설정이나 입증책임의 주체에 있어 공통된 합의에 도달하지 못하고 있다.

이런 가운데, 콜롬비아 헌법재판소의 판례는 하나의 방향을 제시한다. 즉 잠재적 오염원(국가, 기업 또는 시민)이 입증책임을 부담한다는 구조이다. 이는 로마법 전통에서 강조되어온 '진실되고 검증 가능한 손해'에 근거한 손해배상 책임 법리와는 다른 방향으로, 개발 위험에 대한 입증책임을 전도하는 새로운 접근이다.[9]

요컨대, 헌법재판소는 시간이 흐름에 따라 환경보호의 원칙은 고정된 것이 아니라 재정의되어야 하며, 상충하는 권리 간 충돌 상황에서는 '의심스러울 때는 자연에 유리한 해석 원칙'이라는 선택이 필요하다고 선언한다. 특히 광업과 같은 추출 산업의 확장으로 인한 생태계의 잠재적 위협에 직면할 경우, 법은 권리의 진보성을 인정하고, 다원주의 원칙에 따라 더 큰 정의와 형평성을 구현하는 도구로 기능해야 한다고 보았다. 이와 같은 접근은 단지 법적 선언이 아니라, 지구를 공유하는 인간 종의 집단적 인식을 요구하는 철학적 전환이기도 하다. 자연에 대한 정의는 이제 인간의 범주를 넘어 자연 자체의 존재성과 가치를 기반으로 재정립되어야 한다(para. 7.40).

---

[9] 콜롬비아 헌법재판소는 전통적 손해 이론을 넘어, 사전 예방 원칙을 구체적 사건에 적용한 여러 사례들을 통해 그 실천 가능성을 보여주고 있다. 예컨대 2014년 T-397 판결에서는, 보고타시의 아파트 거주자들(유아 포함)이 1미터 거리에서 운영되는 통신 회사의 안테나로 인해 과도한 소음과 건강상의 위험을 겪고 있다고 주장했고, 법원은 환경보호와 아동의 건강을 이유로 사전 예방 원칙을 적용해 안테나의 해체를 명령했다. 마찬가지로, 콜롬비아 정보통신기술부는 법원으로부터 휴대전화 송신탑과 가정, 교육기관, 병원, 노인 요양 시설 간의 적절한 거리를 규제하라는 명령을 받았다 (para. 7.38).

결국 법원은 불법 채광 활동이 아트라토강 유역에 거주하는 원주민 공동체의 건강한 삶과 환경에 실질적 해를 끼칠 가능성이 높다고 판단하며 사전 예방 원칙의 적용 대상으로 간주했다. 광업의 발달로 인해 자연환경이나 국민 건강에 영향을 줄 가능성이 존재하는 경우, 예방 조치를 선제적으로 취해야 하며, 피해가 발생한 경우에는 상응하는 보상이 이루어져야 한다.

본 사건에서 사전 예방 원칙의 구체적 적용은 다음과 같이 정리된다.

① 합법 여부를 불문하고, 광산 활동에서 수은 등 독성 물질 사용의 금지
② 아트라토강은 보호·보존·유지·복원의 권리를 갖는 법적 주체로 선언

결론적으로 법원은, 원고 공동체의 생명, 건강, 건강한 환경에 대한 기본권이 심각하게 침해되었다고 판단하고, 책임 있는 국가기관에 대해 이러한 침해를 해결하기 위한 긴급조치를 채택할 것을 명령했다(para. 9.25).

이 판결은 콜롬비아 헌법이 비록 자연권리를 명문화하지 않았음에도 불구하고, 헌법재판소가 헌법 조항을 생태적 해석틀로 재구성하여, 콜롬비아 헌법이 실질적으로 '생태 헌법'이

라는 점을 천명한 사례다. 무엇보다 이 판결은, 법원이 단지 선언적 판단을 넘어서 행정부와 입법부에 구체적인 절차적 명령을 내리고, 그 이행을 모니터링하는 등 강력한 사법 적극주의 judicial activism를 채택하고 있다는 점에서 더욱 특별하다.[10] 즉 헌법재판소는 이 사건에서 단순한 선언에 머무르지 않고, 국가기관의 이행을 강제하는 실질적 사법 통제와 모니터링 체계를 명령했다. 특히 ① 독성 물질 사용의 금지, ② 생태계 복원 계획의 수립, ③ 원주민과 공동 후견 체제 구성, ④ 긴급조치 시행 등을 통해, 법원이 행정부와 입법부를 직접적으로 지휘하는 사법 적극주의를 보여주었다.

콜롬비아 헌법재판소의 아트라토강 판결은 헌법이 명문으로 규정하지 않은 자연권리를, 헌법 정신과 다양한 권리의 상호 연계를 통해 적극적으로 해석해낸 사례이다. 생명권, 건강권, 생물문화권, 환경권 등 다양한 권리를 매개로 하여, 자연 스스로의 권리를 선언하고, 동시에 지구 생태계의 구성원으로서 인간의 책임을 되묻는 이 판결은 콜롬비아 법학뿐 아니라 국제환경법 전체에 있어 새로운 법사고의 가능성을 열었다. 특히, '의심스러울 때는 자연에 유리한 해석 원칙'이라는 선언은, 단지 환경을 보호하라는 주장이 아니라, 법의 중심축을 인간에서

---

10 Philipp Wesche, "Rights of Nature in Practice: A Case Study on the Impacts of the Colombian Atrato River Decision," *Journal of Environmental Law* 33(3), 2021, p. 540.

자연으로 이동시키는 전환적 사유를 요구하는 것이다.[11]

3. 동물의 법인격을 인정한 라틴아메리카의 지구법 판결

에콰도르 헌법재판소의 에스트렐리타 나무늘보곰 판결

본 사건은 아나 베아트리스 부르바노 프로아뇨Ana Beatriz Burbano Proaño가 생후 한 달 된 나무늘보곰 '에스트렐리타'를 야생에서 데려와 18년간 반려동물처럼 함께 살아온 동물을 환경 당국이 구조 재활 센터로 강제 이송한 것에 기인한다. 에스트렐리타를 돌려받기 위해 아나는 인신 보호 소송habeas corpus을 제기했지만, 법원은 에스트렐리타가 이미 재활 센터에서 사망했기에 소익 불충분을 이유로 청구를 기각했다. 그러나 이 사건은 단순한 동물의 반환 청구가 아니었다. 신청인은 다음 두 가지 판단을 헌법재판소에 요청했다.

① 인간이 아닌 동물도 자연권리에 의해 보호되는 권리의 주체가 될 수 있는가?

---

11 같은 곳.

② 인신 보호 제도habeas corpus가 동물에게도 적용될 수 있는 법적 수단인가?

이에 대해 에콰도르 헌법재판소는 동물도 자연권리에 의해 보호되는 권리의 주체임을 처음으로 명확히 확인했다. 헌법재판소는 "인간과 다른 종, 자연계는 공통의 생명 체계에 통합되어 있기 때문에, 서로의 특수성과 차이를 인정하고 상호 보완성을 갖추어야 한다"(para. 58)라면서, 인간과 다른 종 사이에는 '목적'이면서 동시에 '수단'이 되는 협력적 이중성이 존재한다고 보았다(para. 59). 즉 자연 생태계 안에서 모든 종은 각자의 '좋은 삶'을 위해 서로를 일정한 한도 내에서 수단으로 활용할 수 있다는 것이다.

헌법재판소는 7 대 2의 의견으로 동물이 자연권리의 범주에 포함됨을 인정했고, 따라서 동물 역시 권리의 주체로서 인신 보호 청구권을 가진다는 입장을 내놓았다. 특히 중요한 점은, 동물권리가 종 전체가 아니고 집단도 아닌 개별 동물에도 적용될 수 있다는 판단이었다. 에스트렐리타와 같이 구체적인 존재로서의 동물도 헌법이 보호하는 권리의 주체가 될 수 있다는 것이며, 이는 멸종 위기 종 보호를 넘어 모든 개체에게 동물권을 인정할 가능성을 열어주었다. 이 판결로 인해 기존 동물 보호법 체계에서 '법의 객체'로 보호받던 위치에 있던 동물이 '법의 주체'로 새롭게 자리매김할 수 있는 법적 근거가 제시되었다.

헌법재판소는 동물권리를 자연권리의 특수한 표현으로 보았다(para. 91). 자연은 동물을 포함하는 포괄적 개념이고, 동물권리는 그중에서 특정 동물 종 또는 개체에 대한 보호로 이해된다(para. 92). 자연권리는 생물뿐만 아니라 무생물적 요소까지 포함하여, 모든 자연 존재들의 관계와 과정의 유지·재생산에 관한 권리로 해석된다(para. 93). 따라서 동물권리는 자연권리 안에 포함되는 개별적 권리 형태이며, 두 권리는 상호 포함적이되, 자연권리가 더 넓은 외연을 갖는다고 정리할 수 있다.

헌법재판소는 인간과 동물의 관계에 대해서도 지구 생태계의 먹이사슬 내 상호작용이라는 생태학적 맥락에서 접근했다. 인간은 다른 유기체를 섭취해야 생존할 수 있는 종이며, 이를 위해 농업, 축산, 어업, 사냥, 채집, 임업 등의 기술을 발전시켜 왔다(para. 106). 이러한 생물학적 상호 의존성은 자연스러운 생태 균형의 일부이며, 종간의 권리 관계 역시 생태학적 해석을 통해 판단되어야 한다고 본다. 예컨대, 먹이사슬 내 포식자가 먹이를 죽이는 행위는 동물의 생명권을 불법적으로 침해하는 것이 아니며, 자연 내 정상적인 생존 방식으로 보아야 한다는 것이다(para. 107).

이와 같은 인간의 생존 활동은, 인간이 자체적으로 영양소를 생성하지 못하는 종으로서 발전시켜온 자연스러운 생존 메커니즘이라고 설명한다(para. 108). 따라서 가축화된 동물의 이용은 합법적인 생존 수단으로 보되, 야생동물에 대해서는 보다 엄격한 보호 원칙을 적용했다. 야생동물은 인간 환경에 강제로 적응되어서는 안 되며, 그들의 '존재할 권리'는 멸종되지 않을 권리로 간주된다(para. 111). 따라서 야생동물에 대해서는 사냥, 포획, 보관, 밀매, 상업화 등 일체의 개입을 금지해야 하며(para. 112), 야생동물을 애완동물로 전환하는 행위는 그 종의 생태 주기에 직접적인 해악을 초래할 수 있다고 보았다(para. 116~17). 즉 야생동물이 자연 서식지에서 인간 환경으로 옮겨지는 '야생동물의 가축화나 인간화'는 동물 종의 취약성 및 멸종 위험을 증가시킬 수 있다고 본 것이다.

결론적으로 헌법재판소는 인간과 동물 간의 상호작용에 있어 '자연권리의 범위 내에서, 구체적 사건의 특수성을 고려하여 판단되어야 한다'라고 판시했다. 헌법 제74조가 보장하는 자연권리의 틀 안에서, 인간은 자연과 동물로부터 '잘 살 권리'의 일부로서 혜택을 받을 수 있다고 하였다(para. 110).

다만 생존과 직접 관련이 없는 활동, 예컨대 오락, 즐거움, 전시 등에도 동물을 사용할 수 있는지 여부에 대해서는 명확한 판단을 내리지 않았다. 향후 판례나 입법을 통해 보다 정교한 기준이 제시되어야 할 것이다.

콜롬비아 헌법재판소와 대법원의 동물 법인격 인정 판결

콜롬비아 헌법에는 동물에 관한 직접적인 규정이 없지만 자연과 환경을 보호할 헌법상 의무가 명시되어 있으며, 환경은 집단적 권리collective rights로 간주된다. 이러한 구조하에 콜롬비아는 헌법 집단 소원actio de tutela과 민중의 소actio popularis와 같은 집단소송 제도가 잘 발달되어 있다. 동물 보호 역시 이러한 생태 헌법적 체계의 연장선상에서 다루어진다.

콜롬비아의 동물법 체계는 동물을 자연의 일부로 간주하면서도 독자적인 보호 대상으로 포섭한다. 동물은 인간과 동일한 도덕적 지위를 가지지는 않지만, 헌법상 자연보호의 대상이자 지각 있는 존재sentient being로서 보호받는다. 따라서 반려동물뿐 아니라 모든 동물에게 잔혹 행위를 금지하는 잔학행위방지법과 같은 법률이 적용되며, 이는 가축화된 동물과 야생동물을 막론하고 동일하게 적용되는 원칙이다. 즉 기본 원칙은 야생동물이건 가축화된 동물이건 잔학 행위를 금지하고, 예외적인 사항을 열어두는 방식이다.

헌법재판소는 동물의 법인격 그 자체를 직접적으로 판단한 바는 없지만, 동물보호법의 위헌 여부를 심사한 일련의 판결들에서 그 태도와 법리를 명확히 드러냈다.

첫째, 2010년 동물보호법 위헌 심사 사건[12]에서 헌법재판소는 1989년 제정된 동물보호법 제7조가 투우, 닭싸움, 서커스 등 특정 문화 활동에 대해서는 동물 학대에서 면제하는 조항의 합헌성을 검토했다. 헌법재판소는 동물보호법이 인간과 동물의 관계를 다음 두 관점에서 설계했다고 보았다. (1) 인간의 행위는 동물의 삶에 영향을 미치므로 합리성을 가져야 하며, (2) 동물은 단순한 생명체가 아니라 지각 있는 존재이며, 재산의 사회적·생태적 기능을 지닌다. 나아가 입법자는 동물 보호 입법 시 인간도 자연의 일부라는 통합적 시각에서 규범을 설계해야 하며, 법은 동물의 지각 능력과 존엄성을 고려해 '의심스러울 때는 동물에게 유리한 해석 원칙 in dubio pro animale'에 따라 동물에게 유리하게 해석되어야 한다고 판시했다. 다만 법원은 이러한 동물 보호가 종교의 자유, 인간의 식습관, 의학 연구 및 전통문화 등의 필요에 의해 일정 부분 제한될 수 있으며, 제7조에 규정된 활동들은 동물 보호 의무에서 면제될 수 있지만 내용, 지역, 행사, 수량 등 문화적 맥락에 따라 적용에 한계가 있음을 인정했다.

둘째, 2012년 투우 관련 법률의 위헌성 여부를 다룬 C-889/12 판결[13]에서 헌법재판소는 C-666/10 판결의 법리를 보완하면서 동물 복지와 문화적 전통 간의 가치 충돌을 인정하고, 판단의 기준을 동물 복지에 두어야 한다고 했다. 즉 투우 규

---

12 Sentencia C-666/10, 2010. 8. 30.
13 Sentencia C-889/12, 2012. 10. 30.

정에 관한 법률 제916/2004호의 제14~15조의 위헌성 여부를 판단하면서, 투우의 경우 문화적 인식과 동물 복지 의무의 상호 이익 충돌이 있기 때문에, 이익을 판단할 때 동물 복지에 가중치를 부여해 판단하라는 입장을 내놓았다. 법원은 투우와 같은 전통 행위가 예외로 허용되려면 ① 특정 지역에서만 수행되고, ② 전통적 행사의 일환이어야 하며, ③ 다른 지역으로 확산되어서는 안 된다는 요건을 충족해야 한다고 보았다.

셋째, 2017년 헌법재판소 법률 위헌 심사[14]는 2016년 법률 1774호 제5조의 합헌성을 구하는 소송이었다. 헌법재판소는 법률 제1774호 제5조로 형법에 추가된 제339A조, 제339B조의 범죄유형에서 "심각한 손상을 초래하는"이라는 표현이 피고에게 극복하기 어려운 불확정성을 초래하기 때문에 적법성의 원칙principio de legalidad을 위배하는지 여부를 판단해야 했다. 헌법재판소는 이 문제를 해결하기 위해 ① 엄밀한 의미에서 적법성의 원칙의 범위를 설정하고, ② 해당 원칙의 위반으로 이의를 제기할 때 범죄유형에 대한 헌법적 통제의 성격을 명시하며, ③ 관련 판례를 언급하고 마지막으로 ④ 피고인의 표현이 헌법을 위배하는지 여부를 판단하도록 했다. 헌법재판소는 2010년 판결 C-666/10과 2012년 판결 C-889/12를 검토한 후, 2016년 법률 제1774호에서 입법자는 고통으로부터의 보호에 더 많은

---

14 Sentencia C-041/17, 2017. 2. 1.

가치를 부여했기 때문에, 동물 학대의 예외에서 범죄적 성격을 갖는 것이 있는지를 더 검토할 필요가 있다고 판단했다. 헌법재판소는 적법절차 원칙의 적용 범위를 재확인하고, 형사처벌 규정은 명확성, 유형성, 비례성을 갖춰야 한다고 판시했다. 결국 제339B조 3항은 그 모호성으로 인해 위헌으로 판단되었고, 해당 조항은 집행 불능 선언이 내려졌다. 즉 헌법재판소는 형법 제339B조 3항이 헌법에 위배되며, 해당 조문이 형사 규정이기 때문에 범죄의 적법성 원칙을 보장하기 위해서는 집행 불능 선언이 필요하며, 따라서 형법 339B조를 추가한 2016년 법률 제1774호 제5조는 적법성, 유형성 및 헌법적 판단의 원칙을 위배했기 때문에 집행 불가능하다고 판단했다.

이러한 판결에서 헌법재판소는 동물이 내재적 가치를 가진 존재임을 반복적으로 강조했으며, 생태 헌법의 틀 안에서 동물권이 진화할 수 있음을 시사했다. 사회의 변화에 따라 처음에는 상상하지 못했던 것이, 헌법재판소가 인정하는 방향으로 진화하고 있음을 밝혔다. 즉 헌법에 동물의 권리가 명시되어 있지 않더라도, 사회적·도덕적 진보에 따라 헌법재판소가 이를 인정해나갈 수 있음을 밝힌 것이다.

한편, 동물의 법인격을 보다 직접적으로 인정한 사례는 2017년 콜롬비아 대법원의 추초 곰 사건[15]이다. 추초는 마니살

---

15 Ahc4806-2017, 2017. 7. 26.

레스Manizales 보호소에 있다가 바랑키야Barranquilla 동물원으로 이송되었는데, 이에 대해 인신 구속 적부심이 청구되었다. 대법원은 추초가 지각 있는 존재이며, 인간과 비인간 동물 사이에 차이는 있지만, 동물도 내재적 가치를 지니므로 법적 주체가 될 수 있다고 보았다. 권리는 인간이나 법인에게만 부여되는 것이 아니라, 자연과 생명 있는 존재들에도 부여될 수 있다는 것이다. 결국 대법원은 추초의 인신 보호권을 인정했다. 이는 곧 동물에게 자유권의 일종이 부여되었음을 의미한다. 법원은 국가기관이 적절한 서식지로 이송할 것을 명령함으로써, 동물의 권리를 실질적으로 보장했다. 이 사건은 콜롬비아 사법부가 동물의 법인격성과 권리주체성에 대해 실질적으로 판단한 최초의 판례다.

아르헨티나 법원의 동물 법인격 인정 판결

아르헨티나에서는 동물의 법적 지위와 관련해 세계적으로 주목받는 판결이 두 차례 있었다. 2014년의 오랑우탄 산드라 사건[16]과 2016년의 침팬지 세실리아 사건[17]이 그것이다. 두 사

---

16   A2174-2015/10, 2015. 10. 21.
17   P-72.254/15, 2016. 11. 3.

건 모두 원고는 아르헨티나 동물권리보호변호사협회(AFADA)이며, 피고는 동물원 측이고, 청구 내용은 인신 구속 적부심을 통한 동물의 자유권 회복이었다.

첫째, 2014년 산드라 사건에서 아르헨티나 연방행정법원 1심은 오랑우탄 산드라를 법의 주체로 인정했다. 사건 개요에 따르면, 당시 29세였던 암컷 오랑우탄 산드라는 부에노스아이레스 동물원에서 약 20년간 좁은 우리에 갇혀 있었으며, 이에 대해 원고는 산드라가 보다 넓고 자연에 가까운 환경에서 생의 후반을 보낼 권리가 있다고 주장했다. 법원은 산드라가 인간과 유사한 감정을 지닌 고등 영장류로서, 단순히 법의 객체가 아닌 '법적 권리의 주체'가 될 수 있다고 보았다. 특히, 법원은 산드라의 '자유에 대한 권리'를 인정하며, 그녀의 인신 구속 적부심 청구 적격성을 수용했다. 그 결과, 피고는 산드라가 보다 자연에 가까운 환경에서 살 수 있도록 조치해야 한다는 판결을 받았다. 이 판결은 라틴아메리카는 물론 국제사회에서도 동물에게 법인격을 인정한 선구적 사례로 평가되었다.

둘째, 2016년에는 멘도사주의 지방법원이 침팬지 세실리아 사건에 대해 유사한 결정을 내렸다. 세실리아는 좁은 콘크리트 우리에서 고립된 채 생활하던 암컷 침팬지였으며, 원고는 그녀가 영장류로서 사회적 관계를 형성하고 감정을 나누며 살아갈 권리가 있다고 주장했다. 판사는 AFADA의 주장을 받아들여 세실리아를 "비인간 사람una persona no humana"으로 인정했다. 판결을 내린 마리아 알레한드라 마우리시오María Alejandra Mauricio 판사는, 영장류는 법의 대상이 아닌, 법의 주체가 될 수 있으며, 세실리아는 단지 보호받아야 할 존재가 아니라 '권리를 주장할 수 있는 존재'라고 판시했다. 그 결과, 세실리아는 법적으로 '비인간적 인격'을 인정받은 아르헨티나 최초의 동물이 되었고, 보호소로 이송되어 보다 적절한 환경에서 생활할 수 있게 되었다.

이 두 판결은 동물의 법적 주체성 인정에 있어 역사적 전환점을 이루었으며, 동물에게도 자유권과 거주 이전의 자유, 사회적 관계 형성의 권리 등 고등 권리가 인정될 수 있음을 보여주었다. 아르헨티나 법원이 '인간이 아닌 사람'이라는 개념을 통해 동물의 법인격을 인정한 것은 국제법적·비교법적 관점에서도 매우 주목할 만한 판례로, 이후 라틴아메리카와 유럽 일부 국가들의 동물권 논의에 적지 않은 영향을 미쳤다.[18]

---

18 이와 유사한 논지는 미국의 비인간동물권리프로젝트(NhRP)가 제기한 침팬지 토미 및 키코 사건과도 연결되며, 해당 사건들에서는 뉴욕주 항소법원이 동물에게 법적 인신 보호권을 인정하지 않았으나, 그 법적 쟁점은 유사하다. 특히 아르헨티나 법원이 보여준 적극적인 해석론은 기존의 법인격 이론을 확장하는 중요한 시도로 평가받을 수 있다.

브라질 법원의 동물 법인격 인정 판결

브라질 연방 헌법은 제225조에서 동물 학대를 금지하고 이를 처벌할 수 있도록 규정하고 있다. 이에 따라 제정된 환경 범죄법(법률 제9.605/1998호) 역시 동물에 대한 학대, 상해, 절단 등의 행위를 범죄로 규정하고 있다. 그러나 브라질 민법은 제82조에서 동물을 '동산bens móveis, movable property'으로 분류하고 있으며, 이에 따라 동물은 원칙적으로 권리의 객체로 간주된다. 이러한 구조하에서는 동물이 스스로 권리침해에 대해 제소할 수 없고, 제3자인 소유권자가 권리 행사를 대리하는 방식으로만 보호가 가능하다.

이와 같은 법체계 안에서, 학계 및 법조계 실무에서는 동물의 법적 주체성에 대한 활발한 논의가 이어지고 있다. 동물의 법인격성을 지지하는 견해는 연방 헌법 제225조 제1항 VII호가 명시한 "모든 동물은 인간의 학대 없이 존재할 권리를 가진다"라는 규정을 핵심 근거로 제시한다. 이들은 동물을 단순한 물건이나 재산이 아닌 '지각 있는 존재'로 해석해야 하며, 이러한 존재는 고통을 인지하고 감정을 느낄 수 있기 때문에 법적 보호의 주체가 될 수 있다고 주장한다. 특히 이들은 동물이 직접 소송을 제기하지는 못하더라도 대리인 또는 후견인을 통해 자신의 권리를 주장할 수 있어야 하며, 이는 단지 이론적 주장이 아니라 권리 보장을 위한 현실적 제도 설계의 핵심 요소라고 본다. 이러한 입장은 브라질 환경법 및 헌법의 목적 조항과도 부합된다는 주장과 함께, 법원이 적극적 해석을 통해 동물의 권리주체성을 단계적으로 확립해야 한다고 주장한다.

반면 보수적 해석을 취하는 입장에서는 브라질 민법 제82조에서 동물을 '동산'으로 규정하고 있는 점을 근거 삼아, 동물은 법의 보호 대상일 수는 있지만 독립된 권리주체가 될 수는 없다고 본다. 이러한 입장은 동물에 대한 보호가 필요하다는 데에는 공감하지만, 법적 권리주체성을 인정하는 것은 지나친 법리 확장이라고 보는 것이다.

이러한 논의는 실무상 중요하다. 예컨대 동물이 소송의 주체로 인정될 경우, 손해배상 청구에서 승소하게 되면 배상금은 전액 동물의 권리를 위해 사용된다. 반면 동물의 후견인이 소송의 원고가 될 경우, 배상금의 사용은 후견인의 재량에 달려 있어 동물의 권리 실현이 불완전해질 수 있다. 또한 동물이 소송주체로 인정되면, 대리인이나 법원은 피해 동물의 삶의 질, 심리적 상태, 고통의 정도 등을 고려하게 되어, 전통적인 인간 중심의 소송 방식과 판결 기준에 변화가 불가피하다.

브라질에서 동물을 소송의 원고로 처음 인정한 대표적 판결은 2021년 파라나Paraná주 항소법원에서 내려진 스파이크와 람보 사건[19]이다. 이 사건은 소유주에게 학대를 받았던 반려견

---

19 판결문은 TJ-PR - AI: 00592045620208160000 Cascavel 0059204-56.2020.8.

스파이크와 람보를 NGO 단체 '소우아미구Sou Amigo'가 대리하여 카스카베우Cascavel시 법원에 제소한 것이다. 두 마리의 개는 29일간 방치된 채 발견되었고, 이웃 주민의 신고로 구조되어 동물병원에서 치료를 받았다. 스파이크는 신체에 다수의 상처와 외상을 입은 상태였다.

NGO는 두 마리 개를 원고로 손해배상 소송을 제기하면서, 법원이 동물들을 소송의 주체로 인정할 것과 이들에게 정신적 피해에 대한 배상 및 일정 금액의 연금을 매달 지급하도록 명령해줄 것을 요청했다. 파라나주 항소법원은 이 사건에서 브라질 국내 판례뿐만 아니라, 콜롬비아 대법원의 추초 곰 사건과 같은 외국 판례들을 인용하며 동물의 법적 주체성을 인정했다. 법원은 특히 동물이 지각 있는 존재로서 법의 보호를 받아야 하며, 법적 권리의 주체가 될 수 있다고 판단했다.

이 판결은 브라질에서 동물을 법적 주체로 공식 인정한 첫 사례다. 브라질에서의 이러한 판례들은 민법상 객체로만 여겨졌던 동물에 대해, 연방 헌법 및 환경범죄법의 해석을 통해 점차 법적 주체성으로 접근하려는 사법적 실험이 시작되었음을 보여준다. 스파이크와 람보 사건은 특히 동물권리와 인권의 경계, 그리고 기존 법제도의 경직성을 극복하려는 법원의 의지를

16.0000 (Acórdão), Relator: Marcel Guimarães Rotoli de Macedo, Data de Julgamento: 14/09/2021, 7ª Câmara Cível, Data de Publicação: 23/09/2021, https://www.jusbrasil.com.br/jurisprudencia/tj-pr/1287168301.

상징적으로 보여주는 판례로서, 이후 라틴아메리카 및 글로벌 동물법 발전에 중요한 선례로 언급될 수 있다.

4. 판결의 비교 검토

자연과 동물이 법인격을 가질 수 있는가에 관한 논의는 전통적으로 법이론과 입법론의 두 축을 중심으로 전개되어왔다. 이 논의의 핵심은 권리주체를 누구로 설정할 것인가에 대한 법의 철학적 출발점에 있다. 디나 셸턴은 법인격이 생물학적 속성에 근거한 본질적 특성이 아니라, 사회가 법정책적 목적에 따라 부여하는 제도적 구성물임을 강조했다.[20] 실제로 현대법은 인간 외 존재들, 예컨대 기업, 협회, 지방정부, 심지어 선박까지도 법인격을 부여해왔다. 국제법에서도 국가나 국제기구처럼 법적 실체를 갖는 비자연인의 법인격이 정립되어 있다. 이러한 맥락에서 법인격의 범위는 사회가 가치판단을 통해 재설정할 수 있는, 동태적이고 진화 가능한 개념임을 확인할 수 있다.

세스 엡스타인은 법사학적·문화적 관점에서 자연과 인간의 관계에 대한 인식이 시대와 문명에 따라 근본적으로 변화

---

20   Dinah Shelton, "Nature as a legal person," *VertigO—la revue électronique en sciences de l'environnement* [Online], Hors-série 22, septembre 2015, https://doi.org/10.4000/vertigo.16188.

해왔음을 조망한다.[21] 고대사회는 자연을 신성한 존재로 간주하고 인간과 대등하거나 친족적 관계로 이해했지만, 근대 이후 계몽주의와 기계론적 자연관 그리고 자본주의적 생산구조가 결합되면서 자연은 인간의 목적 달성을 위한 도구 혹은 자원으로 환원되었다. 이와 같은 인간중심주의적 세계관은 법제도 전반에 깊게 반영되었고, 그 결과 자연은 법적 보호의 객체로만 머무르게 되었다.

그러나 21세기 들어 기후위기, 생물 다양성의 붕괴, 환경 정의 및 생태 정의의 실현이라는 과제가 국제사회 전반에 걸쳐 핵심적 논의로 부상하면서, 자연을 다시 법적 권리의 주체로 구성하려는 시도가 학계와 법조계에서 활발히 이루어지고 있다. 이는 단순한 법제도의 변화가 아니라, 인간-자연 관계에 대한 윤리적 전환이며, 동시에 법이론과 국제법의 새로운 패러다임 전환을 요구하는 흐름으로 볼 수 있다. 특히 자연권리는 탈인간 중심적 정의론post-anthropocentric justice과 생태법학 ecojurisprudence의 결합 속에서 법인격의 범위를 재구성하는 핵심 개념으로 자리 잡고 있다.

자연을 권리의 주체로 인정한다는 주장은 서구 자유주의 법체계의 전통적 권리 이론과 충돌하는 지점에 있다. 전통적으

21　Seth Epstein, Marianne Dahlén, Victoria Enkvist & Elin Boyer, "Liberalism and Rights of Nature: A Comparative Legal and Historical Perspective," *Law, Culture and the Humanities* 21(1), 2022, pp. 287~309.

로 권리의 주체는 자율성, 이성적 판단 능력, 도덕적 책임감 등의 기준에 기반해 설정되어왔으며, 이는 근대 자연법과 칸트적 도덕론의 영향을 받은 결과다. 이러한 기준은 인간을 권리의 중심적 주체로 설정하는 한편, 기준에 미치지 못한다고 간주된 존재들, 예컨대 여성, 아동, 장애인, 노예, 식민지 피지배민 그리고 비인간 동물을 법의 외곽에 위치시키는 결과를 낳았다. 이들은 종종 법의 객체로 간주되거나, 타인의 권리 실현을 위한 수단적 존재로만 인정받았다.

그러나 이러한 집단들이 권리의 주체로 전환된 과정은 단순한 법리의 확장이 아니라 사회운동과 철학적 전환, 정치적 투쟁이 중첩된 복합적 과정이었다. 예컨대 여성은 오랜 기간 이성적 판단 능력이 부족하다는 이유로 법적 무능력자로 취급되었으나, 19세기 말부터의 여성참정권 운동, 노동권 투쟁, 제2차 세계대전 이후의 인권 담론과 페미니즘 이론을 통해 점진적으로 법적 주체성을 확보했다. 아동은 전통적으로 부모의 소유물처럼 다뤄졌으나, 20세기 중반 이후 유엔 아동권리협약(UNCRC, 1989)과 같은 국제 인권 기준의 도입으로 독자적 권리의 주체로 인정받게 되었다. 노예제 폐지의 경우도 계몽주의의 평등 이념, 종교적 도덕 운동 그리고 경제적 구조의 변화가 함께 작용하여 노예의 인간성을 회복시키는 법적 근거가 마련되었다. 이러한 사례들은 법적 권리의 범위가 고정된 것이 아니라, 사회적 정의와 윤리적 자각의 진전에 따라 확장될 수 있음을 시사하며, 바로 그 연장선에서 자연과 동물의 권리 문제도 논의될 수 있는 것이다.

이러한 맥락에서 자연이나 동물에게 법인격을 부여한다는 주장은 법철학적으로 지구법이나 탈인간 중심 정의Post-Anthropocentric Justice의 맥락에서 접근해야 하며, 이는 권리 담론의 본질을 전환하는 탈중심적 사고의 요청이기도 하다. 크리스토퍼 스톤Christopher Stone이 1972년 「나무에게도 원고 적격이 인정되는가?」에서 제안한 바와 같이, 법은 언제나 새로운 권리주체를 포섭하며 진화해왔으며, 자연 역시 그러한 확장의 최전선에 있는 것이다. 다시 말해, 법은 고정된 체계가 아니라 사회의 윤리적 자각과 정치적 필요에 따라 그 지평을 넓혀가는 생동하는 체계다.

결과적으로 자연과 동물의 법인격 인정은 단순한 법적 형식 부여의 문제가 아니라, 권리 개념 자체의 재구성과 인간-비인간 관계에 대한 존재론적, 윤리적 재사유를 요구한다. 이는 권리를 자율성과 이성의 산물로만 보던 전통적 권리 이론의 틀을 넘어, 존재 그 자체에 내재된 가치와 상호 의존성에 대한 인정으로 나아가야 한다는 요청이기도 하다. 이 관점은 인간의 법적 지위를 확장해온 역사, 예를 들어 여성이 남성과 동일한 시민권을 획득하고, 아동이 보호의 객체에서 권리의 주체로 전환되며, 노예가 인간 존엄성을 회복하는 과정과 궤를 공유한다. 이 모든 과정은 억압받던 존재에 대한 사회의 도덕적 감수성과 정치적 투쟁 그리고 법의 자기 갱신적 성찰을 통해 가능해진 것이다.

그와 마찬가지로 자연과 동물에 대한 법인격 부여는 단순히 '새로운 권리주체의 추가'가 아니라, 인간중심주의를 해체하고 생명 중심적 책임 윤리를 수용하는 법이론의 전환점이다. 이는 '코페르니쿠스적 전환'으로도 이해될 수 있는데, 인간을 우주의 중심에서 내려오게 했던 과학 혁명처럼, 법의 중심축에서 인간을 내려놓고 생태계 전체를 고려한 법윤리를 새롭게 구성하는 시도다. 이는 공동 생명의 지속 가능성을 기반으로 하는 포괄적 정의론을 요청하며, 법의 정의 개념 자체를 재구성하는 작업에 해당한다.

입법론적 측면에서 보면, 자연과 동물의 법인격은 헌법이나 법률에 명시적으로 규정되어 있는지 여부에 따라 상황이 크게 갈린다. 에콰도르의 경우, 2008년 개정 헌법에서 자연을 권리의 주체로 규정함으로써 입법적 논쟁은 상당 부분 정리된 상태다. 이와 달리 콜롬비아는 자연권리가 헌법에 명시되지 않았음에도 불구하고 헌법재판소와 대법원이 적극적 헌법 해석을 통해 자연과 동물의 법적 주체성을 인정했다. 즉 입법이 부재한 상태에서도 판례를 통해 생태 중심의 헌법 이론이 전개되고 있다는 점에서 매우 중요한 비교법적 사례가 된다.

이 외에도 라틴아메리카의 여러 국가에서 다양한 방식으로 자연 또는 동물의 권리주체성이 논의되거나 인정되고 있다.

아르헨티나에서는 2014년 오랑우탄 산드라 사건과 2016년 침팬지 세실리아 사건을 통해 일부 법원이 인신 보호 청구의 대상에 고등동물을 포함시키며, '비인간 사람' 개념을 도입했다. 이는 동물을 단순한 보호의 객체가 아닌, 기본권의 일부를 향유할 수 있는 주체로 본 획기적인 판례다.

한편 브라질에서는 동물 보호 단체가 반려동물을 원고로 하여 제기한 손해배상 소송(스파이크와 람보 사건)을 통해, 일부 주 법원이 동물을 법적 소송의 주체로 인정하는 판결을 내리기도 했다. 브라질 헌법은 제225조에서 동물 학대 금지를 명시하고 있으며, 동물은 민법상 동산으로 분류되지만, '지각 있는 존재'로서의 지위에 대한 해석이 점차 확장되고 있다.

이처럼 자연권리 또는 동물권리를 둘러싼 법적 담론은 단일한 국가의 특수성을 넘어, 라틴아메리카 전반에서 다양한 문화적·철학적 전통과 연결되어 전개되고 있으며, 입법의 유무에 관계없이 사법적 해석을 통해 법의 지평을 넓혀가고 있다는 공통된 경향을 보여준다.

아래에서는 이 글에서 분석한 라틴아메리카 주요 국가들의 판례들을 중심으로, 자연권리 및 동물권리에 대한 핵심 비교 사항을 다음의 네 가지 범주로 정리해본다. 이 비교는 에콰도르의 로스세드로스 보호림 및 에스트렐리타 사건, 콜롬비아의 아트라토강 및 추초 곰 사건, 아르헨티나의 산드라 및 세실리아 사건, 브라질의 스파이크와 람보 사건 등을 중심으로 이루어진다. 이러한 주요 판례들은 자연 및 동물의 법인격을 법원이 어떻게 구성하고 해석하는지를 구체적으로 보여주는 법리적 토대이며, 입법이 이루어지지 않은 상황에서도 법적 보호의 범위를 확장하는 중요한 역할을 한다.

자연과 인간의 관계

에콰도르는 생태 헌법을 제정할 당시부터 자연의 내재적 가치를 인정하고, 인간과 자연이 상호 의존적이라는 생태중심주의ecocentrism 관점을 명시했다. 헌법 제10조는 자연을 권리의 주체로 선언하며, 제71조와 제395조는 인간이 자연과 조화롭게 살아야 한다는 원리를 바탕으로 한다. 이러한 규범은 자연을 인간의 자원이 아닌 독립적 존엄체로 규정하고, 개발 이익보다 자연의 존속과 권리를 우선하도록 한다.

반면 콜롬비아는 헌법 조문에 자연의 권리주체성에 대한 명문 규정은 없지만, 아트라토강 사건을 통해 헌법재판소가 '생태 헌법' 개념을 도입하여 자연을 생명 유지 체계로 해석했다. 법원은 자연을 단순한 생물학적 환경이 아니라 공동체의 문화적, 영적 기반으로 보며, 생물 중심주의biocentrism와 생태 중심주의의 통합적 시각을 채택하고 있다. 아트라토강 사건에서는 자연의 권리를 원주민 공동체의 권리와 연계하여 해석하면서, 생명 유지 시스템으로서 자연의 기능을 강조했다.

결과적으로 에콰도르는 명문화된 헌법 조항을 통해 자연을 권리주체로 정립했고, 콜롬비아는 판례를 통해 이를 진화시켜나가고 있다. 두 국가 모두 인간-자연 관계를 협력과 상호 의존성에 기반해 재구성하고 있으며, 이러한 비교는 국가별 헌법·판례 구조를 시각화한 다음 비교표로도 정리할 수 있다.

국가	주요 판례	입법 여부	자연-인간 관계	자연권리 요건	동물 법적 지위
에콰도르	로스세드로스, 에스트렐리타	헌법에 명시	생태 중심주의 자연의 내재적 가치 강조	입증책임 전가, 특정 생태계 기준	자연권리의 일부로 인정
콜롬비아	아트라토강, 추초 곰	헌법 명시 없음, 판례 해석	생명 유지 체계로서의 자연 생물 중심주의	사전 예방 원칙 적용, 기준 정립 미완	지각 있는 존재로 명시, 법리 일부 정립
아르헨티나	산드라, 세실리아	헌법 명시 없음, 일부 판례 인정	간접적 언급, 자연권리 보다는 동물 권리 중심	동물권리에 집중, 자연권리 논의 미약	'비인간 사람'으로 일부 법원 인정
브라질	스파이크와 람보	헌법에 동물 학대 금지 명시, 법인격 명시 없음	지각 있는 존재로서 해석 확대	명문 규정 없음, 일부 판례 인정	소송 주체 가능성 일부 인정

《그림3-1》 라틴아메리카 주요국 자연/동물 법인격 비교.

자연권리의 인정 요건

자연권리의 인정은 단순한 선언적 표현을 넘어, 구체적 사법적 판단과 기준 설정이 수반되어야만 실효성이 확보된다. 에콰도르와 콜롬비아는 모두 판례를 통해 자연권리의 실질적 인정 요건을 발전시켰지만, 그 방식과 범위에는 중요한 차이가 존재한다.

에콰도르 헌법재판소는 로스세드로스 보호림 사건에서 국제 환경법상의 사전 예방 원칙을 자연권리 인정의 핵심 기준으로 도입했다. 구체적으로는 다음의 2단계 요건을 제시했다.

① 자연에 심각하고 회복 불가능한 손해 가능성이 존재할 것
② 그 손해에 대한 충분한 과학적 확실성이 결여되어 있을 것

이 두 요건은 단순한 환경 평가를 넘어서, 불확실한 상황에서는 '자연의 권리'를 우선 보호해야 한다는 '의심스러울 때는 자연에 유리한 해석 원칙'과 결합하여 자연보호에 큰 위력을 발휘한다. 특히 중요한 점은, 입증책임이 전환된다는 것이다. 자연의 피해 가능성을 입증하는 책임은 국가·기업·개인 등 개발 주체에 있으며, 이는 자연권리를 실질적으로 보호하기 위

한 판례법적 조치라 할 수 있다.

또한 에콰도르 법원은 자연권리 적용 대상을 일반적인 자연이 아니라 특정화된 자연 대상(보호림, 특정 생태계 등)으로 한정하고 있으며, 이를 통해 권리 부여의 범위를 제도적으로 관리할 수 있도록 했다. 이는 〈그림3-2〉에서도 "권리 인정 주체" 항목에 정리되어 있다.

반면, 콜롬비아 헌법재판소는 아트라토강 판결을 통해 유사한 사전 예방 원칙을 도입했으나, 그 적용 대상의 범위와 기준에 있어서는 에콰도르만큼의 명료성을 확보하지 못한 상태다. 예컨대 콜롬비아는 특정 강, 산림, 생태계를 판결문에서 언급하지만, 원칙의 적용 대상이 명확히 특정 자연물에만 한정하는지, 혹은 보다 포괄적으로 자연 전반일 수 있는지는 불분명하다.

또한 콜롬비아 판례는 종종 지역 원주민 공동체와의 관계를 통해 자연권리를 유추하는 경향이 있으며, 공동체가 존재하지 않는 독립된 자연물에 대한 권리 인정은 아직 판례상 확정되지 않았다. 즉 자연권리의 적용 범위와 인정 기준에 관한 판례 간 접근의 일관성이 부족하기 때문에 제도화된 기준 정립이 필요하다.

요약하자면, 에콰도르는 헌법에 기초하여 명시적이고 구체화된 판례 기준을 확립한 반면, 콜롬비아는 사법적 권능을 통해 자연권리를 해석하지만, 적용 범위와 판단 기준에서 비교적 유동적인 모습을 보이고 있다. 이는 〈그림3-2〉에서 에콰도르가 "사전 예방 원칙, 입증책임 전가, 특정 생태계 기준"을 채택한 반면, 콜롬비아는 "사전 예방 원칙 적용, 기준 정립 미완"으로 구분된 배경이기도 하다.

구분	에콰도르 (로스세드로스 보호림)	콜롬비아 (아트라토강)
헌법 명문화 여부	헌법에 명시(제10조)	헌법에 명시 없음
권리 인정 주체	특정 생태계(보호림)	강 및 유역 생태계
권리 인정 방식	사건별 자연물 특정화	생물문화적 공동체와의 관계 속에서 인정
적용 원칙	사전 예방 원칙	사전 예방 원칙
입증책임	정부, 기업 등 개발 주체에 전가	정부, 기업 등 개발 주체에 전가
자연권리 판단 기준	회복 불가능한 피해 가능성, 과학적 확실성 결여	불가역적 위해 가능성, 과학적 불확실성, 당국의 보호 목적성
권리의 연계성	국제 환경법 원칙과 헌법상 자연권리 직접 연계	공동체의 생존권·문화권과 연계된 자연권리

《그림3-2》 에콰도르-콜롬비아 자연권리 인정 요건 비교.

자연과 동물의 관계

자연과 동물의 관계를 법적으로 어떻게 정립할 것인가는, 단순한 권리 대상의 구분을 넘어 자연권리 체계 내에서 동물권리를 어떻게 위치 짓는가의 문제이기도 하다. 이와 관련해 에콰도르와 콜롬비아의 판례는 상이한 법리 구조를 보여준다.

에콰도르 헌법재판소는 에스트렐리타 나무늘보곰 사건을 통해, 동물권리가 자연권리 체계 내부에 통합된 특수한 형태의 권리임을 명확히 선언했다. 자연권리는 자연 전체에 대한 일반적 권리이며, 동물권리는 그중 동물계 특정 구성원에 대한 개별적 권리로서, 생물학적, 생태학적, 윤리적 기준에 따라 개체 중심적 해석이 가능하다는 것이다.

즉 동물권리는 자연권리의 '부분집합'으로 기능하면서도, 종 특성과 개체성에 따라 독립적으로 구성될 수 있는 권리로 인정한 것이다. 이는 지구 생태계의 구성원들 사이의 상호의존성과 윤리적 고려에 기반한 생태법학적 접근이라 할 수 있다.

반면, 콜롬비아는 2016년 법률 제1774호를 통해 동물을 '지각 있는 존재'로 규정함으로써, 동물의 고통 회피 능력에 주목하는 새로운 법적 틀을 도입하였다. 동물은 더 이상 단순한 물건이 아니라, 고통을 느낄 수 있는 존재로서의 법적 특수성을 인정받기 시작한 것이다. 민법 제655조(동산 규정)에 따라 여전히 동산으로 분류되지만, 개정된 법률은 동물 보호의 세 가지 원칙(보호, 복지, 사회적 연대)을 명시했다.

그러나 콜롬비아는 에콰도르와 달리 동물권리를 자연권리 체계 내부에 통합하는 법리적 선언은 아직 명확히 하지 않았다. 헌법재판소는 판결 C-666/10, C-889/12 등에서 동물 학대를 금지하고 인간 존엄성과의 상호 관계 속에서 '동물의 고통 회피 권리'를 인정할 필요가 있다는 입장을 취했지만, 이를 자연권리 체계와의 구조적 연결 속에서 해석하지는 않았다.

결론적으로, 에콰도르는 자연권리 체계 내에서 동물권리를 통합적으로 이해하는 구조화된 해석 체계를 확립한 반면, 콜롬비아는 동물의 독자적 법적 지위를 확대하는 방향에서 진전을 보이고 있으나, 자연권리와의 법리적 연결은 아직 시도 중이거나 부분적으로만 드러난다. 이러한 차이는 〈그림3-3〉에서 에콰도르는 "자연권리 체계의 일부로 명시," 콜롬비아는 "지각 있는 존재로서 동물권 일부 인정, 구조적 통합은 미비"라는 평가로 정리한 이유이기도 하다.

동물과 인간의 관계

동물과 인간의 관계는 단순한 생물학적 상호작용을 넘어 법적·윤리적 책임의 문제로 확장되고 있다. 특히 라틴아메리카

국가	동물권리 위치	법적 근거	주요 법리	판례 명시 수준	법적 지위 확장 경향
에콰도르	자연권리 체계의 일부로 명시	헌법 제10조, 제71조 및 헌법재판소 판결	동물권리는 자연권리의 부분집합이며 개별성	명확한 체계 선언 및 구분	자연 법인격 내부로 동물권 통합
콜롬비아	지각 있는 존재로서 동물권 일부 인정, 구조적 통합은 미비	법률 제1774/2016호, 헌법재판소 판결	동물을 고통을 느낄 수 있는 존재로 보호 대상 명시	체계적 선언 없음, 고통 회피권 중심의 부분 인정	독립된 동물권 강화 중, 자연권리와 연결 중

《그림3-3》 에콰도르-콜롬비아 자연과 동물의 관계 비교.

국가들은 헌법·법률·사법적 판단을 통해 인간 중심의 법질서 안에서 동물의 법적 지위를 재정립하려는 노력을 지속해왔다. 이곳에서는 에콰도르, 콜롬비아, 아르헨티나, 브라질의 판례를 중심으로 동물과 인간의 관계에 대한 법적 인식의 전환 양상을 비교·분석한다.

에콰도르 헌법재판소는 에스트렐리타 사건에서 동물과 인간의 관계를 생태계의 순환 구조와 먹이사슬에 기반한 협력적 이중성 개념으로 해석했다. 생태계 안에서 인간은 자체 영양소를 생산할 수 없는 영양 종속 종이며, 농업·축산·사냥 등의 활동은 생존을 위한 합법적 메커니즘으로 정당화된다. 따라서 이러한 활동은 동물의 생명권을 불법적으로 침해하는 것이 아니라고 판시했다. 반면 야생동물에 대해서는 다른 기준을 적용했다. 헌법재판소는 야생동물에게는 '존재할 권리'가 있으며, 이는 가축화·인간화 또는 인간 환경으로의 강제 이식에 의해 침해되어서는 안 된다고 판시했다. 이에 따라 야생동물에 대한 사냥, 포획, 밀매, 전시, 교배 등은 원칙적으로 금지되며, 이들의 생태적 자율성을 보장하는 것이 자연권리 실현의 핵심 요소임을 강조했다.

콜롬비아 헌법재판소는 C-666/10 및 C-889/12 판결을 통해 동물과 인간의 관계를 지각 능력에 기초한 윤리적 보호 의무로 해석했다. 법원은 동물을 단순한 살아 있는 존재가 아니라 고통을 인지할 수 있는 존재, 즉 '지각 있는 존재'로 간주하고, 이에 따라 입법자는 의심스러울 때는 동물에게 유리한 해석 원칙으로 법을 설계해야 한다는 입장을 명확히 했다. 특히 인간의 존엄성 개념을 동물 보호에도 확장하여 적용함으로써, 인간 행위가 동물의 고통을 야기하는 경우 이를 제한해야 한다고 보았다. 이어서 제정된 법률 제1774/2016호는 동물학대 금지법의 기초가 되었으며, 민법상 동산으로 규정되어 있던 동물에게 새로운 지위, 즉 보호, 복지, 사회적 연대의 원칙에 따른 '보호 대상'의 지위를 부여했다.

콜롬비아 대법원도 추초 곰 사건에서 동물에게 인신 구속 적부심을 적용하며, 동물이 지각 있는 존재로서 자유를 제한당하지 않을 권리를 가질 수 있음을 시사했다. 이는 동물의 권리가 인간의 자유권 개념을 확장하여 적용될 수 있음을 보여주는 대표적 판례다.

아르헨티나 법원은 동물과 인간의 관계를 법인격의 실험 대상으로 삼고 있다. 대표적으로 산드라 사건과 세실리아 사건에서 법원은 침팬지를 "비인간 사람"으로 간주하고, 이들의 수용 상태가 부당한 자유의 박탈에 해당한다고 판시했다. 이 판례들은 동물을 지각 있는 존재일 뿐 아니라 도덕적 고려의 대상으로 간주해야 한다는 관점에서, 인간과 동물의 관계를 도덕적 평등과 자유권의 확장이라는 차원에서 재조명한 것이다. 이는 기존의 자연 법인격 논의와는 구별되는 인간 중심 개념의 확장적 재구성이라 할 수 있다.

브라질의 스파이크와 람보 사건은 동물을 법적으로 대리한 권리 청구를 법원이 인정한 사례다. 동물 학대 피해를 입은 개 두 마리를 NGO 소우아미고가 대리해 제소했고, 법원은 이를 받아들여 동물의 소송 주체성에 가까운 법적 대리 가능성을 인정했다. 비록 브라질 민법상 동물은 여전히 '동산'으로 분류되어 있지만, 법원은 동물을 지각 있는 존재로 보아 보호 범위를 확장하고 있으며, 소송의 주체로서 동물의 권리 실현을 가능케 하는 새로운 문을 열었다. 이는 인간-동물 관계를 대리와 절차적 보호의 관점에서 재구성한 시도로 볼 수 있다.

〈그림3-4〉는 동물의 권리 인정이 단순한 도덕적 의무를

넘어, 법제도와 사법 구조 안에서 점차 제도화되고 있음을 보여준다. 각국의 접근은 생태학, 윤리학, 법철학의 다양한 층위를 반영하며, 인간과 동물의 법적 관계 설정이 미래의 생태적 정의와 인권 개념에 어떤 방향성을 제공할 수 있는지를 보여주는 지표가 된다.

국가	접근 방법	주요 판례	야생동물에 대한 입장	인간-동물 관계 규정	기타 특징
에콰도르	생태학적 먹이사슬과 상호 의존성 기반	에스트렐리타	'존재할 권리' 중심, 인간 환경 적응 금지	영양 종속종으로서의 생존 메커니즘 인정	가축화는 합법, 야생동물 보호 강화
콜롬비아	지각 능력 기반의 윤리적 보호 의무 강조	C-666/10, C-889/12	생물문화적 맥락 고려, 보호 중심	지각성과 인간 존엄성 간 대응 강조	입법과 사법 연계 통한 점진적 보호 확대
아르헨티나	'비인간 사람'으로서의 도덕적 인격성	산드라 사건 세실리아 사건	동물원 생활은 부당한 자유 침해	인신 구속 적부심을 통한 법적 주체성 제기	법인격 개념을 동물에 실험적 적용
브라질	지각 있는 존재로서 권리 대리 인정 논의 확대	스파이크와 람보 사건	학대 금지 명시, 법적 대리 통한 보호 강조	법적 대리를 통한 권리 청구 가능성 인정	소송 주체성 논의 진전, 제3자 NGO 대리 청구

《그림3-4》 동물과 인간의 관계에 대한 비교.

5. 나가며 — 자연과 동물의 권리를 향한 법의 확장

이 글은 에콰도르, 콜롬비아, 아르헨티나, 브라질의 주요 판례를 분석함으로써, 자연과 동물이 권리의 주체가 될 수 있는가에 대해 헌법재판소와 법원이 어떻게 응답하고 있는지를 비교법적으로 고찰했다. 이들 국가의 판결은 자연과 동물을 도덕적·법적 인격성의 새로운 대상으로 간주하고, 다양한 법리를 통해 기존의 인간 중심 법이론을 넘어서는 시도를 보여준다.

에콰도르의 경우, 자연을 헌법상 기본권의 주체로 명시함으로써 자연권리의 법인격을 제도화했고, 사전 예방 원칙을 기준으로 구체적 권리 부여와 침해 판단의 요건을 정립했다. 콜롬비아는 생태 헌법이라는 해석틀 안에서 명문 규정 없이도 법원이 자연의 권리를 창출하고 구체화했으며, 특히 아트라토강 판결은 사법부가 공공 정책의 이행까지 모니터링하는 체계를 판결에 포함시켰다는 점에서 법원의 적극성을 보여주었다.

이와 같은 판례들은 자연권리 및 동물권리 논의에 있어 단순한 사법적 선언을 넘어서, 실제 이행 구조와 정책적 설계까지 반영하고 있다는 점에서 법의 실행력과 실효성을 갖춘 생태법의 실험으로 평가될 수 있다.

또한 이러한 판례 분석은 기존의 법이론 구조에 깊은 도전과 성찰을 요구한다. 첫째, 법인격은 생물학적 속성에 기초한 자연인의 전유물이 아니라, 법정책과 사회윤리의 결정에 따라 확장될 수 있는 구성 개념임을 보여준다. 기업이나 협회, 국가와 같은 비자연적 주체들이 법인격을 갖는 것처럼, 자연과 동물도 일정한 조건하에 법주체가 될 수 있다는 가능성을 실증적으로 보여준다. 둘째, 동물의 '지각 능력'은 고통 회피 권리를 중심으로 도덕적 고려의 기준으로 법리에 통합되며, 인간의 존엄성과 연계되어 동물의 법적 존엄성까지 인정하려는 시도가 등장하고 있다. 셋째, 에콰도르의 에스트렐리타 사건은 자연권리 체계 안에 동물권리를 내재화함으로써, 자연권리와 동물권리의 구조적 통합이라는 법리적 진화를 명확히 보여준다. 이러한 통합적 접근은 기존의 생명 윤리와 생태 윤리, 법철학의 논의에도 깊은 영향을 줄 수 있다.

    자연과 동물의 권리 인정은 단지 판례나 법학의 실험이 아니라, 새로운 사회적 상상력과 집단적 인식의 변화를 요구하는 장기 과제다. 특히 헌법이나 법률에 명문 규정이 없는 국가의 경우, 자연권리는 사법부와 입법부의 법해석뿐 아니라 시민사회의 참여에 의해 발전해나갈 수 있다. 라틴아메리카 법원들은 외국 판례와 국제 환경법, 인권 이론 등을 능동적으로 인용하며 비교법적 해석을 통해 자신들의 헌법을 생태 헌법으로 전환시키고 있다. 에콰도르의 헌법은 그 자체로 생태 중심적 가치를 담고 있지만, 콜롬비아는 헌법에 자연권을 명시하지 않았음에도 불구하고 법원이 시대정신에 부응하여 생명 공동체 중심의 새로운 법질서를 구축해나가는 모델을 제시하고 있다. 이러한 흐름은 시민사회의 참여와 사회적 연대 없이는 지속 가능하지 않다. 기존의 환경 운동이 소수 단체의 외부적 실천에 국한되었다면, 이제 자연권리의 실현은 시민 모두의 일상적이고 생활에 밀착된 윤리의식의 변화를 필요로 한다. 학교, 가정, 지역사회에서의 자연과의 조화로운 관계 회복이야말로 권리의 제도화를 넘어 실질적 실현을 가능케 하는 기반이 될 것이다.

자연과 동물의 권리를 인정한다는 것은 인간이 법과 윤리의 중심에서 절대적인 위치를 내려놓는 역사적 전환점이다. 이것은 인간이 저지른 생태적 파괴에 대해 책임을 지는 동시에, 용서를 구하며 관계를 복원하는 작업이다. 법은 이제 인간만의 질서가 아니라, 다른 생명들과 공존하고 책임지는 질서로 확장되어야 한다. 앞으로의 과제는 명확하다. 헌법과 법률에서 자연과 동물의 권리를 명시하고, 이를 실효성 있게 이행할 수 있는 법적 메커니즘을 구축하며, 국제 규범과 연결되는 글로벌 자연권리 프레임워크를 정립해야 한다. 동시에, 이러한 법리와 제도가 일상에서 살아 숨 쉬는 윤리적 실천이 되도록 사회적 상상력과 교육, 운동이 뒷받침되어야 한다. 이제 우리는 법이 어디까지 확장될 수 있는가를 묻는 시대에 와 있다. 자연과 동물에게도 권리를 부여할 수 있다는 이 법의 새로운 상상력은 단지 생태의 문제를 넘어, 인류가 공존하는 법 공동체로 나아가는 첫걸음이 될 것이다.

북아메리카와 기타 지역의 지구법 판결 및 법제[1]

김선희

오늘날의 기후위기와 기후재앙을 목도하면서 인간은 자연 앞에 겸허해질 수밖에 없다. 기후변화가 날로 악화되면서 법학을 비롯한 여러 학문 분야에서 기후변화 대응과 온실가스 감축을 위한 많은 연구가 이루어지고 있다. 전 세계적으로 각국 법원에 제기된 기후변화 소송이 급증하는 동시에, 지구법학에 근간을 둔 자연의 권리에 관한 소송도 증가하고 있다. 더불어 이제는 자연과 인간의 관계를 근본적으로 재정립해야 한다는 인식, 즉 생태주의로의 패러다임 전환의 필요성이 힘을 얻고 있으며, 자연의 권리 운동에 대한 대중적인 관심을 불러일으키고

---

[1] 이 글은 김선희, 「자연의 권리에 관한 비교법적 연구」, 헌법재판소 헌법재판연구원, 2023; 김선희, 「기후변화 소송에 관한 비교법적 검토」, 헌법재판소 헌법재판연구원, 2022의 내용을 알기 쉽게 요약·수정·보완한 것이다.

있다.

"자연의 권리론"은 아직 그 개념이 형성 중이지만, 일반적으로 "자연을 권리객체로서만 인정하는 입장에 대응하여, 동물이나 식물 기타 자연적 존재에 권리주체성을 인정하고 이들이 일정한 권리를 향유한다고 보는 입장"[2]으로 설명될 수 있다.

자연의 권리론의 핵심은 탈인간중심주의(자연의 내재적 가치 인정)와 자연의 법인격(권리주체성) 인정 등[3]에 있다고 볼 수 있고, 원주민 권리 운동과도 긴밀하게 관련되어 있다.

자연의 권리 운동은 인간과 자연의 관계를 재설정하는 새로운 패러다임으로, 전 세계가 기후위기로 고통받고 있는 현 시점에서 생태계를 복원하기 위해 대두되고 있는 강력한 움직임이라고 할 수 있다.

기후변화로 인해 고통받는 자연과 인간을 위해 각국의 법제도와 법원도 변화하고 있다. 지구 전 대륙에서 자연의 권리를 인정하는 법을 제정하거나 자연의 권리를 인정하는 지구법 판결들을 내리고 있다. 가장 최근에는 브라질 혼도니아주가 라지강의 권리주체성을 인정하기도 했다.[4] 즉 이제는 기후변화,

---

2 이헌환 엮고지음, 『대한민국 헌법사전』, 박영사, p. 577.
3 비인간 종의 권리는 일반적으로 동물의 권리, 강이나 산과 같은 개별 자연물의 권리, 전체 자연의 권리 순으로 인정이 진행되었다고 할 수 있다. Oliver A. Houck, "Noah's Second Voyage: The Rights of Nature as Law," *Tulane Environmental Law Journal* 31(1), 2017, pp. 1~50 참조.
4 2023년 6월 5일 브라질 혼도니아주의 구아자라미링Guajará-Mirim 시의회는 조례를

자연의 권리, 지구법학, 자연의 내재적 가치와 같은 개념들이 단지 추상적인 관념에 머무르지 않고 실제로 규범화되고 있으며, 이를 구체화하는 판례가 형성되어가고 있다.

자연의 권리에 관한 국제사회의 논의는 활발하다. 실정법(헌법, 법률, 조례 등)을 통해 자연의 권리를 보장하는 국가도 있지만, 사법부의 판결을 통해 자연의 권리를 보장한 국가들도 있다. 실정법을 통해 자연의 권리를 보장한 국가로는 미국, 캐나다, 뉴질랜드, 오스트레일리아, 우간다 등이 있고, 사법부 판결을 통해 자연의 권리를 보장한 국가로는 인도, 방글라데시, 파키스탄 등이 있다.

남아메리카에 이어 북아메리카, 유럽, 오세아니아, 아프리카, 서남아시아에 이르기까지 자연의 권리주체성을 인정하는 조류가 점점 거세어지고 있다고 볼 수 있다.

제정해 라지강이 내재적 권리("Komi-Memen")를 가지는, 살아 있는 실체이자 권리주체라고 했다. 이 조례에 따르면, 라지강은 "자연스러운 흐름을 유지할 권리" "영양을 공급받고 공급할 권리" "강의 생태적 균형에 적합한 물리화학적 여건하에서 존재할 권리" "인간과 관계를 맺어나갈 권리" 등을 보유한다. "Brazilian city passes first law guaranteeing rights to a river," *Folha de S. Paulo* 2023. 6. 23 참조.

아메리카

미국

비록 미국 연방 헌법이나 연방 법률에 자연의 권리가 규정되어 있다거나 연방 법원의 판결로 자연의 권리를 인정한 적은 없지만, 미국은 자연의 권리 운동의 선구자라고 할 수 있다. 에콰도르 헌법에 자연의 권리가 인정된 2008년보다 2년 앞선 2006년 이미 미국 펜실베이니아주 타마쿠아 자치구 조례는 자연의 법적 권리를 규정했다. 또한 미국에서는 자연의 권리 운동이 상향식 풀뿌리 운동 형식으로 활발하게 진행되고 있으며, 주로 시와 지방자치단체 단위에서 조례, 헌장, 결의 등으로 자연의 권리를 규정하여 보호하고 있다.

자연의 권리 운동에 크게 기여한 논문의 저자 역시 미국 출신의 크리스토퍼 스톤이다. 스톤은 1972년 「나무에게도 원고 적격이 인정되는가?」라는 입지전적 논문[5]을 발표했다. 이 논문에서 스톤은 ① 무생물인 기업, 선박 등에도 원고 적격, 각종 권리가 인정되어온 점, ② 과거 "물건"으로 취급받은 노예, 여성, 유대인, 원주민 등에게 권리가 인정되는 방향으로 발전을

---

5 Christopher D. Stone, "Should Trees Have Standing: Toward Legal Rights for Natural Objects," *Southern California Law Review* 45(2), 1972, pp. 450~501.

이루어온 점을 들어, 자연(물)에도 법적 권리가 부여되고, 이들을 대리할 법적 대리인이 지명되어야 한다고 주장했다.[6] 미국 연방대법원의 1972년 시에라클럽 대 모턴 판결[7]에서 반대 의견을 개진한 윌리엄 더글러스 연방대법관은 이 논문을 직접 인용하면서 자연물이 스스로 주장을 펼칠 수 있어야 한다고 주장해 당시 큰 반향을 불러일으켰다. 그 후로는 미국 내 자연의 권리 운동이 지지부진해진 감이 있으나, 21세기 들어 기후위기에 대한 대응책으로 자연의 권리 운동이 다시 여러 국가에서 연구되기 시작하면서 부흥기를 맞이하고 있다.[8]

미국에서 자연의 권리 운동이 활발한 배경에는 북아메리카 원주민의 기여가 크다. 자연의 권리 독트린은 자연이 그 자체로 내재적 가치를 보유하며 그에 따라 독자적으로 보호받을 권리가 있다고 보는데, 이러한 이해는 북아메리카 원주민의 정

---

6   같은 글, p. 470.
7   Sierra Club v. Morton, 405 U.S. 727(1972). 미국 산림청이 월트 디즈니사가 위락시설을 건설할 수 있도록 캘리포니아주 세쿼이아 국립공원 내 미네랄킹Mineral King 지역의 개발 허가를 내주자, 환경 단체인 시에라클럽은 법원에 금지명령을 요구하는 소를 제기했다. 여기서 핵심 쟁점은 환경 단체인 시에라클럽에 원고 적격이 인정되는지와 자연물을 대신해 그들의 권리를 주장할 수 있는지 여부였다. 연방대법원은 5대 2의 의견으로 이 사건 개발로 인해 시에라클럽 회원들이 직접적으로 부정적 영향을 받을 것이라는 것을 입증하지 못했으므로 시에라클럽이 원고 적격이 없다고 판단했다.
8   Erin Ryan, Holly Curry & Hayes Rule, "Environmental Rights for the 21st Century: A Comprehensive Analysis of the Public Trust Doctrine and Rights of Nature Movement," *Cardozo Law Review* 42, 2021, p. 2505.

신에 깊이 새겨진 이념으로, 원주민 문화에서 자연은 결코 사람에 종속되지 않으며, 인간은 자연과 조화를 이루며 살아가야 하고, 자연의 일부라는 생각이 지배하고 있다.

펜실베이니아주 조례

펜실베이니아주 타마쿠아 자치구는 주민 수 7천 명의 군소 도시다. 2006년 타마쿠아 자치구는 하수처리 조례[9]를 제정하면서 세계 최초로 자연에 법인격을 인정했다.[10] 이 조례는 "자연 공동체와 생태계는 주민들, 자연 공동체, 생태계의 시민적 권리를 주장하기 위해 법인격체로 인정된다"라고 규정하면서 타마쿠아 자치구 주민 누구나 생태계를 대신해 소송을 제기할 수 있고, 하수로 인해 입은 토지의 피해에 대해서 손해배상을 청구할 수 있으며, 손해배상금은 자치구에 제공되어 생태계 복원에 사용되어야 한다고 규정했다.

이어 2010년 펜실베이니아주 피츠버그시도 수압 파쇄 금지 조례[11]를 제정해 "자연 공동체와 생태계는 존재하고 번영할 불가침의 근본적 권리"가 있다고 규정하면서, 시민 누구나 자

---

9 타마쿠아 자치구 의회는 자치구에 오수 침전물 처리장을 건설하려는 계획에 맞서 타마쿠아 자치구 하수처리 조례를 제정해 오수 침전물의 처리를 제한했다.
10 Tamaqua Borough Ordinance No. 612 of 19 Sept. 2006.
11 Ryan, Curry & Rule, 같은 글, p. 2525. 수압 파쇄법은 석유 자원 채취를 위해 혈암층 shale beds에 고압으로 액체를 주입해 파쇄함으로써 셰일 가스나 석유를 추출하는 기술을 의미한다.

연의 권리를 대신해 제소할 수 있다고 규정했다.[12]

2020년 그랜트타운십도 조례를 제정하여 "그랜트타운십 내 자연 공동체와 생태계가 존재, 번영, 진화할 권리"가 있다고 하면서 수압 파쇄를 금지시켰다.[13]

이렇게 시군 단위에서 조례를 제정해 자연의 권리를 인정했지만, 반대의 움직임도 있다. 2010년 피츠버그시 수압 파쇄 금지 조례에 대해 2014년 펜실베이니아주 대법원은 무효라고 선언했고, 그랜트타운십 조례에 대해서는 펜실베이니아 제너럴 에너지 회사(PGE)가 소송을 제기하기도 했다.[14] 이 조례 역시 부적합하여 무효라는 판결을 받았다.

펜실베이니아주의 사례들은 각 시군에서 조례를 통해 자연의 권리를 인정한다 하더라도 법적 분쟁에 따라 자연의 권리가 제대로 실현되지 못할 수도 있다는 점을 보여주어 안타까운 상황이 아닐 수 없다.

오하이오주 톨레도시 이리호 권리장전

2014년 오하이오주 톨레도시는 유해 녹조가 이리호를 뒤

---

12 City of Pittsburgh, Ordinance of 19 December 2011, section 619.04(a), Section 619.5(c)

13 Grant Township, Pa., Community Bill of Rights Ordinance mm³ 2(d), 3(a), 5(a) (June 1, 2014).

14 Complaint, Pa. Gen. Energy Co. v. Grant Twp., 20-cv-00351(W.D. Pa. Dec. 9, 2020).

덮는 환경 재앙을 경험했다. 이로 인해 주민들을 위한 식수가 크게 부족해진 경험을 계기로, 톨레도시는 주민 투표를 거쳐 이리호의 권리(존재할, 번영할, 자연스럽게 진화할 권리) 및 주민들의 깨끗한 환경에 대한 권리를 포함하는 이리호 권리장전Lake Erie Bill of Rights(이하 LEBOR)[15]을 시 헌장에 도입했다.[16] LEBOR는 주민들이 이리호를 대신해 소송을 제기할 수 있도록 했다.

LEBOR가 도입되면서, 농장을 운영하던 드루어스 농장 법인은 사업을 영위하기가 어려워졌다. 그래서 드루어스 농장 법인은 LEBOR가 모호하고 적법절차를 위반한 데다, 톨레도시의 권한을 유월해 제정되어 위헌이라면서 소송을 제기했다. 소송이 진행되던 중에 오하이오주 의회는 LEBOR를 무력화하기 위해 주 법률을 제정해, "어느 누구도 자연물을 대신해 민사 법원에 제소할 수 없다"라고 규정했다.[17] 2020년 연방지방법원은 시 조례(LEBOR)가 상위법(주 법률)에 우선될 수 없다는 원고의 주장을 받아들여 LEBOR가 모호해 위헌이며, 지방정부의 권한을 유월한 것으로 부적법하여 무효라고 판단했다.[18] 결국

---

15 TOLEDO, OHIO, MUN. CODE ch. XVII, § 254(a)-(c)(2019).
16 Ryan, Curry & Rule, 같은 글, p. 2525.
17 H.R. 166, 133d Gen. Assemb., Reg. Sess. § 2305.011(Ohio 2019).
18 Drewes Farms P'ship v. City of Toledo, 441 F. Supp. 3d 551(N.D. Ohio 2020)(No. 19-cv-00434).

이리호의 법인격을 인정해 이리호를 보호하고자 했던 톨레도시 주민들의 염원이 좌절되는 안타까운 결과로 이어졌다.

캘리포니아주 샌타모니카시 권리장전

캘리포니아주에서도 자연의 권리를 인정했다. 2013년 캘리포니아주 샌타모니카시의회는 '지속성을 위한 권리장전Bill of Rights for Sustainability'[19]을 제정했다. 이 조례는 "자연 공동체와 생태계는 […] 존재하고 번영할 근본적인 불가침의 권리"를 가지고, 시민들이 도시 내 "지하수 대수층, 대기, 해양 생물, 토착종"을 대신해 제소할 수 있다고 규정했다.[20]

플로리다주 WEBOR

플로리다주는 주 헌법으로 공공 신탁 이론[21]을 수용하고 있지만, 주 내 수로水路는 나날이 오염되어갔다. 특히 2016년 오

19　Santa Monica, CA, An Ordinance of the City Council of Santa Monica Establishing Sustainability Rights(Apr. 9, 2013).
20　SANTA MONICA, CAL., MUN. CODE § 12.02.030(b)(2019); Anthony Zelle et al., *Earth Law: Emerging Ecocentric Law―A Guide for Practitioners*, Wolters Kluwer, 2021, pp. 245~47.
21　플로리다 헌법 제10조, 제11항(Art. X, § 11): 항행 가능한 수로 아래에 있는 토지의 소유권은, 주의 경계 내에서는, 모든 사람들의 대신하여 주가 수탁하고 있다. 그러한 토지의 매매는 법률로 승인될 수 있지만, 오직 공익을 위한 경우에만 승인될 수 있다. 그러한 토지의 일부의 사적인 이용은 법률로 승인될 수 있지만, 공익에 반하지 않은 경우에만 가능하다.

키초비호Lake Okeechobee가 녹조로 뒤덮이고, 2018년에는 플로리다주 해변에 붉은색 유해 적조가 형성되자, 2019년부터 플로리다주 주민들과 환경 단체가 자연의 권리 운동을 전개하기 시작했다.

마침내 2020년 오렌지카운티는 웨키바강과 에콘로치해치강 권리장전Wekiva and Econlockhatchee River Bill of Rights(이하 WEBOR)을 제정해, 이 강들이 "존재할, 흐를, 오염되지 않을, 건강한 생태계를 유지할 권리"를 보유한다고 규정하면서 주민들이 강을 대신해 제소할 수 있도록 했다.[22] 그러나 오하이오주 의회가 LEBOR를 무력화했듯 플로리다주 의회도 주 법률을 제정해 하위 행정구역이 규정, 조례, 헌장 등을 통해 자연물에 법적 권리를 부여할 수 없다고 규정했다.[23] 그럼에도 불구하고 오렌지카운티는 2020년 11월 WEBOR에 대한 주민 투표를 실시해 90퍼센트 가까운 찬성표를 얻는 등 자연의 권리를 인정받기 위한 노력을 계속 전개하고 있다. 다만 이 조례가 법적으로 유효한지는 아직 불분명하다. 2021년 4월 WEBOR를 근거로 주민들이 호수, 습지 등을 대신해 소를 제기했지만, 이 사건들은 아직까지 법원에 계류 중이라 향후 법원의 판단을 지켜보아야 할 것이다.[24]

---

22 ORANGE COUNTY, FLA., CHARTER art. VII, § 704.1(A)-(B).
23 FLA. STAT. § 403.412(9)(a)(2020)(proposed as Senate Bill 712); S. 712, 2020 Leg., Reg. Sess., at 48(Fla. 2020).

북아메리카 원주민 부족국가

　북아메리카 원주민 부족국가들Tribal Nations은 부족 헌법이나 결의를 통해 자연(물)의 권리주체성이나 자연물이 존재·번영·재생할 권리 등을 인정해왔다.[25] 2017년 오클라호마주 퐁카Ponca 부족국가는 수압 파쇄로부터 부족의 토지를 보호하기 위해 자연의 권리를 인정하는 조례를 제정했다. 2018년 위스콘신주 호청크Ho-Chunk 부족은 부족 헌법에 "호청크 영토 내 생태계, 자연 공동체, 기타 종種은 자연스럽게 존재하고, 번영하고, 재생하고, 진화할 내재적, 근본적, 불가침의 권리를 보유한다"라고 규정했다.[26] 2020년 위스콘신주 메노미니Menominee 부족은 광물 채굴에 반대하며 메노미니강을 권리주체로 인정했다.[27]

　2018년 미네소타주 오지브웨 부족White Earth Band of Ojibwe은 마누민manoomin(와일드라이스)이 "존재할, 번영할, 재생할, 진화할 내재적 권리를 향유하며, 복원, 회복, 보존을 위한 내재적 권리를 보유한다"라는 내용을 담은 결의를 채택했다.[28] 2019

24　Elizabeth Kolbert, "A Lake in Florida Suing to Protect Itself," *American Chronicles* 2022. 4. 18.
25　Ryan, Curry & Rule, 같은 글, pp. 2535~37.
26　CELDF, "Press Release: Ho-Chunk Nation General Council Approves Rights of Nature Constitutional Amendment," 2018. 9. 17.
27　Amelia Cole, "Wisconsin Tribe Recognizes Menominee River Rights," GREAT LAKES ECHO 2020. 3. 13.
28　1855 Treaty Auth., Resolution Establishing Rights of Manoomin, Res. 2018-05(Dec. 5, 2018); White Earth Rsrv. Bus. Comm., Res. 001-19-009(Dec. 31,

년 캘리포니아주 북부의 유록Yurok 원주민 의회는 클래머스강의 "존재할, 번영할, 자연스럽게 진화할 권리, 오염되지 않은 건강하고 깨끗한 환경에 대한 권리"를 인정하는 결의[29]를 도입했다. 2020년 네즈퍼스Nez Perce 부족 총회는 스네이크강이 살아 있는 실체로, "존재할 권리, 번영할 권리, 진화할 권리, 흐를 권리, 재생하고 회복할 권리"의 주체가 된다는 내용을 규정한 결의를 통과시켰다.[30]

미국은 풀뿌리 자연의 권리 운동의 선구자답게 여러 시·군·부족 단위에서 자연의 권리를 보장한 조례, 헌장, 부족법을 제정했다. 그렇지만 법원에서 그 법이 부적법하여 무효라고 판단한 사례[31]가 종종 있어왔다. 그럼에도 불구하고, 1972년 스톤

2018).

29　Yurok Tribal Council, Resolution Establishing the Rights of the Klamath River(May 9, 2019). 결의resolution는 법적 효력은 없으나, 대개 각 지방의회나 위원회는 결의 도입 후 조례ordinance 제정에 착수한다. 유록 부족 위원회도 동 결의를 선언하면서, 동 위원회가 조례를 도입할 것이라고 선언했다. Zelle et al., *Earth Law*, pp. 247, 255.

30　Nez Perce General Council, SPGC20-02, Resolution Establishing the Rights of the Snake River(June 18-20, 2020); Michael Wells, "Resolution recognizes rights of Snake River," *Lewiston Tribune* 2020. 6. 20.

31　Jan Darpö, "Can Nature Get it Right?: A Study on Rights of Nature in the European Context," European Parliament, Policy Department for Citizens' Rights and Constitutional Affairs, 2021. 대표적으로, 2017년 9월 25일 환경 단체와 그 회원 5명은 콜로라도주를 상대로 강의 법인격과 권리(존재할, 번영할, 재생할, 회복

의 논문을 시발점으로 반세기 넘게 진행된 자연의 권리 운동은 오늘날 기후위기에 대응하는 새로운 방법론으로 부흥기를 맞이하고 있으며, 미국 군소 도시의 활발한 움직임은 전 세계에 영향을 미치고 있다.

캐나다

래프팅을 좋아하는 이에게는 세계 래프팅 명소로 손꼽히는 캐나다 퀘벡주의 매그파이강이 친숙할 것이다. 매그파이강 유역에는 원주민 보호구역이 있어 이누족이 거주하고 있다.

매그파이강을 보호하기 위해 2021년 2월 이누 원주민 의회[32]와 밍가니 지역 카운티[33]는 맥파이강의 법인격을 인정하는

할, 그리고 자연스럽게 진화할 권리)의 인정을 구하는 최초의 소송을 콜로라도주 지방법원에 제기했으나, 콜로라도주 정부(주 법무장관)가 소송 남용frivolous lawsuit을 문제 삼고, 원고들이 책임질 위기에 놓이자, 원고들은 콜로라도주 연방법원에 소송 각하 요청motion to dismiss을 했고, 2017년 12월 4일 콜로라도주 지방법원은 이를 받아들여 소득 없이 소송이 마무리되었다. Colorado River Ecosystem v. State of Colorado, No. 17-cv-02316-NYW(D. Co.); Matthew Miller, "Environmental Personhood and Standing For Nature: Examining the Colorado River Case," *University of New Hampshire Law Review* 17(2), 2019, pp. 355~77; Colorado River Ecosystem v. State of Colorado, No. 1:17-cv-02316(D. Colo. plaintiff's motion Dec. 3, 2017; order dismissing case Dec. 4, 2017).

32 Conseil des Innu de Ekuanitsh, "Résolution n°919-082 Reconnaissance de la personnalité juridique et des droits de la Mutehekau Shipu Riviere Magpie," 2021.

결의서를 각각 작성했다. 이들은 매그파이강에 "흐를 권리, 자연의 순환을 존중받을 권리, 자연의 진화를 보호·보존받을 권리, 생물 다양성을 유지할 권리, 생태계 내에서 필수적인 기능을 다할 권리, 온전성을 유지할 권리, 오염되지 않을 권리, 재생하고 회복할 권리, 제소할 권리"를 인정할 것을 규정하고, 매그파이강을 대리할 후견인들을 지정했다. 캐나다에서 최초로 강의 권리와 법인격이 인정된 사례로서, 매그파이강의 법인격을 인정함으로써 수력발전소 증설로 인한 환경 파괴를 사전에 예방하고, 후속 세대를 위해 강을 보호할 수 있게 될 것으로 기대되고 있다.[34]

매그파이강 결의서에서는 강을 단지 인간이 소비할 개발의 대상으로 보지 않고, 원주민의 가치관을 반영해 강을 진화하는 살아 있는 개체라고 정의한 점이 눈에 띈다. 이 사례에서 다시 한번 확인할 수 있듯, 원주민법과 관습은 자연의 권리 운동을 강화하는 결정적인 역할을 해왔다. 이누족은 그동안 인간이 자연보다 우월하지 않으며 인간도 자연의 일부라는 믿음을 견지해왔고, 스스로 강의 소유자가 아니라 보호자라고 여겨왔

---

1. 18.

33 Minganie Regional County Municipality, "Résolution n°025-21 Reconnaissance de la personnalité juridique et des droits de la rivière Magpie-Mutehekau Shipu," 2021. 2. 17.

34 "For the first time, a river is granted official rights and legal personhood in Canada," *PR Newswire* 2021. 2. 23.

다. 결의서에서 인정한 매그파이강의 권리는 이러한 이누족의 믿음, 관습, 관행과 일치한다.[35] 비록 지역 카운티 단위의 결의이지만, 향후 주 정부, 연방 정부 차원에서 자연의 권리를 인정할 수 있는 물꼬를 튼 것이라 생각된다.

파나마

파나마도 2022년 2월 24일 자연의 "존재할, 지속할, 재생할" 권리, 적시의 효과적인 회복의 권리, 수자원의 보존 등을 인정하는 법률(Law No. 287)을 제정했다. 이 법률은 그 외에도 많은 내용을 담았다. 대표적으로 국가가 이 법률을 국가 계획과 정책에 반영할 것을 주문하면서 자연을 권리주체로 규정하고, 자연의 내재적 가치와 당사자적격성을 인정하면서 국가와 자연인, 법인에 자연의 권리를 보호할 의무를 부과했다. 특히 제8조는 '의심스러울 때는 자연에 유리한 해석 원칙'을 적용할 것을 규정해, 의사결정자들과 행정 당국은 정책이나 행위가 생태계에 어떠한 영향을 미치게 될지 의심스러울 때에는 자연을 보존하고 보호하는 방식으로 의사 결정을 내려야 하며, 자연에

35　Justine Townsend, Alexis Bunten, Catherine Iorns & Lindsay Borrows, "Why the first river in Canada to become a legal person signals a boon for Indigenous Rights," *Narwhal* 2021. 6. 11.

덜 해로운 방식으로 대안을 마련해야 함을 분명히 했다. 또한 이 법은 원주민과 그 선조들의 지식과 세계관에 따라 자연의 권리를 해석하고 적용해야 한다고 했다.

이 법은 국회의원 후안 디에고 바스케스 구티에레스Juan Diego Vásquez Gutiérrez의 주도하에 제정된 것으로, 그는 이 법이 인간과 자연의 관계를 재정의할 것을 주문하고 있으며, 이를 기반으로 파나마의 자연보호 및 기후변화 대응 노력을 제도적으로 뒷받침할 수 있게 되었다고 평가한다.

이 법은 2023년 2월 발효되어 이제 파나마도 에콰도르, 볼리비아, 우간다와 마찬가지로 국가 차원의 법률로써 자연의 권리를 인정하게 되었다.[36]

페루

쿠카마Kukama 원주민들에게 "신성한 강"으로 여겨지는 마라뇬강Río Marañón은 아마존의 주요 원천으로, 페루에서 가장 중요한 수계水系 중 하나로 알려져 있다.

2021년 9월 페루 북아마존 지역의 원주민 여성 단체 HKK는 기름 유출로 인해 쿠카마 지역사회가 의존하는 마라뇬강

---

36 Earth Law Center, "Panama Passes National Rights of Nature Law," 2022. 2. 25.

이 오염되고 있다며 페루 당국과 국영 석유 회사 페트로페루 Petroperú를 상대로 소송을 제기했다. 이 소송에서 원고는 페루 당국과 페트로페루가 기름 유출을 막지 못하고 유출된 기름을 제거하지 못함으로써 자신들의 종교의 자유, 원주민의 권리 등 헌법적, 법률적 권리가 침해되었다는 주장과 함께 법원이 "마라논강이 내재적 가치를 지닌 법적 권리의 주체이고, 특히 마라논강에 대해 원주민들이 가지는 영적 가치를 감안하였을 때 보호되어야 한다는 것을 인정"해달라고 요청했다. 특히 마라논강의 "존재할, 흐를, 생태계에서 필수적인 기능을 실행할 수 있는 권리, 오염으로부터 자유로울 권리, 생물 다양성을 향유할 권리, 회복할 권리, 재생할 권리, 생태적 구조와 기능을 보존할 권리, 보호·보존받을 권리, 대표성을 가질 권리" 등을 요구했다. 이와 함께 원고는 당국과 원주민 단체를 마라논강의 가디언이자 대표로 지정해줄 것을 요구했다.

2024년 3월 페루 로레토주 상급법원은 마라논강의 "존재할, 흐를, 오염으로부터 자유로울 권리, 회복할 권리, 생물 다양성을 향유할 권리, 보호·보존받을 권리" 등을 인정했고, 당국과 원주민 단체를 마라논강의 이익을 대변할 가디언으로 지정했다. 이 판결은 페루에서 최초로 사법적 판결을 통해 자연의 권리가 인정된 사례이기도 하고, 중요한 선례로 기능할 것이라 예상된다.[37]

에콰도르

2024년 7월 5일, 에콰도르 키토시 법원은 마찬가라강Río Machángara을 권리주체로 인정했다. 동 사건은 강의 심각한 오염 문제를 해결하기 위한 보호 소송Acción de Protección의 형식으로 키투 카루 원주민Kitu Karu에 의해 제기되었는데, 법원은 강이 살아 있는 존재로, 자연이 보호 및 회복의 권리를 향유한다는 에콰도르 헌법에 근거해 마찬가라강이 권리주체라고 판시했다. 이전에 에콰도르 헌법재판소 역시 강이 2022년 헌법 제7장에 따라 보호된다고 인정한 바 있다.

법원은 키토시가 시에서 강으로 흘러들어가는 폐수를 제대로 정화하지 않은 것이 마찬가라강의 권리를 침해했다고 판단했다. 법원은 이와 함께 오염을 제거하기 위한 구체적인 계획을 즉시 실행하도록 명령했다. 현재 키토시는 판결에 불복하여 항소를 제기한 상태로, 주 법원의 판단을 기다리고 있다.[38]

---

37 Eco Jurisprudence Monitor, "Peru court case on the rights of the Marañón River," https://ecojurisprudence.org/initiatives/rights-of-maranon-river-case.

38 Eco Jurisprudence Monitor, "Ecuador court case: rights of the Machángara River," https://ecojurisprudence.org/initiatives/ecuador-court-case-on-the-rights-of-the-machangara-river.

콜롬비아

콜롬비아 북부에 위치한 라과히라주는 사막, 아름다운 해변과 산을 모두 만날 수 있는 곳으로, 콜롬비아의 대표적 관광지다. 그런데 라과히라로 흘러들어가는 란체리아강Río Ranchería은 주민과 정부 사이에 갈등이 지속된 곳이기도 하다. 원주민들은 세레혼Cerrejón 탄광으로 인해 란체리아강이 오염되고 고갈되면서 라과히라 주민들이 고통을 겪고 있다고 주장했다.

2024년 8월 8일, 콜롬비아 의회는 란체리아강, 그 유역 및 지류의 권리주체성을 인정하는 법률(Law 2415)을 제정하면서 강이 "보호, 유지, 회복"할 권리를 가진다고 했다. 이 법은 강과 그 생태계의 복원을 위한 행동 계획을 세울 것과 원주민, 지역사회, 환경 당국이 참여하는 란체리아강 보호 위원회Comisión de Guardianes del Río Ranchería 를 설치할 것을 규정했다.[39]

이렇듯 아메리카 지역에서는 더 많은 국가에서 자연의 권리를 인정하는 판례가 나오는 가운데 법제가 제정되고 있다. 또한 이 글에서는 소개하지 않았지만 브라질, 아르헨티나, 멕시코, 칠레에서도 자연의 권리를 위해 활발하게 움직이고 있는

---

39 Eco Jurisprudence Monitor, "Colombia Law: rights of the Rancheria River," https://ecojurisprudence.org/initiatives/colombia-law-on-the-rights-of-the-rancheria-river.

만큼 계속해서 주목해야 할 대륙임에는 틀림이 없다.

유럽

유럽에서도 자연의 권리에 대한 논의가 활발해지고 있다. 프란치스코 교황은 유럽에서 자연의 권리 운동에 불을 지폈다. 2015년 교황이 주교들에게 보내는 회칙encyclical과 유엔 연설에서 프란치스코 교황은 인간의 환경에 대한 권리right to the environment가 아닌, 환경의 권리right of the environment에 대해 역설했다.[40]

EU

EU 차원에서는 'EU 자연의 기본권 헌장EU Charter of the Fundamental Rights of Nature'에 대한 논의가 진행되기 시작했고, 유럽경제사회위원회(EESC)에서 2020년 보고서를 발간하여 자연의 기본권을 보장할 필요성을 지적하면서, 우리는 오늘날의 인

---

40 Alex Putzer & Laura Burgers, "European Rights of Nature Initiatives," IACL-AIDC Blog 2022. 2. 22; "Pope Francis demands UN respect rights of environment over 'thirst for power,'" *The Guardian* 2015. 9. 25.

간중심주의적 이분법에서 탈피하여 자연을 객체가 아니라 권리를 보유한 주체로 인식하여야 한다고 역설했다.[41] 이 보고서에서는 기존의 환경법이 환경 파괴를 야기한 퇴행성의 순환에 갇혀 있기 때문에 환경 파괴의 속도를 늦출 수는 있어도 환경을 재생시킬 수는 없다며, 이것이 자연의 권리를 인정해야 하는 이유라고 설명했다. 즉 하향식의 파편화된 법체계로는 현재의 환경 문제를 해결할 수 없고, 새로운 접근법이 필요하다는 것이다.[42]

스페인

마르메노르 석호

스페인 마르메노르 석호는 한때 아름다운 자연경관으로 유명한 관광지였다. 그런데 2016~2021년 인근 농장에서 강으로 흘러들어온 비료로 인해 녹조가 강을 뒤덮고, 물고기 수천 마리가 떼죽음을 당하는 등 심각한 환경오염에 직면했다. 이러한 상황을 타개하기 위해 2020년 법철학자 테레사 비센테 지메네스Teresa Vicente Giménez의 주도하에 석호의 권리를 인정하는

---

41 European Union, *Towards an EU Charter of the Fundamental Rights of Nature*, EESC, 2020, pp. 50, 130.
42 같은 책, p. 69.

법안을 구상했고, 2021년 8월까지 70만 명의 서명을 받아 국민발안iniciativa legislativa popular을 통해 마르메노르 석호 및 그 유역의 법인격을 인정하는 법률안을 의회에 제출했다. 2022년 4월 스페인 하원에서는 274대 53으로, 2022년 9월 21일 스페인 상원은 230대 3으로 마르메노르 석호에 법인격을 부여하는 법안을 승인했다. 이로써 마르메노르 석호에 법인격이 부여되었다(Ley 19/2022, de 30 de Septiembre).[43]

이 법은 마르메노르 석호 및 그 유역에 법인격을 부여해 권리주체성을 인정하고(제1조) 마르메노르 석호의 "보호권, 보존권, 복원권, 자연스럽게 존재하고 진화할 권리"를 보장하면서(제2조) 석호를 위한 가디언Comité de Representantes, Comité Cientifico, Comisión de Seguimiento을 지정할 것을 규정했다(제3조). 또한 동 법에서 규정한 석호의 권리를 침해하는 경우에 민·형사적, 환경적, 행정적 책임을 질 것을 규정하면서(제4조) 동 법에 포함된 조항을 위반하는 공공기관의 행위나 정책은 무효로 하고(제5조), 석호의 이익을 대변하고자 하는 단체나 개인이 법정에서 석호의 권리침해를 주장할 수 있도록 하는 등(제6조) 석호가 실제로 실효성 있게 보호되도록 여러 장치를 고안했다.[44]

---

43 Eco Jurisprudence Monitor, "Spain Law 19/2022: rights of the Mar Menor lagoon," https://ecojurisprudence.org/initiatives/proposed-law-for-recognition-of-legal-personality-to-the-laguna-del-mar-menor-and-its-basin.

그런데 2023년 2월 7일 극우 정당 복스Vox당은 이 법이 자신들의 사유재산권과 직업의 자유를 침해하고 명확성의 원칙에 위배된다는 이유 등으로 위헌법률심판을 제청했다. 2024년 11월 20일 스페인 헌법재판소는 마르메노르 석호에 법인격을 부여한 법률이 헌법에 위배되지 않는다고 판단했다.[45]

복스당은 스페인 헌법이 인간의 권리만을 규정하고 있다고 주장했지만, 이는 기각되었다. 헌법재판소는 스페인 헌법 제45조 제2항[46]이 집단적 연대의 정신에 따라 삶의 질을 개선하고 환경을 보호·복원하기 위해 국가가 천연자원을 합리적으로 사용할 것을 규정하고 있으며, 따라서 환경보호를 위한 광범위한 틀을 제공할 뿐만 아니라 혁신적인 법적 접근법을 허용한다고 판단했다.

헌법재판소는 기존의 전통적 조치들은 지난 40년간 마르

---

44 Agencia Estatal Boletín Oficial del Estado, "Ley 19/2022, de 30 de septiembre, para el reconocimiento de personalidad jurídica a la laguna del Mar Menor y su cuenca," https://www.boe.es/eli/es/l/2022/09/30/19.

45 Eco Jurisprudence Monitor, "Spain constitutional court case: Mar Menor Act of 2022," https://ecojurisprudence.org/initiatives/spain-constitutional-court-ruling-on-the-mar-menor-act-of-2022.

46 스페인 헌법 제45조 ① 모든 국민은 인격의 발현에 적합한 환경을 누릴 권리와 환경보전의 의무를 가진다. ② 공권력은 생활수준을 보호·개선하고 환경을 보호·복원하기 위하여 필수 불가결한 공동 연대감을 가지고 천연자원의 합리적 이용에 유념한다. 헌법재판소 헌법재판연구원, 『국가별 법령집 —스페인 헌법·헌법재판소조직법』, 2017, p. 35 참조.

메노르 석호의 오염이 악화되는 것을 막지 못했고, 이에 따라 새로운 법적 장치의 필요성이 정당화된다고 판시했다. 특히 이 법은 유럽-지중해 지역에서 자연적 실체에 법인격을 부여한 최초의 법률로, 입법자가 전통적인 인간중심주의에서 온건한 생태 중심주의로 패러다임의 전환을 추구한 것이라고 평가했다. 또한 헌법재판소는 석호에 법인격을 부여하는 것은 지난 10여 년간 활발히 전개된 자연의 권리를 인정하는 국제적 움직임과 일치한다고 판단했다. 이 법이 인간의 존엄을 침해하지 않고, 현세대뿐만 아니라 미래 세대의 복지에 필수적인 환경을 보호한다고 판단한 것이다. 결론적으로 헌법재판소는 자연의 권리가 스페인 헌법에 합치되며 법적으로 탈인간 중심적인 접근법을 실행하는 것이 중요하다고 판시했다.[47]

이 법과 판결은 여러 의미에서 유의미하다. 먼저 이 법은 자연물에 법인격을 부여하고 권리주체성을 인정한 유럽 최초의 법률이다. 법 전문은 마르메노르 석호와 인근 거주민들이 심각한 사회환경적, 생태학적, 인도주의적 위기에 직면하면서 지난 수십 년간 여러 중요한 규제와 정책이 시행되었음에도 현재 마르메노르 석호를 보호할 법체계가 부적합하다는 점을 적확하게 지적한다. 따라서 이 법을 승인한다고 전문에서 밝힌

---

47   https://ecojurisprudence.org/wp-content/uploads/2025/02/Mar-Menor_Sentencia-Constitucional.pdf.

헌법재판소는 기존의 법제도로는 석호를 보호하기에 부적합하며, 전 세계적으로 자연의 권리를 인정하는 움직임과 일관되게 새로운 법정치적 모델을 도입해야 한다고 판결했다. 그리하여 석호의 내재적·생태학적 가치 및 세대 간 연대에 근거하여 석호에 법인격을 부여하고, 권리주체가 되도록 하며, 헌장상의 권리를 부여하고, 미래 세대를 위해 석호를 보호하는 것을 법 제정의 목적으로 했음을 분명히 했다.

틴스강

2024년 3월 1일 갈리시아주 세라데오우테스Serra de Outes시 의회는 만장일치로 '틴스강Río Tins의 권리선언'을 채택했다. 이 선언은 틴스강이 권리주체임을 인정하여 스페인에서 최초로 권리를 인정받은 강이 되었다. 틴스강의 열 가지 권리[48]와 권리를 존중할 지역 주민의 약속을 담고 있는 이 선언은 비록 법적 구속력은 없지만, 강을 관리하기 위한 환경 정책의 방향을 지도할 기본적인 틀을 제공할 것으로 기대되고 있다.[49]

---

[48] 생명과 균형 잡힌 생태계로서 존재할 권리, 오염으로부터 자유로울 권리, 인간의 활동으로 인하여 방해받지 않고 재생하고 자연스럽게 진화할 권리, 보호·보존의 권리, 자유롭게 흐를 권리, 존중받을 권리, 강가의 삼림을 유지하고 회복할 권리, 세대 간 문화적, 생물문화적 유산을 향유할 권리, 인간의 작위 혹은 부작위로 인한 과거, 현재, 미래의 손해를 회복할 권리.

[49] Eco Jurisprudence Monitor, "Town of Serra de Outes(Galicia) Spain Declaration of the Rights of the Tins River," https://ecojurisprudence.org/initiatives/town-of-

이탈리아

이탈리아는 2022년 헌법을 개정[50]하면서 제9조 제3항에 "미래 세대의 이익을 위하여 환경, 생물 다양성, 생태계를 보호한다. 국가는 법률로써 동물 보호에 관한 방법 및 형식을 규율한다"라는 규정을 추가해, 기존의 자연경관뿐만 아니라 환경과 생태계까지 헌법적 보호 대상을 확대했다. 또한 경제적 자유에 관한 헌법 제41조에는 경제적 자유도 환경보호를 위해 제한될 수 있다는 문구를 추가했다. 자연이나 미래 세대의 권리주체성을 직접적으로 규정한 것은 아니지만, 그것을 보장할 현세대와 국가의 의무를 헌법에 명시해 입법 의무를 부과하는 등 생태적 환경 국가 원리를 부분적으로 구현했다고 평가받고 있다.

---

serra-de-outes-galicia-spain-declaration-of-the-rights-of-the-tins-river.

50 Legge costituzionale 11 febbraio 2022, n. 1. 개정 전문은 http://www.codices.coe.int/NXT/gateway.dll/CODICES/constitutions/eng/eur/ita?fn=document-frameset.htm$f=templates$3.0 참조.

오세아니아

뉴질랜드

뉴질랜드 정부는 테우레웨라Te Urewera 국립공원과 왕거누이강Whanganui River, Te Awa Tupua에 법인격을 부여하는 법률을 제정했다. 2014년 뉴질랜드 정부는 테우레웨라 국립공원(숲, 호수, 산맥)의 법인격을 인정하고 이들을 대리할 후견인을 지정하는 테우레웨라법[51]을 제정했다. 이 지역은 마오리 원주민들이 오랜 기간 살아온 곳이다. 테우레웨라법은 이 지역을 자연 그대로 영구 보존할 것을 입법 목적으로 했다. 또한 테우레웨라 위원회의 위원 과반수는 마오리족 출신으로 채워져야 한다는 점, 위원회가 조례 제정권과 천연자원 사용 허가서를 발행할 권한이 있다는 점도 규정했다. 즉 테우레웨라법은 천연자원을 지속 가능한 방식으로 관리한다면 인간과 자연이 조화롭게 공존할 수 있다는 원주민의 세계관을 반영했다.

2017년에는 왕거누이강에 법인격을 부여하는 법률[52]이 제정되었다. 이 법은 강과 그 유역을 법인으로 인정하고 강을 대리할 후견인을 지정했다. 후견인은 강을 훼손한 가해자를 상대

---

51 Te Urewera Act 2014, New Zealand Pub. Act No. 51, July 27, 2014.
52 Te Awa Tupua(Whanganui River Claims Settlement) Act 2017, New Zealand Pub. Act No. 7, Mar. 20, 2017.

로 손해배상 청구 및 금지 청구를 법원에 제기할 수 있게 되었다.[53] 후견인 위원회 Te Pou Tupua, 자문단 Te Karewao 및 전략기획단 Te Kopuka na Te Awa Tupua도 새로이 설치되었다. 또한 이러한 새로운 모델(일명 '뉴질랜드 모델')을 실행하기 위한 왕거누이강 기금 Te Korotete o Te Awa Tupua을 마련했다.

뉴질랜드의 이러한 법률들은 원주민의 세계관을 반영하여 인간과 자연을 하나로 보며("나는 강이요, 강은 나다") 자연물의 내재적 가치를 인정하고 법인격을 부여했다. 이러한 접근 방식은 서양의 사고와는 매우 다른 관점을 보여주며, 자연과 인간을 분리하는 인간 중심적인 사고를 극복하는 것을 목표로 한다. 자연의 권리에 대한 '뉴질랜드 모델'은 콜롬비아와 인도 판결에 많은 영향을 미쳤다.

오스트레일리아

오스트레일리아에는 세계에서 가장 큰 산호초 지대인 그레이트베리어리프가 있다. 그런데 기후변화로 인해 이 산호초 지대가 파괴되자 시민단체를 중심으로 그레이트베리어리프 보호 운동을 포함한 자연의 권리 운동이 활발히 전개되고

---

53 Jan Darpö, "Can Nature Get it Right?."

있다. 2014년 1월 17일 시민단체 오스트레일리아 지구법 연맹(AELA)은 국제 자연의 권리 법정[54]에 이 문제를 가져가기도 했는데, 2014년 12월 5일 국제 자연의 권리 법정은 산호초의 권리가 침해되었음을 확인하고 오스트레일리아 당국(연방 정부 및 주 정부)이 산호초를 복원하기 위해 헌신할 것 등을 결의했다.[55]

이어 2017년 빅토리아주 의회도 야라강 보호법Yarra River Protection Act이라는 주 법을 제정해 야라강이 살아 있는 자연물이라고 선언했는데, 빅토리아주 의회는 비라룽 위원회Birrarung Council를 설립해 야라강의 권리를 옹호하고 대리할 권한을 부여했다.[56]

야라강 보호법 제정이 작은 불씨가 되어 향후 연방 차원에서도 자연의 권리를 인정하는 법률이 제정될 것으로 기대되고 있다.

54　International Tribunal for the Rights of Nature. GARN(Global Alliance for the Rights of Nature)이 중심이 되어 자연의 권리와 관련된 사건에 대해서 비구속적 판단을 내리고, 원주민을 보호하고 자연 훼손을 저지하기 위해 2014년 설립된 일종의 시민 법정이라고 할 수 있다. https://www.rightsofnaturetribunal.org/about-us.

55　International Tribunal for the Rights of Nature, "Final Verdict," 2014. 12. 5~6. https://www.rightsofnaturetribunal.org/wp-content/uploads/2018/04/final-veredict-lima-tribunal.pdf.

56　Yarra River Protection Act 2017(vict.).

아프리카

우간다

아프리카 대륙에서도 자연의 권리를 보장한 유의미한 법률이 제정되었다. 우간다가 2019년 환경법[57]을 제정하면서 물꼬를 텄다. 환경법 제4조는 자연이 영속·유지할 권리 및 생명의 순환, 구조, 기능, 진화의 과정을 재생산할 권리를 향유하며(제1항), 이 자연의 권리가 침해된 경우 개인이 (자연을 대신해) 관할법원에 제소할 수 있다고 규정했다(제2항). 또한 이 법은 정부가 종의 멸종, 생태계 파괴, 자연 주기의 영구적 변경을 유발할 수 있는 모든 행위에 대한 사전 배려 및 제한 조치를 시행해야 한다고 규정했다(제3항). 자연의 권리가 법률로 규정된 데에는 자연의 내재적 가치를 보호해야 할 필요성을 강조한 비정부 기구들의 역할이 컸다.[58]

2019년 환경법에서 자연의 권리를 규정함으로써 우간다는 아프리카 국가 중 최초로 법률에 자연의 권리를 규정한 국가가 되었다. 그 자체로도 의미 있는 일이지만, 시민 누구나 소

---

57 Uganda, The National Environment Act 2019, 24 February 2019.
58 Matthew W. Hopewell, "The Rights of Nature in Uganda: Exploring the Emergence, Power and Transformative Quality of a 'New Wave' of Environmentalism," Ph.D. diss., University of London, 2019.

송을 제기할 수 있도록 규정하여 자연을 보호할 수 있는 실질적인 구제 수단이 주어졌다는 점에서 더욱 의미가 깊다. 다만 한 가지 아쉬운 점은, 이 법 제4조 제4항에서 주무장관이 자연의 권리 조항이 적용되는 자연보호 지역을 지정하는 부령을 제정해야 한다고 규정하고 있다는 것이다. 즉 자연의 권리 조항이 일반적으로 모든 지역에서 적용되지는 않으며, 아직까지 부령이 제정되지 않아 향후 자연의 권리가 어떻게 실현될 수 있을지에 대한 불확실성이 존재한다는 점이 아쉬움으로 남는다.

그럼에도 불구하고, 우간다 환경법은 인간 중심적인 환경보호에서 한 걸음 더 나아가 자연 중심적인 환경보호 패러다임으로의 전환의 시작을 알린 성과로 평가받고 있다.

서남아시아

인도

인도에서는 우타라칸드Uttarakhand주 고등법원이 자연의 권리 인정에 앞장서고 있다. 2017년 우타라칸드주 고등법원은 갠지스강과 빙하의 법인격을 인정하는 판결을 내렸다.

갠지스강 및 야무나강 판결

갠지스강은 인도 북부를 흐르는 거대한 강으로, 중간에 야무나강Yamuna river과 합류한다. 갠지스강변은 불법 건축물과 대규모 광물 채취로 심각한 환경파괴에 직면하고 있었는데, 2014년 모하메드 살림Mohammed Salim이 중앙정부에 이러한 환경 파괴 행위를 금지할 것을 청구하는 공익 소송을 우타라칸드 고등법원에 제기했다.[59]

인도 헌법은 자연의 권리를 규정하고 있지 않지만, 우타라칸드 고등법원은 2017년 3월 이 사건에서 헌법 해석[60]을 통해, 갠지스강과 야무나강에 대한 국가와 국민의 보호 의무를 다하기 위해서는 현재의 접근법만으로는 부족하고 자연물(갠지스강과 야무나강)의 법인격을 인정해야 한다고 판단했다.

또한 우타라칸드 고등법원은 갠지스강과 야무나강의 후견인으로 나마미NAMAMI 갠지스강 프로젝트의 의장, 주 국무장관, 주 법무장관을 지정했고, 동시에 불법 건축물에 대한 퇴거 명령을 내리고 갠지스강변에서의 광물 채취를 즉시 금지시켰다.

---

59 High Court of Uttarakhand at Nainital, Mohammed Salim v. State of Uttarakhand and others, Writ Petition No. 126 of 2014, March 20, 2017(Ganges and Yamuna case).
60 인도 헌법 제48A조(국가의 환경보호 의무) 및 제51A조 제g항(국민의 환경보호 의무).

빙하 판결

이어 2017년 3월 우타라칸드 고등법원은 빙하 판결[61]에서 강고트리Gangotri 및 야무노트리Yamunotri 빙하를 비롯해 다른 빙하, 강, 지천, 호수 등 기타 자연물도 법인격체라고 판단했다. 우타라칸드 고등법원은 어머니 대지의 헌법적 권리가 인정된다고 판단했고, 자연이 내재적 권리(그중에서도 오염되지 않을 내재적 권리)를 보유하며, 자연은 생존, 영속, 유지, 지속, 재생할 권리를 보유한다고 했다. 또한 기후변화의 위험으로부터 어머니 대지를 보호하여 후속 세대에게 물려주어야 하며, 모든 국민은 자연을 보존하고 보호해야 할 근본적 의무가 있다고 했다.

이 판결은 자연물의 법인격을 인정하고, 이를 위해 후견인을 지명하는 등 기후변화를 억지하는 데 법원이 적극적인 역할을 하고 시민들과 정부에 경각심을 불러일으켰다는 점에서 입지전적 판결로 인정되고 있다. 그렇지만 안타깝게도 이 판결은 이행되지 못하고 있다. 우타라칸드 고등법원은 국가기관을 후견인으로 지명해 자연의 권리를 대변하도록 했지만, 정작 후견인으로 지명된 주 정부는 후견인으로서의 책임을 맡을 준비가 되어 있지 않았다. 갠지스강과 야무나강 판결 이후 우타라칸드

---

61 High Court of Uttarakhand at Nainital, Lalit Miglani v. State of Uttarakhand and others, WPPIL No. 140 of 2015, March 30, 2017(Glaciers Case).

주 정부가 인도 대법원에 상고했다는 점에서 알 수 있듯, 주 정부는 후견인으로서 역할을 하지 않을 것임을 분명히 했다. 인도 대법원은 일단은 우타라칸드 고등법원의 판결의 집행을 유예한 상태라 갠지스강과 야무나강, 빙하의 미래는 아직 불투명하다.[62]

어찌 보면 자연의 권리는 인도에서처럼 사법적으로 보장하기보다는 뉴질랜드처럼 법률에, 혹은 에콰도르처럼 헌법에 규정함으로써 보장하는 것이 더 확실한 방법일 수 있다. 그럼에도 헌법 개정 혹은 법률 제정의 어려움을 고려했을 때, 사법부의 판결로 자연의 권리를 보장해야 하는 필요성과 당위성을 널리 알릴 수 있다는 측면에서 자연의 권리주체성을 인정한 사법부의 판결은 매우 유의미하다고 할 수 있다.

방글라데시

투라그강은 방글라데시의 수도를 가로지르는, 65킬로미터에 달하는 긴 강이다. 인권 단체 '방글라데시를 위한 인권과 평

---

62 Supreme Court of India, State of Uttarakhand and Others v. Mohammed Salim and Others, Petition for Special Leave to Appeal, No. 016879/2017, Order dated 7 July 2017; Supreme Court of India, Union of India v. Lalit Miglani, Special Leave Petition (Civil) Diary No. 34250/2017, Order dated 27 November 2017.

화 Human Rights and Peace for Bangladesh'는 투라그 강기슭이 매립되고 침식되는 것을 저지하고자 방글라데시 정부를 상대로 2019년 1월 방글라데시 대법원의 항소부에 공익 소송을 제기했다.[63]

대법원 항소부는 투라그강을 법인격체이자 살아 있는 실체라고 선언하면서, 투라그강뿐만 아니라 방글라데시의 모든 강에 법인격을 부여했다. 이어서 대법원 항소부는 국립강보호위원회를 투라그강의 후견인으로 지정해 강을 보호·보존·미화할 책임을 부여했다. 또한 강과 관련된 신규 프로젝트를 추진할 때 국립강보호위원회와 사전 협의를 통해 '이의 없음' 인증서를 받도록 지시했다. 대법원 항소부는 공공 신탁 이론 및 국제 환경법 원칙(사전 배려 원칙, 오염자 부담 원칙 등)이 방글라데시 법의 일부라고 선언하였다.

대법원 항소부는 즉시 투라그 강기슭을 오염시키는 행위를 중단할 것을 지시하면서, 30일 이내에 불법 건축물을 철거하고, 강의 오염시킨 가해자들의 실명을 공개하거나, 국립은행으로부터 대출을 못 받도록 하거나, 피선거권을 박탈할 것까지 지시했다.

이 판결은 방글라데시의 모든 강이 법적 권리를 향유하는 살아 있는 실체 혹은 법인격체라는 점을 확인해주었다는 점에

---

63 High Court Division of the Supreme Court of Bangladesh, Human Rights and Peace for Bangladesh and others v. Secretary of the Ministry of Shipping and others, Writ Petition No. 13989 of 2016, Judgement of January 2019.

서 매우 중요하다고 볼 수 있다.

대법원 항소부의 판결은 잘 이행되고 있는 것 같다. 강운 항위원회는 수도의 강기슭에 설치된 불법 설치물의 퇴거와 철거를 집행했다. 이 판결은 환경 보호를 위한 중요하고도 모범적인 사례로 평가받고 있다.

파키스탄

펀자브주는 지하수 고갈 등 심각한 환경 위기를 경험하면서 주 정부가 환경 취약 구역 내 시멘트 공장 건설·증설을 금지하는 환경 지침을 내렸다. 그러자 한 시멘트 회사의 대표는 이 지침이 헌법 제18조의 거래, 사업, 직업의 자유를 침해한다는 이유로 소송을 제기했다.

2021년 4월 15일 파키스탄 대법원은 펀자브주의 환경 지침이 위법하지 않다고 판단했는데, 판시 내용을 보면 국제 환경법 원칙과 국제적 논의를 심도 깊게 살펴보았다는 것을 알 수 있다.[64] 파키스탄 대법원은 국제 환경법 원칙인 사전 배려 원칙, 의심스러울 때는 자연에 유리한 해석 원칙[65]을 파키스탄

---

64 Supreme Court of Pakistan, G. Khan Cement Company v. Government of Pakistan, C.P.1290-L/2019, April 15, 2021.
65 의심스러울 때는 환경에 최소한의 해악을 미치는 대안을 우선 고려하는 등, 의사 결

의 법으로 인정하고, 환경 취약 구역에서 시멘트 공장을 신설하거나 증설하는 것은 원칙 위반으로 판단했다. 또한 파키스탄 대법원은 자연은 그 자체로 보호되어야 하며, 자연을 보호하기 위해 자연에 법인격을 부여하는 방식을 택했다. 파키스탄 대법원은 "인간과 자연의 평화적 공존을 위해서는 자연물을 법적 권리의 향유자로 대우해야 한다"라고 했다.

또한 파키스탄 대법원은 국가는 수자원의 공공 수탁자로서, 현세대와 미래 세대를 위한 수자원 정의를 실현할 의무가 있으며, 사법부 또한 현세대뿐만 아니라 미래 세대와의 세대 간 정의intergenerational justice와 기후 민주주의를 실현하기 위해서라도 그 역할을 다해야 한다고 하였다.

결론

자연의 권리론(자연의 권리 운동)은 인간을 자연의 일부로 인식하고, 자연이 인간을 위한 도구가 아니라, 그 자체로 내재적 가치가 있음을 인정하는 생태 중심주의로의 전환을 이끌고 있다고 할 수 있다.

정권자들 앞에 놓인 모든 문제가 환경을 보호·보존할 수 있는 방법으로 해결되어야 한다는 원칙이다.

지금까지 살펴본 것처럼, 남아메리카 대륙뿐만 아니라 북아메리카, 유럽, 오세아니아, 아프리카, 서남아시아 등지에서도 자연의 권리를 인정하기 위한 강력한 움직임이 포착되고 있고, 실제로 몇몇 국가에서 자연이 존재 자체로 내재적 가치와 권리를 향유하고 있다는 인식을 법규범(헌법, 법률, 조례) 또는 사법부의 판결을 통해 인정하기 시작했다. 이렇게 자연의 권리를 인정함으로써, 자연이 입은 손해에 대한 배상명령이 내려지기도 하고, 훼손된 자연을 복원하라는 법원 명령이 내려지는 등, 실효적이고 실질적인 조치들이 취해지고 있다.

대표적인 지구법학자인 토마스 베리는 지구 공동체의 모든 구성원은 존재할 권리, 서식지에 거주할 권리, 지구 공동체가 끊임없이 공진화하는 과정에서 자신의 역할과 기능을 수행할 권리가 있다면서[66] 구체적으로 자연의 ① 존재할 권리, ② 지속할 권리, ③ 회복할 권리가 있음을 역설했다.[67] 실제로 우리가 살펴본 자연의 권리를 규정한 법과 사법부 판결은 자연이 존재할 권리, 재생할 권리, 회복할 권리 등을 보장했다.

자연의 권리를 보장하기 위한 헌법 개정이나 법률 제정은 더디지만 조금씩 이루어지고 있으며, 헌법 개정이나 법률 제정

---

66 코막 컬리넌, 『야생의 법』, 포럼 지구와사람 기획, 박태현 옮김, 로도스, 2016, pp. 166~67, 177~78.

67 Thomas Berry, "The Origin, Differentiation, and Role of Rights," Institute for Education Studies, 2001.

의 어려움을 고려했을 때, 자연의 권리를 보장하기 위해 앞장서고 있는 사법부의 노력은 ─ 비록 그 판결이 상급법원에서 뒤집어지거나 판결이 제대로 집행되지 않아 불확실성이 존재하기는 하지만 ─ 유의미하고 고무적이라고 할 수 있다.

살펴본 국가들에서 자연의 권리를 인정한 궁극적 목적이 무엇일까를 생각해보면, 결국은 인간이 자연을 지배하는 것이 아니라, 인간도 생태계의 한 구성원이라는 인식에 기반해 인간이 생태계를 존중·회복시키고 기후변화를 완화하는 데 들여야 하는 부담을 공평하게 나눌 수 있는 법제를 마련하도록 하는 데 있다고 할 것이다.[68]

한국도 자연이 존재할 권리를 인정하고 국가의 자연의 권리 보호 의무를 헌법 전문과 개별 규정에 포함해 인간과 자연이 공존할 수 있는 생태 공동체를 이루어나가야 할 것이다.

---

68 Zelle et al., *Earth Law*, p. 5.

한국의 지구법 판결
― 사례와 전망

박태현

1. 들어가며

콜롬비아 출신의 '마약 왕' 파블로 에스코바르는 다양한 동물을 불법으로 밀수해 농장에서 키웠다. 그중에는 하마도 있었다. 1993년 콜롬비아 당국과의 총격전 끝에 그가 사망하자 하마는 관리되지 않고 버려진 채로 계속 번성해 35마리에서 65~80마리로 증가했다. 과학자들은 하마가 농장 인근 지역의 생물 다양성에 위협적일 뿐만 아니라 인간에게도 해를 가할 수 있다고 경고했다. 일부 과학자는 하마의 개체 수를 의도적으로 조절해야 한다(즉 살처분해야 한다)고도 주장했다. 콜롬비아 정부는 일부 하마를 중성화했지만, 여전히 생태계와 인간을 위해 가장 안전한 방법이 무엇인지를 고민하고 있었다.

미국의 동물권 단체인 동물방어기금(ALDF)는 미국 오하이오주 신시내티 연방지방법원에 하마를 살처분할지 아니면 중성화할지를 고민하는 콜롬비아 정부를 상대로 소를 제기했다. 연방 법률에 따르면, 외국 소송에 이해 당사자interested persons는 연방 법원에 자신의 사건을 뒷받침하기 위해 미국에서 법정 진술을 하도록 허용할 것을 요구할 수 있다.

이 소송에서 법률 대리인은 하마에게 '이해 당사자'로서 지위를 부여하고, 2명의 야생동물 중성화 전문가에게 법정에서 진술할 기회를 줄 것을 법원에 요구했다. 2021년 법원은 하마를 법적 권리를 가진 '이해 당사자'로 인정했다.[1]

소송을 제기한 법률 단체 ALDF의 선임 대리인 크리스토퍼 베리Christopher Berry는 다음과 같이 말했다.

> 우리는 새로운 입법을 구하지 않았다. 단지 동물은 자신에게 이미 주어진 권리를 행사할 당사자능력을 갖고 있음을 구하는 것이다.[2]

같은 해 캐나다에서 최초로 퀘벡주 매그파이강에 법인격이 부여되었다.[3] 무투헤카우시푸Mutuhekau Shipu라고도 불리는

---

1   "Pablo Escobar's 'cocaine hippos' are people too, US court rules," *The Guardian* 2021. 10. 25.
2   같은 글.

매그파이강은 이누 자치 공동체가 신성시하는 곳이다. 이 강은 수세기 동안 이누 공동체에 주요 교통로이자 식량원, 천연 약국으로서 서비스를 제공했고, 이누 공동체는 거기에 의존해 살아왔다. 하지만 최근에 수력발전용 댐 개발로 위협을 받고 있었다.

이 자연 마루지landmark를 보호하기 위해 이누 협의회와 주변 지역 카운티 자치체는 2021년 매그파이강을 법인으로 선언했다. 현재 이 강은 아홉 가지 권리를 가지는데, 이 중에는 흐를 권리, 생물 다양성을 유지할 권리, 오염되지 않을 권리 및 제소할 권리가 있다. 이로써 매그파이강은 권리를 갖는 법주체로 인정되었다. "이러한 권리는 인간이 수여한 것이 아니다. 이러한 권리는 늘 존재해왔음을 인정한 것이다."

2. 한국 소송 사례

지구법학에 따르면, 지구 공동체의 각 성원이 가지는 권리는 제1입법자인 우주에서 기원한다. 모든 성원은 저마다 자신에게 특유한 권리를 가지고 있고 이를 통해 다른 성원 간 관계

---

3 "This Canadian river is now legally a person. It's not the only one," *National Geographic* 2022. 3. 15.

를 정립한다. 포식자-먹이 관계를 포함하는 성원 간 상호 의존 관계의 역동적 전개 과정인 '친교'를 통해 지구 공동체가 형성, 유지, 발전한다.

이 글은 한국 법정에서 특정 생물종이나 생태계가 직접 당사자 또는 직접 보호 대상이었던 소송들을 지구법학의 관점에서 살펴보고자 한다. 이러한 소송은 크게 '자연의 권리 소송'과 '동물권 소송'의 범주로 나눌 수 있다. 두 소송은 인간 이외의 살아 있는 실체가 소송당사자로 등장한다는 측면에서 공통점을 갖는다. 그러나 자연의 권리 소송은 동물권 소송과 달리 특정 생태계가 당사자가 되는 경우가 있다는 점, 그리고 특정 생물종이 당사자가 되더라도 당사자의 개체성보다는 자연 내지 생태계의 보존 및 보호라는 맥락이 강조된다는 점에서 차이점을 갖는다. 다만, 여기서는 구체적으로 '특정 생물종이 소송당사자가 된 사례' '개별 동물 보호 사례' '서식지 보호 사례'까지 편의상 세 갈래로 구분해 소개하고자 한다.

특정 생물종이 소송당사자가 된 사례

도롱뇽 소송

2003년 10월 경상남도 양산시 소재의 천성산 일원에 서식하는 도롱뇽[4]과 도롱뇽의친구들[5]이 경부고속철도 노선 가운데 천성산을 관통하는 원효터널(길이 약 13.5킬로미터) 공사를 금지해달라는 소송(가처분 신청)을 제기했다.[6] 신청인 '도롱뇽'은 천성산에 서식하는 도롱뇽 또는 도롱뇽을 포함한 자연 자체로, 터널 공사로 인한 자신의 생존 환경 및 천성산의 자연환경 파괴를 막고자 "자연 내지 자연물의 고유 가치의 대변자"인 신청인 단체(도롱뇽의친구들)를 사법적 활동 담당자로 삼아 신청했다.

그러나 법원은 자연물인 도롱뇽 또는 그를 포함한 자연 그 자체로는 소송을 수행할 당사자능력을 인정할 수 없다며, 터널 공사가 천성산의 자연환경을 파괴하는지 판단하지 않은 채 (신청이 부적법하다며 이를 각하함으로써) 소송을 종결했다.[7] 당사자능력이란 일반적으로 소송당사자가 될 수 있는, 곧 자기의 이름으로 재판을 청구하거나 또는 소송상의 효과를 받을 수

---

4 천성산에 서식하는 도롱뇽은 꼬리치레도롱뇽으로 러시아, 중국, 일본, 한국 등 동북아시아에 분포한다. 그런데 모두 같은 종이 아니라 4종으로 분류되고 있고 그중 남한과 북한에 서식하는 종은 '한국꼬리치레도롱뇽 Onychodactylus koreanus'으로 보고됐다.
5 '천성산을 비롯한 모든 자연환경과 생태계 보존 운동을 통해 더 이상의 자연 파괴를 막는 한편, 생명을 중시하는 생각을 폭넓게 전파하여 환경 운동·생명 운동에 이바지함을 목적'으로 설립된 비법인사단이다.
6 이 사건 고속철도 공사에 대한 환경영향평가 이후 천성산 일원에 존재하는 보호대상 동식물이 추가로 파악되고, 무제치늪이 자연환경보전법상 자연 생태계 특별 보호구역(1998. 12. 31)으로, 화엄늪이 습지보전법상 습지 보호 지역(2002. 2. 1)으로 각 지정되었다.
7 부산고법 2004. 11. 29. 자 2004라41, 2004라42(병합) 결정[공사착공금지가처분].

있는 소송법상의 능력(자격)을 말한다. 당사자능력에 관해 민사소송법 제51조는 민사소송법에 특별한 규정이 없으면 민법과 그 밖의 법률에 따르도록 정하고 있다.[8] 그런데 자연물인 도롱뇽 또는 그를 포함한 자연 그 자체의 당사자능력을 인정하는 현행 법률이 없고, 이를 인정하는 관습법도 존재하지 아니하므로 신청인 도롱뇽은 결국 당사자능력이 없다고 한 것이다.

한편 공사 금지를 구할 수 있는 권리가 신청인 도롱뇽의친구들에 있는지에 대해서도, 법원은 환경권(환경 이익)으로 공사 금지를 구할 수 없다고 보았다.[9] 신청인이 주장한 '자연방위권'에 관하여는 "법률상의 권리는 실정법률에서 발생하는데 자연방위권은 아직 실정법상 구체적 권리로 인정되기는 어렵다"[10]라며, 같은 결론을 내렸다. 2006년 대법원도 하급심 판단

---

8   민사소송법 제52조는 대표자나 관리인이 있는 경우 법인 아닌 사단이나 재단에도 소송상의 당사자능력을 인정하고 있다.
9   "신청인들이 주장하는 환경 이익이라는 것이 현행의 사법 체계 아래서 인정되는 생활 이익 내지 상린관계에 터 잡은 사법적 구제를 초과하는 의미에서의 권리의 주장이라면, 그러한 권리의 주장으로서는 직접 국가가 아닌 피신청인에 대하여 사법적 구제 수단인 이 사건 가처분을 구할 수 없는 것."
10 "자연은 인간의 영원한 생존과 존재의 기반이고, 인간의 일시적 편익에 봉사하거나 인간에 의하여 함부로 개척되고 극복되어야 하는 존재가 아니다. 인간도 자연의 일부인 만큼 자연은 그 자체로서 고유의 가치를 가지며, 또 자연의 파괴라는 것이 회복 불가능한 면이 있는 까닭에 인간은 그 영원한 삶의 유지를 위해서도 자연을 보호하고 그 무분별한 훼손을 삼가야 한다. 그러나 이러한 당위성이 있다고 해서 그것이 법률상의 권리·의무로까지 관념되어야 한다고 단정 지을 수는 없다. 권리·의무라는 것은 국가가 그 시대적 요청과 필요에 의해 법률로 제정이 될 때 비로소 그 실정법률에

을 수긍하면서 사건이 최종적으로 마무리됐다.[11]

황금박쥐 소송

2008년에는 황금박쥐라 불리는, 멸종 위기 야생 동물 1급이자 천연기념물 제452호 붉은박쥐 *Myotis rufoniger*의 소송 당사자능력을 인정하지 않는 판결이 나왔다.

충주시장은 충주 가금-칠금 도로확장공사를 실시하기로 결정했다. 그러자 이 공사에 따른 도로 및 교량의 건설로 인해 충주시 쇠꼬지 폐갱도 내와 남한강 유역에 서식하는 황금박쥐, 수달, 고니 등 동물들은 자신의 생존 터전을 잃게 된다며 충주시장을 상대로 공사 실시 결정의 무효 확인을 구하는 소를 제기했다.

법원은 원고 황금박쥐 등의 소를 각하하면서, "동물들의 당사자능력을 인정하려 해도 원고들이 주장하는 폐갱도 내에는 여러 개체의 황금박쥐 등이 서식하고 있기 때문에 어느 황금박쥐가 이 사건 소송을 제기하는 것인지 특정되지도 않을 뿐 아니라 폐갱도 내의 황금박쥐 전체를 대표한다고 볼 수 없다"라고 했다.[12]

의해 구체화되고 발생되는 것이기 때문이다. 따라서 신청인 단체가 주장하는 '자연방위권'은 우리나라 법률상 그 주체, 내용, 행사 방법이 구체적으로 정립된 바 없어 아직 실정법상 구체적 권리로 인정되기는 어렵다."
11 대법원 2006. 6. 2.자 2004마1148,1149 결정.

검은머리물떼새 소송

검은머리물떼새 Haematopus ostralegus는 천연기념물 제326호이자 멸종 위기 야생 생물 2급에 속하는 조류로, 충청남도 서천군 장항읍 유부도와 금강 하구 비인만 일대에서 월동한다. 검은머리물떼새는 2008년 자신의 월동지의 자연환경에 부정적 영향을 끼칠 수 있는 군산 복합화력발전소 공사 계획 인가 처분의 취소를 구하는 소를 제기했다.

법원은 "자연물인 검은머리물떼새에게 당사자능력이 없으므로 원고 검은머리물떼새의 소는 부적법하다"라고 했다.[13]

산양 소송

가장 최근에 제기된 자연물의 소송이다. 2017년 11월 문화재청장은 설악산에 케이블카의 추가 설치를 허용하는 국가지정문화재 현상 변경을 허가했다. 이에 설악산에 서식하는 멸종 위기 야생 생물 1급인 산양(28마리)은 케이블카 소음·진동 등으로 생존을 위협받게 된다며, 문화재청장을 상대로 현상 변경 허가 처분의 취소를 구하는 소를 제기했다.

이 사건에서도 법원은 "자연 그 자체나 야생 동식물 등의 자연물을 당사자능력을 인정하는 규정은 없다"[14]라는 이유로

---

12   청주지법 2008. 11. 13. 선고 2007구합1212 판결.
13   서울행법 2010. 4. 23. 선고 2008구합29038 판결.
14   법원은 "원고들이 제시하는 '야생생물 보호 및 관리에 관한 법률' '문화재보호법'과

원고 산양들의 소송당사자 능력을 인정하지 않았다.[15]

소송 사례	사건명	소송 유형	당사자(보호 지위)
도롱뇽 소송	공사 착공 금지 가처분 신청	민사소송	· 도롱뇽 · 환경 단체 (도롱뇽의친구들) · 사찰
황금박쥐 소송	도로 공사 실시 결정 무효 확인 청구	행정소송	· 황금박쥐, 관코박쥐, 수달, 고니, 장님굴엽새우, 안락꼽등이, 등줄굴노래기 · 환경 단체 회원
검은머리물떼새 소송	복합화력발전소 공사계획인가처분 취소 청구	행정소송	· 검은머리물떼새 · 지역 주민
산양 소송	국가 지정문화재 현상 변경 허가 처분 취소 청구	행정소송	· 산양

《그림3-5》 특정 종이 소송당사자가 된 사례.

같은 국내 법령들이나 '생물 다양성에 관한 국제 협약'과 같은 국제 조약은 야생동식물 등의 자연물에 대한 국가 또는 국민의 보호·보전 책무를 규정한 것에 불과할 뿐 이를 통해 야생동식물 등의 자연물의 권리능력이나 당사자능력이 도출된다고 볼 수 없다"고 했다.
15 서울행법 2019. 1. 25. 선고 2018구합2230 판결[국가지정문화재 현상변경허가처분 취소].

개별 동물 보호 소송 사례

돌고래 몰수형 선고 사례

수산업법에 따르면 누구든지 수산업법 또는 수산업법에 따른 명령을 위반하여 포획·채취 또는 양식한 수산동식물과 그 제품을 소지·운반하거나 처리·가공 또는 판매해서는 안 된다. 그런데 해양 수족관 관광 업체인 퍼시픽랜드 대표는 수산업법을 위반해 포획한 큰돌고래 총 7마리를 어민들로부터 매수해 보관하고 있었다.

2012년 법원은 퍼시픽랜드 대표 등 피고인들에게 징역 8월 형(집행유예 2년)을 선고하면서 큰돌고래 복순, 춘삼, 태산, 해순 등을 피고인들로부터 몰수했다.[16] 법원이 징역형을 선고한 것도 당시 분위기에서 다소 이례적이었지만, 무엇보다 법원 판결이 파격적으로 보였던 까닭은 돌고래 몰수형을 선고한 데 있었다. 법원은 "현재 생존하고 있는 돌고래 5마리는 피고인들이 법률을 위반하여 소지하고 […] 조련하여 관광산업에 이용함으로써 […] 취한 수익이 적지 않"다고 보면서, 돌고래를 몰수하지 않으면 피고인이 계속 이들을 "공연 등 관광사업에 이용하여 수익을 창출할 것으로 예상"된다고 몰수 이유를 밝혔다.[17]

---

16 제주지법 2012. 4. 4. 선고 2011고단1339 판결[수산업법위반·수산자원관리법위반].
17 「제주 '돌고래 소송' 동물보호단체가 이겼다」, 『경향신문』 2012. 4. 4. 이미 조련된 돌

멸종 위기 종 수입 불허가 사례

해양생물 전시와 돌고래 쇼 사업을 하는 한 업체는 2017년 영산강 유역환경청에 국제적 멸종 위기 종인 큰돌고래의 전시 관람과 체험을 위한 수입 허가를 신청했다. 그러나 수입 허가가 큰돌고래의 생존에 부정적인 영향을 미칠 것으로 예상된다고 국공립 연구 기관에서 검토 의견을 낸 점, 다른 국내 수족관보다 유독 이 업체의 돌고래 폐사율이 높은 점, 야생 돌고래를 이미 보유한 업체도 야생으로 방류하는 추세라는 점을 들어 유역환경청은 수입 허가를 거부했다.

이에 대해 업체는 결정의 취소를 구하는 행정소송을 제기했다. 큰돌고래는 세계자연보전연맹(IUCN)이 작성한 국제적 멸종 위기 종 적색 목록 중 가장 낮은 등급인 '최소 관심' 단계[18]에 속해 상업적 수입 및 반입이 가능하다는 점, 이들을 수입하더라도 생존에 위협을 주지 않는다고 일부 해양 동물 생태생리학 전문가들이 판단한 점, 과거에도 수입했던 점 등을 이유로 큰돌고래 수입 불허가 결정이 위법하다는 것이다.

고래를 자연 방사할 경우 자연에 적응할 수 없다는 피고인의 주장에 대해서는 이는 형 집행 과정에서의 어려움일 뿐 몰수형 선고에 결정적 영향을 미치지 않는다고 반박했다.

18 항소심 법원은 이 점에 대해 "1990년대와 2000년대 초반의 자료에 기초하여 2008년 7월 기준으로 평가된 것이어서 피고로서는 이 사건 거부 처분 당시까지도 위와 같은 등급이 유지되고 있다고 단정하기 어려웠을 것"이라고 보았다(광주고법 2019. 11. 14. 선고 2019누10169 판결).

1심 법원은 "이 사건 이전의 수입 허가는 사육 중인 개체에 대한 것이었고, 최근 큰돌고래 개체군 동향이 확인되지 아니하여 생존의 위협이 전혀 없다고 보기 어렵다"며 원고의 청구를 받아들이지 않았다.[19] 항소심 법원 또한 "멸종 위기에 처한 야생 생물은 현세대뿐만 아니라 **미래 세대**를 위해서도 보호돼야 한다며, 수입 허가를 거부하는 결정으로 달성하고자 하는 공익이 매우 중대하다"라는 판단과 함께 항소를 기각했다.[20]

'야생생물 보호 및 관리에 관한 법률'(야생생물보호법) 제26조에 따르면, 행정청은 야생 생물의 수입이 해당 종의 생존에 위협이 없는 경우 이를 허가할 수 있다. 이 경우 큰돌고래의 수입이 종의 생존에 위협이 없는지를 둘러싸고 전문가들의 판단은 엇갈렸다. 환경부 산하 국립생물자원관은 '해당 종의 생존에 위협이 없는 경우에 해당하지 않는다'라는 의견을, 해양수산부 산하 고래연구센터는 '2012년 IUCN의 적색 목록에 의하면 생존에 위협이 없는 경우에 해당할 것으로 보이지만 최신 자료에 근거한 판단은 어렵다'라는 의견을 각각 제출했다. 반면 관련 전문가인 대학 교수와 해양수산부 산하 한국해양수산개발원은 위협이 없는 경우에 해당한다는 의견을 냈다.

---

19   광주지법 2018. 11. 13. 선고 2017구합13479 판결. 한편 "포획 방법 자체가 매우 잔인하고 큰돌고래 한 마리를 포획하는 과정에서 수많은 개체가 희생되기도 한다"라고 언급했다.

20   광주고법 2019. 11. 14. 선고 2019누10169 판결.

항소심 법원은 "이러한 상황에서 어느 전문가의 의견을 신뢰하여 판단의 기초로 삼을 것인지는 행정청인 피고의 재량에 달려 있다"라고 전제한 뒤, "야생생물보호법은 종의 수입 허가 시 관계 국공립 연구 기관의 장의 의견을 듣도록 하고 있고, 피고는 큰돌고래 종의 생존에 위협이 발생하게 될 경우까지 예상하여 가능한 한 신중하고 보수적으로 판단할 수밖에 없을 것으로 보이는 점 등을 종합하면 상반된 의견 중 관계 국공립 연구 기관의 장의 의견을 기초로 거부 처분을 한 것은 법령에서 정한 절차에 따른 것이고 합리적인 재량 판단의 결과로 볼 수 있다"라고 했다.[21]

'동물보호법' 위반 사례

(1) 학대 사례

지역주택조합 조합장(피고인)은 조합이 아파트 신축 공사 시공사로 선정한 건설 회사의 신용도가 낮아 사업 진행이 어렵게 된 데 불만을 품고, 건설 회사의 현장 책임자가 기르는 개(진도견)의 목줄을 발로 밟아 움직이지 못하게 한 후 주먹 또는 각목으로 때리거나 발로 걷어차고 목과 머리를 밟는 방법으로 신체적 고통을 주어 학대했다며 동물보호법 위반으로 기소되었다.

---

21 광주고법 2019. 11. 14. 선고 2019누10169 판결.

법원은 피고인의 범행은 생명체에 대한 존중 의식이 미약한 상태에서 이루어진 생명 경시 행위에 해당해 엄정한 형사책임을 물어야 한다는 이유로 징역형을 선고했다. 법원은 "동물의 생명 및 신체의 온전성도 보호법익으로서 소중히 다루어져야 할 가치에 해당하고 이를 보호해야 할 필요성과 당위성도 충분히 인정되므로, 동물의 생명이나 신체를 침해하거나 학대하는 행위의 위법성을 더 이상 간과하거나 경시하여서는 안 되는 점, 동물 역시 생명체로서 고통을 느끼는 존재임을 인식해야 하고, 동물 학대 행위를 단순히 권리의 객체인 물건의 손괴 행위로 인식할 수는 없으며, 특히 가학적·충동적으로 동물을 학대하는 행위는 생명체에 대한 심각한 경시 행위에 해당하므로 이에 대하여는 더욱 엄격히 죄책을 물어야" 한다고 했다.

나아가 "최소한 우리 곁에 살고 있는 개, 고양이 등 반려동물을 우리 사회 공동체의 일원에 포함시킨다고 가정하면 반려동물은 우리 사회에서 가장 지위가 낮은 위치에 있는 존재일 것이다. 동물 학대 행위는 사회에서 가장 지위가 낮은 존재에 대한 혐오 내지 차별적 행동으로 볼 수 있다. 그러한 혐오 내지 차별적 행동을 용인하거나 그 위법성을 낮게 평가한다는 것은 우리 사회가 그 밖의 사회적 소수자들에 대한 혐오 내지 차별적 행동, 폭력적 행동까지도 간과하거나 심각성을 인식하지 못한다는 것을 보여주는 반증이 될 수도 있다. […] 따라서 동물에 대한 보호와 학대 방지는 단지 인간이 만물의 영장이라는 지위에서 가지고 있는 도덕적 의식과 의무감에서 필요한 것을 넘어서서 전체 사회 구성원의 존중과 배려 및 보호라는 관점에서 인간 자신에게 필요한 것"이라고 했다.[22]

(2) 잔인한 방법으로 도축한 사례

개 농장을 운영하는 농장주는 농장 도축 시설에서 개를 묶은 상태에서 전기가 흐르는 쇠꼬챙이를 개의 주둥이에 대어 감전시키는 방법으로 잔인하게 도살해, 동물보호법 위반으로 기소되었다. 피고인은 '축산물위생관리법'의 적용을 받는 소나 돼지와 달리 개의 도축 방법은 법으로 정해져 있지 않아 전기 도살도 허용될 수 있다고 주장했다.

법원은 동물보호법 관련 조항에서 금지하는 잔인한 방법이 "적어도 목을 매달아 동물을 죽일 경우 그 과정에서 동물이 겪게 되는 고통이나 공포, 스트레스와 유사하거나 더 많은 고통 등을 느낄 것이 분명하다고 인정되는 방법으로 엄격히 한정하여 해석해야 한다"라고 했다. 나아가 관련 업계에서 일반적으로 받아들이거나 그 업계 종사자가 쉽게 알 수 있는 잔인하지 않은 도축 방법이 없다면, 관련 법령에서 정한 동물의 도살 방법이나 그와 유사한 방법을 사용한 경우, 관련 법령에서 정한 동물의 도살 방법이나 그와 유사한 방법을 사용한 것에 대

---

22 울산지법 2020. 5. 8. 선고 2019고단3906 판결.

해 (목을 매달아 죽일 때와 유사한 고통을 주지 않는 한) 잔인하다고 단정할 수는 없다고 보았다. 이 사건의 도살 방법을 잔인한 방법이라고 단정하기 어렵다며, 무죄를 선고한 1심 판결을 유지했다.

그러나 대법원의 판단은 달랐다. 대법원은 어떤 도살 행위가 잔인한 방법에 해당하는지는 "해당 도살 방법의 허용이 동물의 생명 존중 등 국민 정서에 미치는 영향, 동물별 특성 및 그에 따라 해당 도살 방법으로 인해 겪을 수 있는 고통의 정도와 지속 시간, 대상 동물에 대한 그 시대, 사회의 인식 등을 종합적으로 고려하여 판단하여야 한다"라고 한다.

동물보호법에 따른 동물 도축 세부 규정(농림수산검역검사본부고시 제2016-77호)에서는 돼지, 닭, 오리에 대해 전살법電殺法은 기절 방법으로만 허용하고, 도살 방법으로는 완전하게 기절한 상태의 동물에 방혈放血을 시행하여 죽음에 이르도록 할 것을 규정하고 있다. 한편 일반적으로 동물이 감전되어 죽음에 이르는 경우에는 고통을 수반한 격렬한 근육 경련과 화상, 세포 괴사, 근육 마비, 심실세동 등의 과정을 거칠 수 있고, 이때 고통의 정도와 지속 시간은 동물의 크기, 통전 부위와 사용한 전류 값 등에 따라 달라지게 된다. 대법원은 이러한 점을 고려해, 원심 법원이 이 사건의 도살 방법을 두고 잔인한 방법에 해당하지 않는다고 섣불리 단정한 것은 잔인한 방법의 판단 기준에 관한 법리를 오해한 것이라고 보았다. 대법원은 원심 법원

의 결정을 파기하고 다시 판단하라며 사건을 돌려보냈다.[23]

2019년 12월 사건을 돌려받은 법원은 다시 심리해 전기가 흐르는 쇠꼬챙이로 개를 감전시켜 도살한 농장주에 대해 벌금 100만 원을 선고했다. 법원은 수의학과 교수의 전문가 증언 등을 참조해 "전기로 가축을 도살할 때에는 동물이 즉각적인 무의식 상태에 이르도록 고통을 최소화하는 조치가 필요하다"라고 했다. 이어 법원은 "개가 느끼는 고통의 정도를 객관적으로 측정할 수 없다"라면서도, 미국 수의학협회의 지침이나 동물 보호를 위한 국제 협약, 돼지·닭·오리 등을 대상으로 한 동물도축 세부 규정 등을 참고하면서 특히 이 중 동물 보호를 위한 국제 협약이 동물의 도살 방법 중 '즉각적으로 무의식에 빠뜨리지 않는 감전사'를 금지한다는 근거를 들어 다음과 같이 판결했다. "일반적으로 개가 완전하게 기절한 다음 방혈을 시행해 동물이 죽음에 이르도록 하는 조치가 필요함에도 피고인이 도살한 방법은 개의 고통을 최소화하는 대책에 대한 아무런 강구 없이 상당한 고통을 가한 방식으로, 동물의 생명 보호와 안전 보장이라는 법익을 침해하였다."[24]

---

23 대법원 2018. 9. 13. 선고 2017도16732 판결[동물보호법위반].
24 「법원 "개 전기 도살 잔인한 행위"… 도축 관행에 제동」, 『한겨레』 2019. 12. 19.

서식지 보호 사례

맹꽁이 서식지 보호 — 환경영향평가법

한국주택공사는 '환경영향평가법'에 따라 공공 주택 지구로 지정된 사업 지구에 전략 환경영향평가를 실시하고 평가 보고서를 작성했다. 보고서는 입지 타당성 검토를 위한 '생물 다양성·서식지 보전' 평가 항목에서 "법정 보호 종인 맹꽁이가 사업 지구 밖(사업 지구 외부 19미터 이격 지점)에 서식하고 있을 뿐 사업 지구 안에는 서식하지 않는다"라는 조사 결과를 바탕으로 간접 영향에 대한 저감 방안을 제시하면서, 사업 지구가 공공 주택 사업의 입지로 타당하다는 결론을 내렸다.

사업 지구 주변 지역에 거주하는 주민들은 이에 대해 공공 주택 지구 지정 처분의 취소를 구하는 소를 제기했다. 이들이 보기에, 사업 지구 내 멸종 위기 야생 생물인 맹꽁이가 다수 서식하고 있고 이를 쉽게 확인할 수 있는데도, 영향 평가 보고서는 사업 지구 밖에만 소수 개체의 맹꽁이가 서식하는 것처럼 부실한 조사 결과를 내놓으면서 미흡한 보호 방안을 제시했다. 멸종 위기 종 서식지는 자연보호법상 생태 등급 2등급 지역에 해당하는데 이 같은 조사의 부실은 사업 지구 대부분을 생태 등급 3등급 지역으로 잘못 평가하는 결과를 초래했다며, 전략 환경영향평가의 부실 위법성을 주장했다.

법원[25]은 먼저 헌법 제35조 제1항 및 환경정책기본법 제2

조 등을 언급하면서, 전략 환경영향평가의 내용 부실 정도 및 이익 형량(대립 충돌하는 관련 이익의 중요도를 비교 평가하는 것을 뜻한다)의 하자를 판단할 때 환경 보전의 측면을 충실히 고려해야 한다고 했다. 특히 "환경 보전이라는 공익은 공공 주택 지구 지정을 통해 이루고자 하는 '국민의 쾌적한 주거 생활 도모'라는 공익에 비하여 열등하게 평가되거나 차순위로 고려되어서는 안 되고 동등한 수준에서 이익 형량의 대상이 되어야 한다"라면서, "공공 주택 지구를 지정할 때 환경 보전의 측면에서 고려 대상에 마땅히 포함시켜야 할 사항을 누락한 경우 또는 이익 형량을 하였으나 현세대와 미래 세대를 포함한 환경 보전의 공익을 주택 공급의 공익에 비하여 지나치게 과소평가함으로써 그 정당성과 객관성이 결여될 경우에는 이익 형량의 하자가 존재한다"라고 했다.

법원은 이러한 법리를 전제로 사업 지구 내에는 맹꽁이 서식지가 다수 산재해 있는데, 피고가 정밀 조사를 통해 이를 확인하고 이익 형량에 고려했다면 사업 지구 전체 면적에 대해 입지 타당성을 인정하기는 어려웠을 것이고, 적어도 일부 면적의 제척, 경계 변경 등을 통해 사업 규모를 축소했어야 했다고 보았다. 인간의 주거 공간과 비인간 존재의 서식 공간을 둘

---

25 서울행법 2021. 2. 10. 선고 2019구합74850 판결 공공주택지구지정취소; 서울고법 2022. 5. 12. 선고 2021누35829 판결(원고패); 대법원 2022. 9. 23. 2022두46541 판결(소취하).

러싼 이익이 경합하는 상황에서 양 존재의 이익이 정당한 균형을 찾아야 한다고 역설한 것이다. 이는 마땅히 고려해야 할 사업 지구 내 멸종 위기 야생 생물 서식 가능성을 이익 형량에서 누락하거나, 멸종 위기 야생 생물 보호라는 공익을 대규모 주택 공급이라는 이익에 비해 지나치게 과소평가한 것이므로 피고의 공공 주택 지구 결정에는 하자가 있다는 결론으로 이어졌다.

한편 주택 지구로 결정된 뒤에 수립하는 지구 계획 단계에서 공원 녹지 및 대체 서식지를 확보(저감 방안)함으로써 맹꽁이 서식지 훼손으로 인한 환경 영향을 줄일 수 있다는 피고의 주장에 대해, 법원은 지구 계획 승인 단계에서 일부 환경 영향 저감 방안이 보완되더라도 이는 (근본적으로 개발 사업의 입지로 타당하지 아니한) 맹꽁이의 주요 서식지를 주택 지구에서 배제함으로써 이를 보전하는 대안과 비교하면 그것에 준하는 효과를 담보할 수 없다고 판단했다.

3. 평가

특정 종이 소송당사자가 된 사례

앞에서 소개한, 특정 종이 소송당사자가 된 사례들은 지구 공동체의 모든 성원이 가지는 기본적 권리인 '서식지를 가질 권리'를 주장했다. 그러나 이 생물종들은 소송당사자 능력을 인정받지 못했다.

황금박쥐 소송에서 법원[26]은 "좋은 환경이란 이 땅에서 생활하는 누구나가 함께 누릴 수 있는 것"이라는 전제하에 "행정청의 처분으로 인하여 천연기념물이 멸종되는 경우나 귀중한 명승고적 등의 문화재가 파괴되는 경우, 그러한 천연기념물이나 문화재가 스스로 소송을 제기할 수 없는 이상 누군가는 사법부에 대하여 이러한 처분의 위법 여부를 판단하여 달라고 소를 제기할 수 있어야 하고, 이에 따라 사법부가 판단할 수 있는 길이 열려 있어야만 한다"라면서도, 누구에게 어떠한 구체적인 조건에서 소를 제기할 자격을 줄 것인지는 입법자의 입법 사항으로 보았다.

인간도 자연의 일부이며 자연은 그 자체로 고유의 가치를 지닌다는 점, 천연기념물이 멸종되는 경우나 문화재가 파괴되는 경우 특정 단체 또는 개인에게 소를 제기할 자격을 줘야 한다는 점은 지구법의 관점과 기본 주장에 부합하는 측면이다. 그러나 자연물은 소송당사자가 될 수 없다는 점, 자연방위권과 관련해 권리·의무는 법률로 제정될 때 비로소 발생된다는 점, 천연기념물이 멸종되는 경우 특정 단체 또는 개인에게 소를 제

---

[26] 청주지법 2008. 11. 13 선고 2007구합1212 판결.

기할 자격을 인정할지는 입법자의 입법 사항이라는 점은 지구법의 관점에 부합하지 않는다.

도롱뇽 등 자연물 또는 자연적 실체는 자연에서 (고유한 습성을 유지하며) 존재할 권리를 가진다. 지구법에 따르면 이 권리는 제1입법자인 우주에서 기원한다. 유네스코 세계동물 권리 선언에 의하면, 태어남과 동시에 취득하는 자연적 권리다. 이러한 권리는 생명 존재로서 본래 가지는 권리다.

여기서 우리는 자연법이 그 자체로 규범적 효력을 가지는지, 아니면 실정법에 의해 규정될 때 비로소 규범적 효력을 가지는지 숙고해볼 필요가 있다. 헌법재판소는 인간의 생명을 존엄한 인간 존재의 근원으로 보며, 생명에 대한 권리는 설령 헌법에 명문화된 규정이 없다 하더라도 인간의 생존 본능과 존재 목적에 바탕을 둔 선험적이고 자연법적인 권리로서, 헌법에 규정된 모든 기본권의 전제이자 기본권 중의 기본권이라고 판시했다.[27]

이는 생명을 지닌 모든 존재가 마찬가지다. 인간을 비롯한 모든 생명은 존재하고 번영하며 자신의 본성을 실현할 수 있는 권능을 가진다. 이 권능은 인간 실정법(질서)이 인정할 때에야 인정되는 것이 아니다. 자연과학과 경험칙 등을 통해 식별할

---

27   헌재 1996. 11. 28. 95헌바1 (판례집 8-2, 545).

수 있는 사물의 이치이므로 '존재할 권리'와 이에 불가분하게 결부된 '서식지를 가질 권리'는 '조리'로서의 법(실정법을 넘어서는 법)이자 재판 규범으로 인정되어야 한다. 도롱뇽의 서식지에 영향을 미치는 개발 행위는 존재할 권리 및 서식지를 가질 권리를 침해할 가능성이 있다(침해 여부는 본안 판단의 문제). 이러한 권리를 가지는 자연물은 권리가 침해되는 경우에는 소송당사자로서 침해의 배제를 구할 권리가 있다.

자연법은 이성이나 양심을 통해 인간과 사물의 본성 속에서 발견할 수 있는 보편적인 도덕 및 윤리 법칙으로 인간에 의해 창조된 것이 아니다. 존재하고 번영할 본성을 오로지 인간에게만 인정한다는 이는 인간중심주의자, 종 차별주의자다. 비인간 자연적 실체에게도 이러한 본성을, 존재할 권리를 인정해야 한다. 이것이 '생명 중심주의'다.

동물보호법 위반 사례

앞서 소개한 도축 사건에서 재판부는 "'잔인'은 사전적으로 '인정이 없고 아주 모짊'을 뜻하는데, 그에 관한 논의는 시대와 사회에 따라 변동하는 상대적, 유동적인 것"이라면서, "특정 동물에 대한 그 시대, 사회의 인식은 해당 동물을 죽이는 행위 자체 및 그 방법에 대한 평가에도 영향을 준다"라고 했다. 모든 생명 형태를 존중하는 인식과 문화가 확산될 필요가 여기에 있다. 특히 동물의 경우 고통을 느끼는 생명체일 뿐만 아니라 넘어 자연으로부터 부여받은, 곧 내재적 이익을 보유한 실체로 인정할 수 있어야 한다. 그런 점에서 "동물은 물건이 아님"을 선언한 민법 제97조의2 개정안은 동물의 법적 지위를 본격적으로 논하는 계기로 삼아야 한다.

서식지 보호 사례

환경보호가 인간과 자연 간의 조화와 공존 또는 인간 생존과 인간 문명의 존속이라는 측면에서 충분히 정당화될 수 있는 상황이라면, 법원의 이익 형량 과정에서 그 밖의 다른 우월한 이익이 있다고 인정되지 않는 한 판단의 저울추가 환경보호 쪽으로 기울어지는 효과를 낳을 수 있을 것이다. 맹꽁이 서식지 보호 사례에서 1심 법원은 계획 재량에 대한 사법적 통제 법리로 발전된 형량 명령[28]을 통해 비인간 존재의 서식지를 보호할 가능성을 보여주었다.

항소심 법원의 판단은 1심 법원의 판단과 달랐다. 피고는

---

28 대법원 2006. 9. 8. 선고 2003두5426 판결, 대법원 2007. 4. 12. 선고 2005두1893 판결, 대법원 2011. 2. 24. 선고 2010두21464 판결 등.

법정 보호 종인 맹꽁이의 서식 여부에 대한 실질적인 조사를 거쳤고, 전략 환경영향평가에 맹꽁이의 서식지 보전에 관한 환경부장관의 협의 의견 및 그에 대한 조치 계획을 반영하였으며, 중앙 도시계획 위원회가 의결한 조건 사항인 '맹꽁이의 실태 조사 반영'은 지구 계획 수립 단계에서 이행할 사항이므로 지구 지정 결정이 위법하다고 보기 어렵다고 하였다. 아울러 이 사업 지구는 비록 국토의 계획 및 이용에 관한 법률상 '보전 녹지 지역'으로 지정되어 있으나 식생 보전 등급은 보전 등급이 낮은 V등급에 해당하고, 2020년 성남 도시기본계획에 따르면 시가화 예정 용지(주거)로 지정되어 있다며, 지구 계획 수립 과정에서 맹꽁이의 대체 서식지를 조성하고 지속적인 사후 모니터링을 실시하는 등 보전 방안을 강구함으로써 맹꽁이의 보전을 도모할 수 있을 것이라고 하였다.[29]

항소심의 판단에 대해서는 지구법(학) 또는 자연의 권리 시각에서 다음과 같은 비판이 가능하다. 먼저 이 사안에서 법정 보호 종인 맹꽁이의 서식지 보전이 핵심 쟁점이므로 "'맹꽁이의 실태 조사 반영'은 지구 계획 수립 단계"가 아니라 지구 지정 결정 단계에서 이뤄져야 한다. 또한 "해당 지구 지정 예정지의 식생 보전 등급이 낮다"라는 판단 근거는, 해당 지역이 현

---

29 서울고법 2022. 5. 12.20 선고 21누35829 판결, pp. 21~22(대법원 2022. 9. 23. 2022두 46541 소 취하).

재 맹꽁이의 서식지로서 기능한다는 점에서 설득력이 낮다. 그 밖에 "2020년 성남 도시기본계획에 따르면 시가화 예정 용지(주거)로 지정되어 있다"라는 사유는 인간 중심적 관점에서만 지역의 용도를 판단한다는 비판이, 또한 "지구 계획 수립 과정에서 맹꽁이의 대체 서식지를 조성할 수 있다"라는 사유는 원 서식지와 동등한 기능을 수행할 수 있는가에 대한 아무런 과학적 증명 없이 사실상 자연 서식지를 훼손하는 개발의 정당화 논거로 대체 서식지가 아주 편리하게 남용되는 현실에 눈감는다는 비판이 가능하다.

4. 전망

왜 지구법을 말하려 하는가

우리는 자연의 생태적 한계 내에서 사회-경제 발전을 추구해야 한다는 규범을 확립하고 있다(예컨대, 환경정책기본법 제2조는 "환경을 이용하는 모든 행위를 할 때에는 환경 보전을 우선적으로 고려"해야 한다고 한다). 자연이 우리 생활-생산의 기반[30]이기 때문이다. 이에 각국 정부와 국제사회는 그동안 환경

30　대한민국헌법 제122조 국가는 국민 모두의 생산 및 생활의 기반이 되는 국토의 효율

보호를 추진해왔는데, 1972년 이후 환경 법률의 수가 38배로 폭발적 증가세를 보인 것이 이를 방증한다.[31] 그럼에도 불구하고 "지구의 생명 부양 체계 life support system의 침식 — 기후 시스템의 변화, 서식지 훼손, 수질 등 오염, 멸종 등 — 은 급격한 속도로 진행"되었다.[32] 이러한 현실 상황에서 환경보호주의자들은 다음과 같은 의문을 던진다. "환경보호 법률을 하나 더 추가하는 것이 이러한 환경 악화와 생태위기의 추이를 억지하고 나아가 반전시킬 수 있을까?"

환경법이 체계적으로 발달하는데도 환경은 왜 보호되기는커녕 반대로 악화하는가? 도대체 환경법에 어떤 결함이 내재하는가? 이 질문에 다음과 같은 답변이 제출되었다. 그것은 "현행 환경법이 우리 경제 체계 자체의 지향과 같은 근본 원인은 다루지 않은 채 일상 행위의 외부 효과 externalities만을 관리하도록 설계되었기 때문"이다. 그렇다면 환경법은 왜 근본 원인을 다루도록 설계되지 않았는가? 그것은 "현행 전체 법체계가 자연을 생명의 원천으로 보지 않고 단지 인간에 대한 효용성 — 자원으로, 재산으로 또는 자연자본으로 — 에 따라 그 가치를 평

적이고 균형 있는 이용·개발과 보전을 위하여 법률이 정하는 바에 의하여 그에 관한 필요한 제한과 의무를 과할 수 있다.

[31] UNEP, *Environmental Rule of Law: First Global Report*, 2019.
[32] UNEP, "Dramatic growth in laws to protect environment, but widespread failure to enforce, finds report," press release, 2019. 1. 24.

가하는 사고 또는 태도" 때문이다.[33]

이처럼 내재적 결함을 지닌 현대 환경법이 지구법의 기능적 일부가 되려면 다음과 같은 특별한 쟁점을 검토해 이를 극복해야 한다.[34]

- 현대 환경법은 여전히 근대주의 프로젝트의 일부다. 근대주의 프로젝트는 지구 공동체의 건강을 적절히 고려하지 않은 채 경제성장, 산업 개발 그리고 개인의 인권에 초점을 맞춘다.
- 현대 환경법은 자연을 자산으로 평가하는 법률 시스템의 일부다. 생활 방해의 논리는 환경 규제와 집행을 지배한다. 자산 소유자는 자연을 자산으로 소유하고, 이웃에 해를 끼치지 않는 한 그 자산을 이용해 원하는 바를 실현할 수 있다. 기본적으로 자연을 인간 복리를 위한 산업적 가치를 가진 것으로 다루며 그 자체 고유한 가치를 가진 실체로 고려하지 않는다.
- 현대 환경법은 고립된 법률, 조약, 규정 및 중첩된 관할권의 미로다. 환경 법령은 다양한 기관이 집행하면서

---

33 Mumta Ito, "Nature's rights: a new paradigm for environmental protection," *The Ecologist*, 2021. 5. 9.

34 Anthony Zelle et al., *Earth Law: Emerging Ecocentric Law—A Guide for Practitioners*, Wolters Kluwer, 2021, pp 39~40.

규제자와 피규제자 모두 절망케 한다. 집행은 약하고 이러한 법령을 집행할 능력마저 약하다.
- 현대 환경법은 복지와 건강을 위해 규제와 재산권의 조종에 의존한다. 규제는 인간의 건강과 복리를 위한 것이고 소유자가 자산으로 할 수 있는 바를 제한함으로써 성취된다.
- 현대 환경법은 규제 포획으로 인해 약화한다. 산업계 등 피규제자는 자금, 정치적 영향력 그리고 로비를 통해 규제 기관에 과도한 영향력을 행사한다.
- 현대 환경법은 비용-편익의 분석 대상이다. 정책 입안자, 규제 기관 그리고 법원은 자연에 금전적 가치를 부여해 이를 산업계나 규제 집행의 대상자에게 발생할 금전적 비용과 비교 형량을 거친다. 이 절차는 너무 쉽게 조작되고, 자연의 고유 가치를 고려하는 데 실패한다.
- 현대 환경법은 기후변화와 지구 환경의 악화를 막는 데 효과적이지 않다. 자연은 단편적으로 다루어진다. 기후변화가 환경 악화가 전반적 추세인데도, 일시적으로 대기가 청정하다 해서 마치 환경이 개선된 양 오인된다.

자연의 보호에 권리 기반 접근법은 왜 필요한가

자연의 존재와 안녕에 관한 이익을 법률로써 보호해야 할 공익公益으로 인정할 수 있도록 각종 제도와 행정적 의사 결정에 의무를 부과하는 정도로 충분하지 않은가? 굳이 인간 사회의 제도적 장치인 권리를 자연에 부여하는 것이 사안을 지나치게 어렵게 만들지는 않는가? 권리를 부여하는 것이 강력한 존중 및 보호 의무를 부과하는 것보다 더 효과적이라는 보장이 있는가? 이와 연관된 질문이 제기될 수 있다.

여기서 잠시 권리의 본질적 기능을 숙고해보자. 권리는 자유 또는 권능·자격의 법적, 사회적, 윤리적 원칙이다. 권리는 법체계나 사회 관습 또는 윤리 이론에 따라 사람에게 무엇이 허용되는지, 무엇을 소유할 수 있는지를 정하는 기본 규범적 규칙이다. 따라서 일련의 권리를 수용한다는 것은 자유와 권위의 어떤 배분을 인정하는 것이고, 또 무엇을 할 수 있고, 해야 하고 또는 해서는 안 되는지에 관한 특정 견해를 승인하는 것이다.[35]

역사를 되돌아보면 권리에 관한 아이디어는 시간에 따라 변화해왔다. 인간에게는 정부로부터 부여받지 않으며 따라서 정부가 박탈할 수 없는 보편적인 자연권universal human natural rights

---

35 Stanford Encyclopedia of Philosophy, https://plato.stanford.edu/entries/rights(검색일: 2020. 7. 29).

이 있다는 식의 근대적 사고는 계몽주의 시대에 나타났다. '인간의 자연권'이라는 표현은 노예와 그 밖의 사람에 대한 권리 침해가 그릇되다는 주장을 뒷받침하는 어휘를 제공했다.[36] '권리'는 역사적으로 힘의 불균형을 교정하는 도구 또는 장치로 기능했다. 즉 인간으로서 존엄과 가치 그리고 사회적·경제적·정치적·법적 지위가 박탈된 사람이 부당한 상황에 맞서 자신의 존엄과 가치 등을 지키고자 할 때마다 권리는 거듭 호명돼 왔다.

특정 대상을 더 많이 보호하는 것과 그 권리를 인정하는 것은 전혀 다른 차원의 문제다. "자연의 권리"를 인정한다는 것은 자연을 고유한 이익을 가진 이해 당사자로서 우리 법체계 내에 수용함을 뜻하는 것이다.

2021년 파키스탄 대법원은 환경적으로 취약한 지역(자연 서식지)에서 시멘트 플랜트의 신·증설을 금지한 주州 정부의 결정을 유지했다. 이 사업은 무엇보다 지하수 고갈을 초래할 수 있는데, 법원은 사업지 인근 지역공동체의 생명과 지속 가능성 그리고 존엄에 대한 권리를 보호하기 위해 주 정부가 사전 주의 원칙을 견지할 필요성을 강조했다. 법원은 나아가 자연의 권리를 보호할 필요성도 인정했다. "환경은 자신의 권리

---

36 Guillaume Chapron, Yaffa Epstein & José Vicente López-Bao, "A rights revolution for nature," *Science* 363(6434), 2019, p. 1391.

로써 보호받아야 하고, 인간과 환경 모두가 향상하려면 타협할 필요가 있는데, 이러한 평화적 공존은 법이 자연물을 법적 권리의 보유 주체로 대우할 것을 명한다."[37]

비교법적 검토를 통해 무엇을 배울 수 있나

한국 법체계에서 종으로서 야생 동물(도롱뇽, 황금박쥐, 산양 등)은 서식지 보호를 구하는 소송에서 당사자성이 부정되었다. 동물에 당사자능력(당사자능력의 전제는 권리능력이다)을 인정하는 '특별 규정'이 없다는 것이 그 이유다. 해외에서는 법률로써 자연 전체나 특정 생태계, 또는 특정 종에 법인격을 부여하거나 아니면 권리주체로 인정하고 있다.

2022년 스페인에서 제정된 '마르메노르 석호 및 그 유역의 법인격에 관한 법률'은 자연물에 법인격을 인정하는 법률을 제정하는 이유를 다음과 같이 전문에서 밝히고 있다.

> 마르메노르 석호와 강변 지자체의 거주민들이 경험하는 사회-환경적, 생태적 및 인도주의적 위기 속에서 지난 25

---

[37] D. G. Khan Cement Company v. Government of Punjab, C.P.1290-L/2019, April 15, 2021.

범주	대상	
자연 전체	권리주체	· **자연 또는 파차마마**(에콰도르, 2008) 생명이 존재하고 재생되는 곳. · **어머니 지구**(볼리비아, 2010) 모든 살아 있는 시스템과 유기체의 불가분적 공동체로 구성된 살아 있는 역동적 시스템. · **자연**(파나마, 2022) 상호 관련된 요소, 생물 다양성 및 생태계로 구성된 집합적이고, 불가분적인 자기 규율적 실체.
특정 생태계	법인격	· 숲(뉴질랜드, 2014) · 강(뉴질랜드, 2017) · 석호(스페인, 2022)
특정 종	권리주체	· 바다거북(파나마, 2023)

《그림3-6》 법인격 부여 또는 권리주체 인정 법체계.

년 이상 규제는 증가하고 제도적 장치도 발달했지만, 현행 법률 보호 체계는 불충분하다. 한편, 환경 가치와 함께 마르 메노르는 무르시아 지역 문화 정체성의 주요소로, 지역민이 강한 정서적 애착을 느끼는 곳이다.

자연의 권리를 인정하는 국제사회의 전 지구적 운동에 발맞춰 새로운 법적-정치적 모델을 채택함으로써 질적 도약을 할 때가 되었다. 석호 생태계에 법인격을 부여하는 목적은, 석호의 내재적 생태 가치와 (미래 세대를 보호하는) 세대 간 연대에 기반해, 석호를 고유한 권리를 지닌 법적 주체로 인정하고자 하는 것이다. 석호와 유역의 생태계의 권리 인정은 가령 파리기후협약과 같은 국제사회의 공약을 준수하고, 인류세라는 우리 행성이 진입한 새 지질학적 시대의 요구에 부응해 사는 것을 의미한다.

21세기 인간 발전 모델이 일으킨 심각한 생태적 침해는 자연환경에 대한 우리의 책임을 확장하도록 촉구한다. 동시에 자연적 실체로서 마르메노르에 권리를 부여하는 것은 그 지역에 살며 생태계 훼손으로 위협받는 사람들의 권리, 이른바 생물문화적 권리 biocultural rights를 강화하고 확장한다.

생명과학과 지구시스템과학이 내놓는 증거에 입각해 법체계를 생태 중심적으로 해석하자는 제안에 따라, 법적 주체라는 범주는 자연적 실체 natural entities에도 확장되어야 한다. 이러한 과학은 우리를 인간은 자연의 불가분적 일부라는 관념에 기반하게 하고, 지구 행성이 겪는 생태적 훼손과 그것이 인간 종의 생존에 수반하는 위협을 직시하게 한다. 마르메노르와 유역의 법인격 선언은 연안 석호의 자율적 거버넌스를 허용할 것이다. 이로써 석호는 단순한 보호, 회복 및 개발의 대상에서 (따로 뗄 수 없는) 생물학적·환경적·문화적·영성적 주체가 된다.[38]

---

38 스페인, 16019 Law 19/2022, of September 30, for the recognition of legal

2022년 파나마에서는 '자연의 권리 법'을 채택했다. 이로써 파나마는 전체론적 세계관을 포용한 것이다. 전체론적 세계관에서 자연은 그 자체로 내재적 가치를 지니며, 인간과 자연적 실체는 상호 의존적이고 연결된 존재다. 파나마는 자연의 권리 인정을 통해 자연과의 관계에 관한 집단적 의식에서 전환을 촉진하고, 법체계와 거버넌스 그리고 경제 체계에 깔린 윤리, 가치 및 믿음을 전환하려 한다.

 이 법률은 인간의 필요를 지구와 지구 시스템의 수용 능력과 조화로운 균형을 유지함으로써 환경문제의 근인根因을 다룬다. 또한 광범한 생태 중심 원칙 목록을 확정함으로써, 환경 변호사와 활동가에게 가용한 법률적·사법적 수단과 주장 논거를 강화하고 보완하는 규범적 틀을 창출한다. 가령 '의심스러울 때 자연 보호의 이익으로 행하라'라는 원칙은 법실무에서 이 법을 이행하는 데 도움이 될 것이다. 자연의 권리를 방어하기 위해 이 법에 따라 자연인 또는 법인 누구라도 법원과 당국 앞에서 자연의 이익을 대표할 수 있다.

 자연의 권리 소송에서 법원의 역할은 매우 중요함을 다시금 확인할 수 있다. 환경영향평가 매뉴얼이나 생태 자연도 작성 지침[39]에서 개발 계획 등을 수립할 때 멸종 위기 종의 서식

---

personality to the Mar Menor, 전문前文.

지 보호를 우선적으로 고려하도록 하더라도 법원이 엄정한 사법 심사를 통해 이를 준수하지 않은 개발 계획 등이 위법 부당하다고 평가해야만 매뉴얼이나 지침이 현실에서 유효한 서식지 보호 장치로 작동할 수 있다.

다만 주의할 점은, 사법부의 역할을 수행하는 데 있어 법원(개별 판사)이 환경 보전이나 동물 보호에 관한 주관적 가치 신념에만 의존해서는 안 된다는 것이다. 앞서 본 판결에서 법원은 미국 수의학협회의 지침이나 동물 보호를 위한 국제 협약 및 돼지·닭·오리 등을 대상으로 한 동물 도축 세부 규정 등을 참고함으로써 고통을 최소화하는 도살 방법을 확인하며 감전살을 잔인한 방법으로 단죄할 수 있었다. 이런 점에서 우선 멸종 위기 종이나 서식지 등에 관한 보호 법령, 지침 등을 서식지나 종을 보전·보호하는 방향으로 잘 마련해야 한다.

---

39 특히 멸종 위기 종의 보호와 관련해 환경영향평가나 생태 자연도는 개발에 관한 의사 결정에서 서식지의 보전 이익을 정당하게 고려하도록 하고 있다.

필자 소개

박태현

강원대학교 법학전문대학원 교수. 2002년 사법연수원을 수료한 뒤 환경시민단체에서 환경전문변호사로 활동했으며, 2008년부터 환경법 특성화 대학원인 강원대학교 법학전문대학원에서 환경법을 강의하고 있다. 자연물에 법인격을 부여하는 외국 법제의 출현에 지적 자극을 받아 연구하며 글을 발표하고 있다. 제주 남방큰돌고래에게 법인격을 부여하는 특별법과 조례 제정 운동에 참여하고 있다.

박시원

강원대학교 법학전문대학원 환경법 교수, 환경법센터장, 미국 뉴욕주 변호사. 기후변화법·국제환경법을 중심으로 연구와 교육을 병행하고 있다. 최근에는 국내외 기후소송, 탄소중립·녹색성장 기본법 개정 논의에 대한 연구에 집중하고 있으며, ESG·국제 기후 거버넌스, 석탄발전소 연구에 참여하고 있다. 연세대학교 정치외교학과와 국제학대학원에서 수학하며 전지구적 기후변화 문제에 관심을 가지게 되었고, 이후 환경법으로 잘 알려진 미국 오리건주 포틀랜드에 소재한 루이스 앤드 클라크 로스쿨에서 J. D. 과정을 마쳤다.

이재홍

이화여자대학교 법학전문대학원 교수. 서울대학교 법과대학을 졸업하고, 같은 과 대학원에서 행정법 전공으로 석사 학위를, 헌법 전공으로 박사 학위를 받았다. 제43회 사법시험에 합격하고 육군 법무관으로 3년간 의무 복무했으며, 그 후 법관으로 9년, 헌법재판소 헌법연구관으로 6년간 공무를 수행했다. 법관 재직 중 두 차례에 걸쳐 1년 8개월 동안 육아휴직을 하고 아이들을 돌본 경험은 기후변화와 인권, 돌봄 국가 원리 등에 관해 연구하는 계기가 되었다. 2023년부터 이화여자대학교 법학전문대학원에서 헌법을 연구하고 강의하고 있다.

오동석

아주대학교 법학전문대학원 교수. 지구의 평화 생태계 안에서 인권의 대지 위에 자치와 자립의 민주주의를 쌓고 그 토대 위에 입헌주의와 법치주의를 얹은 헌법 체제를 공부하는 연구자다. 지구법학, 돌봄의 헌법학, 이행기 정의, 양심적 병역 거부권, 학생·아동의 인권, 사상의 자유와 국가보안법, 인권 보장 제도 등에 관심이 있다. 「인류세에서 기본권론」「경찰의 정보활동과 법치주의」「감염병 방역과 인권 그리고 헌법」「지구법학과 헌법」「기후 위기 시대의 헌법」, "Legal Mechanisms of Thought Control Through Anticommunism in South Korea" 등의 논문을 썼다.

류정화

변호사. 한국과 일본에서 기업 및 로펌의 계약·컴플라이언스 등의 업무를 수행해 왔다. 기업 법무를 담당하면서도 철학과 윤리 등의 인문학적 탐구와 자연에 대한 관심을 지속해왔으며, 그 연장선에서 기후위기, 지속 가능 경영, 지구법 등 공익적 분야를 연구하고 관련 활동에 참여하고 있다.

조희문

한국외국어대학교 법학전문대학원 명예교수. 국제법, 국제투자법, 중남미법 등을 강의해왔다. 브라질 상파울루 대학교에서 법학 박사 학위와 변호사 자격을 취득한 뒤 상파울루 데마레스트 로펌에서 아시안 데스크 책임 변호사로, 상프란시스쿠 대학교에서 법학 교수로 재직했다. 한국외대 중남미연구소에서 '중남미 저탄소 녹색 성장' 및 '생태문명 연구사업'에 참여해 라틴아메리카의 생태 복원 현장을 답사하며 인간과 자연, 법의 새로운 관계를 탐구하고 있다. 지은 책으로 『현대국제사법 Moderno Direito Internacional Privado』 『국제법입문 Introdução ao Direito Internacional』 『브라질 외국인투자법』 등이 있으며, 국내외 학술 논문 60여 편을 발표했다.

김선희

변호사, 통역사. 2013년부터 2023년까지 헌법재판소 헌법재판연구원에서 책임연구관으로 지냈다. 2023년부터 대한무역투자공사에 재직 중이다. 『캐나다 연방대법원의 사법심사제도 ― 연방과 주 사이의 권한 배분 및 헌장상 권리 침해를 중심으로』 『기후변화소송에 관한 비교법적 검토』 『유럽의 이주구금에 관한 연구』 『난민신청자의 권리에 관한 헌법적 검토』 등의 보고서를 발표했다.

총서를 내며

지구와사람은 2015년 파리기후협약의 타결로 전 세계가 신新기후 체제로 전환되던 해에 국내의 다양한 영역의 전문가들이 모여 창립한 단체이다. 신기후 체제의 세계는 예상치 못한 전쟁을 겪으면서도, 유엔을 중심으로 각국이 약속한 공통된 비전으로서 "2050년 탄소중립과 자연과의 조화"를 실현하기 위해 한 걸음씩 나아가고 있다. 이러한 시대적 배경 아래 창립된 지구와사람은 전 지구적·문명적 패러다임을 전환하기 위해 노력해왔다.

미국 사상가 토마스 베리Thomas Berry(1914~2009)는 인간으로 인해 대멸종을 맞은 신생대를 극복하기 위한 새로운 지질시대적 개념으로 생태대Ecozoic Era를 제안했다. 지구와사람은 지구와 인간이 조화롭게 공존한다는 의미를 담은 생태대를 지향하는 사람들의 지식 공동체다. 지구와사람이 추구하는 생태대 문명론은 인간의 공동체를 넘어 지구 공동체의 제도적 기반 연구와 문화 창조를 내포한다. 이를 위한 기초로서 지구와사람은 우주와 지구 진화론의 과학적 관점에서 인간의 역할을 성찰하는 통합 생태적 세계관, 인간 외 존재More than Human의 정치 참여를 통해 온전한 지구적 거버넌스를 실현하기 위한 바이오크라시Biocracy, 2001년 이후 전 세계적으로 확장되고 있는 자연의 권리론 중심의 지구법학Earth Jurisprudence 등 새로운 담론 성장을 위한 학술 연구 사업을 펼치고 있다. 또한 대안 문명적 학술 사업을 바탕으로 교육론을 정립하고 문화 사업을 하고 있다.

세계는 생태대를 지향하는 움직임과 기술대Technozoic Era를 지향하는 움직임 간에 길항과 융합이 뒤섞이며 위태로운 희망을 향해 가고 있다. 지구와사람은 이원론적 세계관을 넘어 새로운 제도와 문화를 창조하면서, 생태대를 지향하는 지식 공동체의 자세를 견지해나가고자 한다. 인간은 지구에서 유일하게 성찰적으로 사유하고 도구를 사용하여 문명을 일으킨 존재다. 우주와 지구 질서에 부합하며 다른 존재와의 균형과 공존을 이루는 것이 참된 인간다운 삶일 터다. 미래를 향한 큰길을 내어가는 과정에 미력하나마 각자의 소명을 다하여 기여하고자 한다.

지구와사람은 창립 이후 꾸준히 생태대를 주제로 학술 대회를 열고 책을 출간해왔다. 2023년부터는 문학과지성사와의 협업으로 지구와사람 총서를 발간하고 있다. 총서를 통해 우리의 비전을 나누면서, 뜻을 같이하는 독자들과 공감하고 소통하게 되어 매우 뜻깊고 기쁘게 생각한다. 독자 여러분과 함께 호흡하며 성장하고 발전하는 모습을 보이도록 더욱 노력하겠다는 약속을 드린다.

지구와사람